사주는 믿어도 사주쟁이는 믿지마라

신비한 동양철학 113

사주는 믿어도
사주쟁이는 믿지마라

박재현 · 최지윤 공저

삼한

사주에서 가장 중요한 것

봉건시대에는 직업이 단순했고, 양반 출신이면 누구를 막론하고 경전을 잘 외우고 한문을 열심히 공부해 시나 문장만 잘 지으면 과거시험에 합격하던 시절이었지만, 변화무쌍하고 다양한 직업이 존재하는 현 시대에는 통하지 않습니다. 시대가 변하면 학문도 따라서 변하기 마련인데, 과거 학문이나 이론에서 벗어나지 못하고 조선시대에 말을 타고다녔다고 현 시대에도 그래야 한다고 주장하는 사람들이 철학관을 하는 것이 역학계의 현실입니다.

그것도 최고 적중률이 70%밖에 되지 않는데도 자기 학문이 최고라고 우겨댑니다. 사주팔자가 왜 맞는지도 모르면서 남의 인생을 담보로 돈벌이에만 급급하지요. 시대 흐름에 따라 만물이 변하듯이 사주를 해석하고 풀이하는 방법도 달라져야 합니다. 사주를 제대로 풀면 100%의 상담할 수 있습니다.

사람이 살아가는 데 가장 필요한 것이 음식이고, 그 음식을 사려면 돈이 필요하고, 그 돈을 벌려면 직업이 있어야 합니다. 그래서 사람이 살아가는 데 가장 중요한 직업을 아는 것이 바로 사주이고, 그 직업을 하루라도 빨리 알면 그 직업을 선택하는 데 유리할 것이며, 사주에서 원하는 적성대로 직업을 선택해서 그 길로 가면 한평생 어려움이 없습니다.

　그래서 사주는 어릴 때 봐야 좋은데, 말을 타고다니는 철학관에서는 아이들을 아예 사람 취급을 하지 않는지 아이 사주를 봐주지 않습니다. 사람을 사람으로 보지 않는 것도 이해할 수 없고, 사주로 상담하면서도 사주를 모르는 무지의 소치라고 생각합니다. 사주는 절대 실수가 없으며, 어릴 때 봐야 그 아이의 성격이나 적성, 공부하는 시간과 방법을 알 수 있으니 살아가는 데 큰 도움을 받을 수 있습니다.

　『참역학은 이렇게 쉬운 것이다』라는 책을 출간한 후 역학계에 새로운 바람이 부는 것을 부정할 수는 없을 것입니다. 현 시점에서 역학계를 보면 야자시(夜子時)와 정자시(正子時)를 따지는 역학인이 거의 없으며, 용신론(用神論)에 대한 부정적인 생각을 가지고 새롭게 사주를 연구하는 역학인들의 소식이 들려옵니다. 역학이 발전하는 데 바람직한 일이며, 엄청난 발전이지요.

　그러나 아직도 사주에서 가장 중요한 것이 무엇인지를 모르고 용신(用神)과 격국(格局)으로 상담하는 역학인이 많으며, 용신(用神)과

격국(格局)이란 이론으로 상담하는 것이나 수리성명학으로 작명하는 것은 변화가 다양한 현 시대에 상투 틀고 두루마기 입고 말을 타고다니는 것과 다를 바 없습니다.

필자가 이 책을 쓰게 된 것은 잘못 상담하는 역학인 때문에 고통받는 사람이 아주 많아서입니다. 물론 필자도 완벽하지 않지만 그래도 실수하지 않으려고 최선을 다하고 있으며, 정당한 상담으로 정당한 상담료를 받을 수 있는 그런 시대를 바라면서 이 글을 쓰는 것입니다. 정당하게 상담하시는 역학인들에게는 죄송하지만, 필자는 돈을 벌려고 사주를 배워 영업하는 사람들을 사주쟁이라고 부릅니다. 필자도 그런 류의 한 사람이라고 생각하고 사주쟁이라고 자칭합니다.

이 책이 나가면 사주나 작명을 업으로 하는 사람들한테 욕깨나 얻어먹을 겁니다. 그래도 사람들에게 조금이라도 도움이 되지 않을까 하는 마음으로 이 책을 씁니다. 특히 태어나는 아이들에게 도움이 되어야 한다는 생각이 가장 크며, 그 아이들이 빛나는 보석으로 자라는 데 도움이 되도록 책도 출간했지만 구입하는 사람이 너무 적습니다. 사주를 믿지 않는 사람이 늘어서인지도 모릅니다.

그리고 부모가 첫 선물로 지어주는 이름이 잘못되어 자기 길로 가지 못하는 사람이 참 많습니다. 그래서 작명에 대해 하고 싶은 말도 하고, 사주 이야기도 할 것입니다. 다행히도 삼한출판사 사장님께서 책을 내주신다고 하니 더욱더 글을 써야겠다는 생각이 들었습니다.

현 시대는 엄청나고 빠르게 변하는데 "당신은 귀문관살(鬼門關殺)이 있어 귀신이 빙의되어 당신을 꼼짝 못하게 할 것이며, 신(神)을 받아 신(神)의 제자가 되어야 한다"고 하는 사주쟁이가 있는가 하면, 대학교에 다니면서 열심히 공부하는 학생에게 재물운과 명예운이 없다고 승려가 되어야 할 팔자라고 하는 사주쟁이도 있고, 결혼을 늦게 해야 이혼을 피할 수 있다고 하는 사주쟁이가 있어 마흔을 넘은 처녀와 총각이 수두룩합니다.

그리고 사주가 가장 필요한 사람이 바로 아이들인데, 아이 사주를 봐주는 철학관은 거의 없습니다. 그 이유는 사주를 통계학으로만 알기 때문입니다. 사주가 뭔지도 모르면서 상담하는 철학관들 때문에 고통의 늪에서 헤매는 사람이 너무 많습니다.

3개월 완성이라는 곳에 가서 사주를 배운 사람, 역학 책 한두 권을 읽어본 사람, 평생교육원에서 배운 사람, 성명학 책 한두 권 읽어본 사람이 철학관이나 작명원이라는 간판을 버젓이 걸어놔도 그 사람이 사주나 성명학을 전문적으로 공부한 사람인지 알 수 없으니 상담하러 가고 작명하러 가게 됩니다.

그 사람들이 상담해준 내용을 믿고 사업을 시작해서 실패한 사람도 많고, 이름을 짓는 사람이 사주는 무시하고 그냥 예쁜 이름을 지어주어 병에 걸리는 사람도 있고, 개명한 이름이 전보다 못해 다시 개명하는 사람도 많습니다. 이런 것도 인연이라면 인연이지만 그건 아니라고 생각합니다.

사람의 운명을 갖고 영업을 하면 안 되고, 상담을 해야 합니다. 상담하는 사람이 되어야지, 마치 자신이 도사인 것처럼 감언이설로 재물을 갈취하고 남의 인생을 고통 속으로 밀어넣으면 안 됩니다. 그렇게 번 돈으로 얼마나 더 잘 살겠습니까. 사주를 제대로 안다면 신의 벌이 두려워서라도 거짓말을 할 수 없을 것입니다. 사주를 모르기 때문에 남의 인생은 생각하지도 않고 돈벌이에만 사주를 활용하는 것이 역학계의 현실입니다. 사주는 창조주의 프로그램이라는 인식만 할 수 있어도 영업하는 사람이 아니라, 상담하는 사람이 되리라고 생각합니다.

그렇다고 필자의 학문이 완벽하다고는 말할 수는 없습니다. 다만 시대에 맞는 상담을 하려고 열심히 노력하는 것이지요. 사주를 연구한 사람으로서 철학관에서 상담해주는 선생이 제대로 된 사람인지 아닌지를 판단할 수 있는 방법과 기준을 제시하고자 합니다. 다시 말하면 사주쟁이에게 속지 않는 방법을 써볼까 합니다.

만선할 수 있는 완벽한 고기잡이배를 가졌다고 해도 그물을 준비하지 않으면 고기떼를 만나도 놓치고 맙니다. 그런 일이 생기지 않도록 글을 쓸 것입니다. 사주에서 원하는 길을 가면 큰 고난 없이 하는 일이 잘 풀려나가기 때문이지요. 자신이 역학인이라고 생각하는 분들은 **빼고** 사주쟁이라고 생각하는 분들만 욕을 많이 하기 바랍니다.

에모토 마사루라는 일본의 한학자가 2002년에 쓴 『물은 답을 알고 있다』라는 책에서 '사랑·감사'라는 글을 보여준 물에서는 완전한 아름다운 육각형 결정이 나타났고, '악마'라는 글을 보여준 물은 중앙이 검은 형상을 보였다고 합니다. 여기서 우리가 알아야 할 부분이 있습니다. 그것은 바로 물은 글자를 읽을 줄 모른다는 것입니다.

그러면 어떻게 해서 물이 사랑이나 악마의 글을 인식할 수 있었을까 하는 것입니다. 글을 읽을 줄 모르는 물이 글자의 의미를 안다는 것은 과학으로는 설명할 수 없습니다. 그렇지만 그 글자를 쓴 종이를 든 사람은 그 글자의 의미를 압니다. 그래서 그 글자가 적힌 종이를 든 사람의 생각이 음파가 되어 물에 전달되니 물이 그 음파로 감정을 느낄 수 있으니 물의 결정체가 달라지게 되는 것입니다.

이것을 한자나 한글 획수의 획수에 의해 물의 결정체가 결정된다고 주장하는 이들도 있습니다. 그러나 절대 아닙니다. 한자를 전문으로 배운 전문가도 한자나 한글 획수를 잘 모르는데, 일반인은 더 모를 것인데 어떻게 글자 획수가 음파로 바뀐다는 것인지 이해가 가지 않을 겁니다. 모든 학문은 상식 선에서 판단하는 게 가장 정확하다고 생각하며, 이 글을 읽어가시다 보면 확실하게 느낄 수 있을 것입니다.

청암 박 재 현

사주와 관상은 인생의 지도

필자는 20대 후반부터 관상이 궁금해 관심을 갖기 시작했습니다. 필자는 상대를 보면 그 얼굴에서 뭔가 그 사람의 성격을 어느 정도 감지할 수 있었고, 부귀와 빈천도 한눈에 보였지요. 아마도 필자는 선천적으로 촉, 예감, 감지 능력이 잠재되어 있었는지 그냥 본능적으로 잘 보였습니다.

필자는 성격이 예리하고 분석력이 뛰어나서인지 어릴 때부터 사람 얼굴을 카메라에 담는 것이 취미여서 가족들 사진을 많이 찍었으며, 특히 언니를 가장 많이 찍었습니다. 그때 포즈를 취해 주던 언니는 무용에 재능이 뛰어나서 지금은 고전무용과 불교무용을 전문으로 하고 있어요.

요즘은 스마트폰이 좋아서 원하는 대로 사진을 찍어 키웠다 줄였다를 원하는 대로 할 수 있어 사람 얼굴을 관찰 분석하는 것이 더 확실하니 사진을 분석하는 재미가 더 솔솔하더라구요. 주변 사람들 한 사람 한 사람 살아가는 모습 하나도 빼먹지 않고 발끝에서 머리 끝까지 걸음걸이, 음성을 분석하다보니 자연스럽게 관상 공부를 시작하게 되었지요.

관상학 동영상 강의를 보면서 공부해보니 정말 신기하게도 필자가 알던 사실들이 모두 관상학에 들어있었으니 관상학 공부가 저절로 되고, 필자가 궁금해 하던 부분들을 알게 되니 점점 더 관상학에 빠져들게 되고 관상학에 대한 책은 물론 관상학 카페에 모두 가입해서 카페지기들의 이론을 하나도 놓치지 않고 연구하고 분석했으며, 일반적인 관상학에서 벗어나 필자 나름대로 새로운 부분들을 보게 되었어요.

그 새로운 것은 바로 코가 잘생겨야 한다는 것이며, 대운(大運)이나 년운(運)에 따라 관상도 변하고, 특히 코 모양이 바뀐다는 것을 알게 되었지요. 그렇게 관상학을 공부하면서 나이에 따라 변하는 운을 보기 시작했을 때 벽에 부딪치고 말았지요.

관상에서 운에 대한 분석을 해보면 맞을 때도 있고 틀릴 때도 있습니다. 이 말은 정확성이 떨어진다는 것이지요. 나름대로 관상학 동영상을 보면서 열심히 공부해보니 그 사람의 심성과 밥그릇은 잘 보이는데, 미래의 대운(大運)이나 년운(運)이 정확하게 보이질 않았습니다. 필자가 공부를 제대로 하지 못해 그런지 몰라도 나름대로 생각해보면 정확성이 떨어지는 것은 확실합니다.

그래서 관상에서 조금 부족한 대운(大運)과 년운(運)을 알려고 사주 공부를 해야겠다는 생각이 들었으며, 관상에서 부족한 부분인 대운(大運)과 년운(運)을 사주로 채우려고 사주 공부를 하게 되었습니다. 사주 공부를 하면 할수록 관상학과 사주학이 일맥상통하는 것을 알 수 있었습니다.

관상과 사주를 제대로 풀면 그 사람의 인생 전반을 알 수가 있으며, 확실하게 그 사람의 앞날을 알 수가 있고, 그 사람이 걸어가야 할 길에 조언할 수 있겠다는 확신으로 열심히 사주 공부를 했습니다. 관상학과 사주를 참고해 상담하다보니 더욱더 많이 발전할 수 있었으며, 필자 나름대로 새롭게 발견한 것이 제법 있습니다.

근래에는 성형수술이 발달해 얼굴을 고치는 사람이 많아졌습니다. 그런데 성형하는 사람들이 자기 얼굴의 균형은 무시하고 유행이나 연예인의 얼굴을 따라 성형하는 것을 보니 답답하기 그지없습니다. 성형으로 관상이 변하면 운명에 반드시 작용하게 됩니다.

왜 그러냐 하면 관상이 무엇인가요? 그 사람이 태어나서 죽을 때까지의 운명을 좌우하는 것입니다. 이렇게 내 삶의 모든 것을 좌우하는 관상에서는 얼굴 균형이 제일 중요한데, 그것을 무시하고 성형하는 사람이 많으니 답답하게 보일 수밖에 없었습니다. 그런 마음에 생각다 못해서 청암 선생님과 함께 이 책을 쓰게 되었는데, 관상과 사주 이야기는 물론 이름 이야기도 하고 싶어서입니다.

사람은 생긴대로 산다는 옛말이 있는데, 필자가 관상학을 공부해 보니 정말 그렇다는 것을 확실하게 알았으며, 관상을 무시하고 성형수술을 하는 사람들에게 도움을 주고자 다방면으로 열심히 노력을 아끼지 않고 있지요. 남이 지게 지고 장에 간다고 나도 지게 지고 장에 갈 이유가 없지요.

연예인들이 턱을 뾰쪽하게 깎는다고 나도 깎다가는 말년에 피눈물을 흘릴 것입니다. 턱은 말년복을 의미하는데 뾰쪽하게 깎으면 벌어놓은 돈이 말년에 모두 나간다고 봐야겠지요. 필자의 생각으로는 연예인도 마찬가지라고 봅니다. 그들도 사람이므로 신의 프로그램인 사주나 관상에서 벗어날 수가 없어서죠.

눈썹도 마찬가지입니다. 눈썹은 형제복과 수명을 관장하는데, 눈썹은 눈을 보호하려고 있는 것이니 눈과의 균형이 매우 중요한데 눈은 무시하고 예쁘게만 그리려고 하니 문제가 생기는 것이지요. 내 운명을 좌우하는 얼굴을 함부로 뜯어고치다가는 인생 망조가 들 수도 있음을 알아야 합니다.

버스 지나 간 뒤에 손을 들면 뒤에 오는 버스라도 탈 수가 있지만, 우리네 인생살이 물은 한번 흘러가면 두번 다시 돌아오지 않는다는 것을 모르는 사람은 없을 것입니다.

그런데도 사람들은 아무 생각 없이 마구잡이로 성형을 하니 관상학을 공부한 사람으로서 가만히 있을 수는 없지요. 그래서 상담할 때는 사주와 관상을 같이 참고하고, 성형관상에 대 해서는 반드시 이야기 해드려요. 그래서인지 성형하려는 사람이 상담을 많이 하는 편입니다.

사주와 관상을 접목해서 상담하면 100%에 가깝게 운명을 들여다볼 수가 있으며, 확실한 상담할 수 있습니다. 사주에서 부족한 부분은 성형으로 어느 정도 보완할 수 있고, 그 다음에는 이름으로 부족한 부분을 채워줄 수 있다고 생각합니다.

사람이 살아가면서 중요하지 않은 것이 없겠지만, 내가 지금 걸어가는 길이 진흙탕인지 잘 포장된 도로인지를 알 필요가 있고, 그보다 더 먼저 내가 선택할 수 있는 범위가 넓은 시기에 상담하는 것이 좋다고 생각합니다.

아이를 낳으면 그 자녀의 그릇을 먼저 알아야 합니다. 돈복이 있으면 다행이지만 없으면 정말 난감하지요. 돈복이 없으면 절대 사업을 해서는 안 되는데, 돈복이 없는 사람들이 대부분 사업을 해서 실패하는 것을 많이 봅니다.

돈복이 없다는 것을 미리 알면 사업에 대한 미련을 버리기가 쉬울 것입니다. 사람이 살아가면서 돈이 많으면 좋겠지만, 인생살이가 어디 마음대로 되던가요. 내 인생의 지도가 있으면 얼마나 편리할까요. 사주와 관상은 인생 지도이니 참고해서 한 번 뿐인 인생 아름답고 멋지게 만들어 가시기 바랍니다.

호명 최 지 윤

머리말 4

1장. 사주, 모르면 속는다

사주는 기(氣)과학이다 ———————————————— 18
이 세상은 창조된 후 진화했다 ———————————— 32
500여 철학관에 들르다 ——————————————— 36
지금까지 역학자들이 오판하는 것 —————————— 39
모르면 속을 수밖에 없다 —————————————— 42
아이들 사주 보지 말라는 철학관 —————————— 46
사주쟁이가 사주쟁이를 만드는 현실 ———————— 49
결혼 늦게 하면 이혼 면한다는 철학관 ——————— 54
대운 왔다면서 사업 하라는 사주쟁이 ——————— 58
이런 철학관이나 작명원은 엉터리다 ———————— 65
역리사 자격증 자랑하는 철학관 —————————— 72
귀문관살 있으면 신의 제자가 되어야 한다는 철학관 ——— 77

2장. 사주, 이렇게 활용하라

어린아이를 침대에 재우면 죽일 수도 있다 ————— 80
사주는 시작하기 전에 봐야 한다 —————————— 82
잘 나갈 때 사주를 믿어라 ————————————— 84
좋아하는 것을 할 것인가, 잘하는 것을 할 것인가 ——— 90
대운이 와도 그물이 없으면 무용지물이다 ————— 93
사주 핵심은 돈복이 있느냐 없느냐 ———————— 96
사주와 종교 ——————————————————— 102
사주와 관상 ——————————————————— 105
돈복 있는 관상 ————————————————— 107
성형수술 잘못하면 인생 망칠 수도 있다 —————— 111
돈복 없는 사람은 돈 안 되는 짓만 한다 —————— 116
재물복 없으면 굶어죽어야 하나 —————————— 121
사주에서 가장 중요한 것은 ———————————— 124
자녀는 부모의 거울이다 —————————————— 138
내 밥그릇을 알아야 ———————————————— 145
잘못 선택하면 인생 조진다 ————————————— 148
내 아이를 보석으로 만드는 것은 나 ———————— 150

한 분야에 미쳐야 성공한다 ———————————— 158
순간의 선택이 평생을 좌우한다 —————————— 161
인과관계가 중요하며 만남 자체가 궁합 —————— 163
일부일처제와 자연의 법칙 ————————————— 175
이혼은 과감하게 ——————————————————— 177
관성이 많은 여자는 여러 번 결혼한다? ————— 180
부자 남편을 만나고 싶으면 마음을 비워라 ————— 181
바람을 피워야 할 사람은 피워야만 한다 ————— 184

3장. 사주 공부, 아주 쉽다

사주는 간단하다 ——————————————————— 187
십간(十干)의 특성 ————————————————— 190
십이지(十二支)의 특성 ——————————————— 197
100% 사주 분석은 이렇게 ————————————— 209
지지(地支)의 동물과 건강 ————————————— 213
사주와 신의 세계 —————————————————— 218
사주는 DNA의 집합체다 —————————————— 222
생명과 관계있는 신살 ———————————————— 223

4장. 명품 이름을 지으려면

한자나 한글 획수로 이름짓는 곳은 엉터리다 ———— 234
부르지 않으면 이름이 아니다 ———————————— 237
물도 생각을 안다 —————————————————— 240
식물도 음파에 반응한다 —————————————— 245
사람의 뇌는 컴퓨터와 같다 ————————————— 249
명품 이름을 지으려면 ———————————————— 253
의식은 일간(日干)이고 그 나머지는 무의식이다 ——— 261
UCF 이론은 무의식이 의식을 지배하는 것 ————— 266
TDY 이론은 무의식이 음파를 인식하는 것 ————— 267
NBR 이론 ————————————————————— 270
불용문자는 악운만 부른다 ————————————— 274
청풍도사가 만난 신의 세계 ————————————— 274

글을 마치며 281

1장.
사주, 모르면 속는다

사주는 기(氣)과학이다

사주의 개념을 이해하지 못하면 그냥 통계학이라고 생각할 수밖에 없다. 그러나 사주는 통계학이 아니다. 기(氣)철학이고 기(氣)과학이다. 사람의 운명을 결정하고 건강과 죽음, 인연 등 인생의 전반적인 것을 알 수 있는 것은 오직 사주밖에 없다고 생각한다. 글자가 사람의 운명을 지배한다는 것은 절대 있을 수 없는 일이고, 있어서도 안 된다. 그런데 맞는데 어떻하나.

공기 속에 음양오행(陰陽五行)이 들어있다는 확실한 증명은 먼저 삼살방(三煞方)으로 가면 좋은 일보다는 나쁜 일이 더 많이 생긴다는 것이다. 삼살방(三煞方)으로 이사한 뒤 건강이 나빠지거나 죽거나 일이 안 되는 사람이 많다.

우리나라의 지리적인 요건만 봐도 동쪽(木)에 사는 사람은 목(木)의 성격을 그대로 지녀 추진력과 리더십이 있고, 인정이 많으면서 배짱도 좋고, 통도 크다. 동쪽이라고 하면 강원도와 경상도를 꼽을 수 있는데, 강원도는 지리상으로 북쪽 방향으로 수(水)의 방향으로 목(木)은 물을 먹고살아야 하는데 목(木)은 물에 의지하게 되고 기대려는 그런 현상이 생기기 때문에 큰 인물이 나올 여건이 좋지 않고 북쪽으로 많이 치우쳐 있어 자신의 능력을 발휘할 기회가 적은 것 같은 생각이 들고, 경상도는 동쪽이면서도 남쪽으로 많이 치우쳐 있어 자신의 기(氣)를 발산할 기회가 많다. 그래서인지 경상도에 있던 작은 나라 신라가 삼국을 통일했고, 대통령이나 재벌기업 창업주도 경상도 사람이 많다.

서쪽 지방은 금(金) 방향으로 예술가가 많이 나오는 지역이며, 판소리도 서쪽에서 발전했다. 경상도 말로 판소리를 하면 전혀 느낌도 없고 재미도 없다. 그래서 서쪽 지방에는 예술가가 많이 태어난다고 본다.

남쪽 지방은 불(火) 방향으로 성격이 불같이 급하다. 우리나라에서 생기는 큼직한 일들의 시작은 거의 남쪽 지방에서 시작된다. 특히 부산과 마산, 광주 사람들이 주도한 경우가 많다.

북쪽 지방은 물(水) 방향으로 물은 밤으로도 보니 서울 사람들은 무슨 생각을 하는지 알 수가 없다. 필자가 자랄 때는 서울 사람들을 양파라고도 했다. 양파는 까도까도 속이 보이지 않아 그런 별칭을 사용한 것 같다. 서울보다 더 북쪽에 자리한 북한 생각은 알 길이 없고, 과거에 소련도 마찬가지였다. 지금 러시아도 무슨 일을 벌이는지 잘 모른다.

이것이 바로 지방색이며, 음양오행(陰陽五行)이 공기 속에 존재한다는 증거이며, 사주라는 프로그램이 창조주가 이 세상을 만든 프로그램임을 알 수 있다. 그리고 사주와 자연의 이치를 대비할 수 있어야 사주를 100% 분석해 좋은 길로 안내할 수 있지 그냥 학문으로만 봐서는 절대 분석할 수가 없다. 이 글을 읽는 역학인이 있다면 참고하기 바라는 마음이다. 역학이라는 말도 잘못된 것이다. 역은 변한다는 것인데, 사주는 변하는 것이 아니니 다른 단어를 사용하는 게 타당하다고 생각한다.

진짜 사주쟁이들은 필자처럼 사주를 운명으로 접하고 사주에 빠져들어 술먹고 헤매면서도 사주에서 벗어나지 못하고 평생을 사주 사주하면서 살아가는 사람들이다. 대우도 제대로 받지 못한다. 상담할 때는 선생님이라고 하면서 돌아서면 욕한다. 그리고 잘 되면 자기가 잘나 잘된 것이지 상담한 것은 온데간데 없어진다. 잘못되도 별 원망을 하지 않는다.

희한한 사람들이다. 필자는 그런 사람들을 종종 만난다. 어느 철학원에서 하라는 대로 했다가 쫄딱 망해놓고도 그 철학원에 찾아가 변상받으라고 하니 그걸 어떻게 하냐고 한다. 이렇게 하니 사이비 사주쟁이들이 자기가 한 말이 모두 맞는 줄 알고 마구잡이로 말을 해대는 것이다.

사주를 알아서 손해 볼 일은 없다. 다만 사주쟁이가 되지 않는 것이 좋고, 만약 사주쟁이를 되려면 100% 사주를 본다고 자신 있을 때 하길 바란다. 엉터리로 돈벌이를 하다가는 반드시 신의 벌을 받기 때문이다. 필자가 인류 최초로 사주는 기(氣)과학이고, 창조주가 이 세상을 창조한 창조의 프로그램이라고 했기 때문이다. 필자가 쓴 책에서 여러 번 강조했다. 사주를 제대로 아는 사주쟁이들은 필자를 알 것이다. 왜냐하면 그들이 보지 못한 것을 보았고, 그것을 필자가 쓴 책에서 공개했기 때문이다.

필자도 사주를 만나기 전에는 철학원 근처에도 가지 않고, 모든 생각은 뇌에서 나오므로 뇌가 죽으면 아무것도 없다고 배웠기 때문이다. 그런 생각을 가진 사람이 사주를 만나고부터는 생각이 완전히 바뀐 것이다. 사주에서 운이 좋고 나쁘다만 있다면 모르지만 사주에서 조상, 가족들의 삶도 죽음도 나오니 사람이 어찌 미치지 않겠는가. 글자 속에서 가족들의 삶과 죽음까지도 나오는데 제정신이면 사주를 제대로 이해하지 못한 사람이다.

이 얼마나 무서운 학문인가. 조상들의 삶까지도 후손의 사주에 나타나게 하는 존재는 오직 창조주이신 신밖에 없다. 그러니 사주에 빠져 벗어나지 못하는 것이다. 신은 반드시 존재한다. 신이 존재하지 않는다면 사주가 틀려야 한다. 절대로 맞으면 안 된다. 그런데 맞는다. 그냥 맞는 것이 아니고 정확하게 맞는다.

특히 인연은 더 정확하다. 사주에서 애인이나 배우자가 있는 사람을 만날 사람은 꼭 그런 사람과 인연이 되고, 임신하거나 자식 낳고 결혼할 팔자는 그렇게 되어야 결혼하는 것을 많이 보았다. 이래도 사주나 신의 존재를 믿지 않겠다면 기분대로 사시라. 사주가 정확하다면 최대한 활용해야 하는데 제대로 아는 사람이 거의 없다는 것이다.

컴퓨터는 계산기다. 그 계산기로 영상이 움직이고, 그 움직이는 영상을 보면서 게임을 한다. 이렇게 영상을 움직이는 프로그램이 바로 컴퓨터 데이터베이스 속에 그 영상들을 움직이게 하는 프로그램이 깔려있기 때문이다. 이와 마찬가지로 사람의 운명을 좌우하는 음양오행(陰陽五行)도 공기라는 데이터베이스 속에 깔려있어 그 공기의 흐름에 따라 그 사람의 길흉과 건강, 죽음이 있게 되는 것이다.

컴퓨터 프로그램을 만든 사람이 영상을 움직이듯이 사주의 길흉도 이 세상을 창조한 창조주가 만든 사주라는 프로그램대로 그렇게 살아가고 죽어가는 것이다. 좋은 운으로 바꾸려면 누군가가 창조주한테 부탁해야 하는데, 그 역할을 해주는 신이 바로 조상들이다. 그 조상들에게 후손의 소원을 들어달라고 빌거나 부탁하는 사람이 바로 주술사다. 우리 민족이 바로 주술사의 후손들이다.

하늘에 빌고, 땅에 빌고, 용왕에 빌고, 산신령에게 빌고, 터줏대감에게 빌고, 새 차를 사면 사고 나지 말아달라고 차에 빌기도 한다. 정부에서 큰 공사나 큰 일을 할 때 필히 고사를 지낸다.

이런데도 주술사 후손이 아니라면 그 사람은 정상이 아니다. 서양의 기독교가 우리나라에 처음 들어올 때 선교사들이 자기가 믿고 주장하는 신을 번역할 때 고민고민하다가 우리 신 중에서 최고 신인 하나님으로 번역해 사람들이 착각하고 교회에 나가는 사람이 많지 않을까 하는 생각을 해보기도 한다.

실제로 교회에 다니는 사람에게 물으면 예수보다 하나님 때문에 교회에 간다고 한다. 현 사회에서는 눈에 보이는 과학을 배우다보니 눈에 보이지 않는 신을 믿지 않는 경향이 많다. 그렇다면 눈에 보이지 않는 공기는 왜 있다고 하는지 모르겠다.

도올 선생 강의 도중에 어느 물리학자가 질문을 하면서 한 말이 생각난다. 그 학자의 말에 의하면 물리학을 연구하다 보면 마지막에 가서는 신 이야기가 나오지 않고는 답이 없다고 하는 것을 방송에서 보았고, 근래에는 우주가 자연스럽게 생긴 것은 아니고, 또 다른 우주에서 생성되지 않았을까 하는 이론이 나오고 있다. 이런데도 신을 부정한다면 지금 현재 잘 살고 잘 나가는 사람일 가능성이 높다는 생각이 들고, 제아무리 현재가 좋다고 해도 창조주가 만든 프로그램인 사주에서 벗어날 수는 없을 것이다.

현재 아무리 잘 나가는 사람도 악운을 만나면 실패하는 인생으로 전락할 수도 있다는 것을 알아야 할 것이다. 잘 나가던 사람이 실패한 후 철학관에 들르면 철학관 선생이 기가 막히게 자기가 살아온 길을 맞힌다. 그러면 그때서야 실패하기 전에 사주를 참고할 걸 하고 후회하게 된다. 그래서 사람인 것이다. 한 번씩 크게 당해봐야 믿게 된다는 것이다.

사주를 공부하면서 사주가 왜 맞는지 생각해보는 사람은 드문 것 같다. 사주가 사람의 운명에 작용하고, 사주대로 살아간다면 사주가 맞는 원인부터 알아봐야 한다. 필자는 우연한 기회에 사주를 접할 수 있었는데, 사주가 기가 막히게 맞아떨어져 두려움이 앞섰다.

사주를 배워 돈을 벌려고 하는 사람이라면 사주가 맞으면 기분이 매우 좋을 텐데, 필자는 사주를 업으로 할 생각은 전혀 없었고, 철학관 문 앞에도 가보지 않은 사람이었으니 사주가 맞는 것이 묘하고 겁이 난 것도 사실이었다.

생각해보라. 문자를 나열한 것에 불과한 글자에서 사람이 죽고 사는 것까지 나오는데 소름이 끼치지 않을 사람이 어디 있겠는가. 그것도 사주를 접한 지 한 달 정도밖에 되지 않을 때였으니 말이다.

필자가 사주를 접한 것은 사주를 배우려고 하는 친구가 한자 실력이 부족한지 좀 읽어달라고 부탁했다. 그 당시 사주 교본이라고 할 수 있는 『사주정설』이라는 책을 처음으로 보게 되었고, 사주를 배우는 그 친구를 위해 읽어주면서 필자도 모르게 사람의 운명에 조금씩 관심이 가기 시작했고, 사주를 배우게 된 것이다. 그런데 아이러니하게도 그 친구는 사주로 돈벌이가 되지 않아서인지 사주를 접은 지 오래 되었는데, 필자는 아직도 사주에서 벗어나지 못하고 있다.

필자가 사주가 왜 맞을까 하는 의문을 가지고 어느 날 문득 생각해보니 사주의 본질을 생각하게 되었다. 사주는 네 개의 기둥이지 않은가. 그리고 그 기둥을 이루는 것은 바로 생년월일과 태어난 시 아닌가.

거기에 생각이 미치자 깨달은 것이 있었다. 년주(年柱)는 태어난 그 해에 흐르는 기운이고, 월주(月柱)는 태어난 그 달에 흐르는 기운이고, 일주(日柱)는 태어난 그 날에 흐르는 기운이고, 시주(時柱)는 태어난 그 시각에 흐르는 기운이라는 결론을 얻으니, 사주가 사람의 운명에 영향을 미치는 원인을 알게 된 것이고, 사주에 대한 궁금증이 해소되었다.

태아가 엄마의 자궁 속에서 자랄 때는 공기와 접촉하지 않고 오직 엄마를 통해서만 모든 것을 해결한다. 그런데 이 세상으로 나오게 되면 그 순간부터 공기로 호흡하게 되며, 공기 영향을 받을 수밖에 없다. 그래서 얻은 결론이 바로 사주를 형성하는 음양오행(陰陽五行)이 바로 공기 속에 존재하며, 사주와 자연은 따로 분리해서 생각하면 안 되고 하나로 보아야 한다는 결론에 도달하게 된다.

그후 사주와 자연을 따로 생각하지 않고 사주를 본격적으로 공부를 시작하게 되는데, 사주를 배워 철학관을 할 생각을 해서 공부를 한 것이 아니고, 사주가 잘 맞으니까 재미있어서인지 그냥 사주가 좋아서인지 사주를 공부하면서 어느 정도 시간이 흐르니 두려운 마음은 없어지고 공부를 한번 해봐야겠다는 생각에 시작하게 되었고, 머릿속에는 사주 생각밖에 없었다.

사주를 구성하는 기본 요소인 음양오행(陰陽五行)이 바로 공기 속에 있으며, 그 공기가 바로 사람의 운명을 좌지우지하며 이 세상을 창조한 프로그램이라는 것을 확실히 알 수 있다. 그러므로 사주 속에서 가족 관계, 건강, 직업, 성격 등 사람에 관한 모든 것이 나타나는 것이다. 그보다도 더 정확하게 사주가 기(氣)과학임을 알 수 있는 방법은 숨을 쉬지 않으면 생명을 유지할 수 없다는 데 있다. 사주가 기(氣)과학이 확실하다는 것은 아래 내용을 참고하기 바란다.

세월이 조금 흐른 이야기지만 사주대로 정확하게 살아가는 사람이어서 아직도 기억에 남아 여기에 올려본다. 왜냐하면 사주를 구성하는 음양오행(陰陽五行)이 공기 속에 있다는 것의 한 예로 말이다. 몇 년도인지 정확하지 않지만 아마도 우리나라에서 월드컵이 있던 2002년 전후라고 생각한다.

필자의 책을 본 30대 초반 여자 독자가 멀리 인천에서 상담을 하려고 필자를 방문했다. KTX가 있어 전국이 하루 생활권이 확실하다. 아침 일찍 출발해서 오면 저녁이면 인천에 도착할 수 있는 시대가 왔다. 참 좋은 세상에 산다고 하면서 이 여자의 사주를 보니 지금 공부하려고 외국에 나가려고 하는데 이상하게도 북쪽으로 가는 운세다. 대부분 유럽이나 미국, 아니면 중국이나 일본으로 가는데 북쪽으로 가게 되어 좀 특이했다.

그래서 물으니 러시아 유학을 준비하고 있다는 것이다. 다시 물었다. 러시아에 가면 2~3년 머물 것이고, 공부도 공부지만 거기서 남자를 만나서 결혼하려고 하는데 사실이냐고. 그럴 생각이란다.

이렇게 정확하게 사주대로 살아가는 사람들은 드문데 신기하다. 이렇게 사주에 오는 운대로 살아가려고 하다니 하는 생각을 하면서 사주란 게 참으로 묘하다는 생각을 하게 한 여자다. 이렇게 북쪽으로 가는 것은 그 여자의 운에서 북쪽으로 가는 방향이 나오고, 그 방향이 바로 공부하러 가는 방향이기 때문이다.

이렇게 사주를 잘 맞추면 상담하러 온 사람이 가끔 "그게 사주에 나옵니까?" 하고 묻는다. 그러면 "그게 어디 사주에서 나옵니까? 할아버지가 알려줘 아는 것이지요. 할아버지에게 좀 빌어야 일이 잘 풀리니 오늘 온 김에 돈 갖고 있는 대로 올리고 빌고 가세요" 하면 틀림없이 돈을 내놓고 빌 텐데 바보 같은 필자는 사주에 대한 것을 알리려는 사명을 띤 사람처럼 "예! 사주에 나옵니다" 하니 돈이 될 턱이 없다. 돈복 없는 사람은 꼭 돈 안 되는 짓만 하는 것이 필자를 봐도 확실하다. 다음의 예도 신기한 예며, 현재 진행형이다.

필자의 골수팬인 여자가 있는데 2015년에 돈을 잘못 관리하다가 모두 날리는 운이라고 여러 번 강조했는데도 어디 다른 곳에서 운이 왔다는 말을 들었는지 방지책이 있다고 해서 방지를 했는지 아무튼 전 재산을 투자해 2016년 12월 현재 파산직전이라고 얼마 전에 전화가 왔다. 벗어날 길은 없다. 은행에서 끌어다 쓴 돈이 많아서다. 이 여자를 만난 지 벌써 18년이 되어가는데 필자가 풀어준 사주운세 덕을 많이 본 사람이다. 그런데 악운이 왔을 때는 악운 인연을 만나게 되는지도 모른다.

필자는 그런 사람들을 종종 본다. 필자가 하는 말보다 달콤한 말로 최고 운이 왔다고 하면서 돈을 받고 기도해준다는 사람들에게 속아 하지 말라는 일을 했다가 실패하는 사람들을 말이다. 이 여자도 말은 하지 않지만 아마도 그런 경우가 분명하다.

사주에서 들어오는 악운을 기도해서 좋은 운으로 바꾸어 돈을 벌 수 있다면 나부터 기도할 것이다. 악운이 올 때는 지키는 게 최고다. 절대로 움직이면 안 되니 달콤한 말로 유혹하는 사람들을 절대로 믿지마라.

이 여자가 18여 년이라는 세월 동안 필자에게 상담했다는 것은 필자가 풀이한 사주가 맞았다는 것인데, 이번에는 된통 걸려 인생이 고달프게 되었다. 그래서인지 자기 아들에 대한 말은 철저하게 믿고 2015년에 일본으로 보냈다.

그런데 일본으로 간 이 아들에게 엄청난 변화가 생긴 것이다. 그 아들은 중학교 다닐 때부터 필자가 알고 있다. 가정이 원만하지 않으니 공부가 제대로 될 리 없고, 그럭저럭 고등학교까지는 마쳤는데 일본에 가서는 신기하게 공부를 잘한다고 한다.

어느 정도 잘 하냐면 40여 명 중에서 2등했다고 하면서 좋아 죽는다. 이 여자의 아들은 국내에 있으면 사기꾼이 되기 쉬운 사주로 구성되어 있는데, 그 사기 기술을 좋은 쪽으로 활용할 수 있는 방향이 동쪽이라 동쪽에 있는 일본으로 보낼 것은 권유했는데, 희한하게도 일본으로 갈 일이 생겨 일본으로 가게 되었다. 필자는 그곳에서 기술이라도 배워오려나 생각했는데 공부를 해서 대학에 간다고 한다. 신기한 일이 아닐 수 없다.

예를 하나 더 들면 1999년 말쯤에 임용고시를 볼 딸을 둔 엄마가 합격 여부를 알아보려고 왔다. 사주를 뽑아 분석해보니 지금 사는 곳에서 시험을 치면 떨어지고, 북쪽으로 가야 합격할 운이었다. 그래서 그렇게 얘기했더니 그 엄마가 고맙다고 하면서 돌아갔는데, 이듬해 2월쯤에 또 찾아왔다. 또 왔다는 것은 떨어졌다는 것이고, 필자가 한 말을 참고하지 않았다는 것이다.

그래서 "따님이 임용고시에 떨어졌네요" 하니, 힘없이 "예~" 한다. "제 말을 믿지 않으셨군요" 하니, "딸이 엄마는 어디가서 쓸데없는 말을 듣고 왔냐면서 화를 내더군요" 한다. 허기사 젊은 사람이라 잘 믿지 않을 것이라고 생각은 했지만, 그래도 좀 서운했다. 이 엄마 이야기를 들어보니 딸이 교육대학에 다니면서 4년 내내 장학금을 받았을 정도로 성적이 좋았다고 한다. 그러니 자신이 있었을 것이다.

이런 이야기를 듣고 "따님이 무슨 말을 했는지 말해 드릴까요?" 했더니 그러라고 한다. "시험장 안에서 답안지를 작성할 때는 거의 정답이라고 생각하고 합격할 수 있다는 확신했는데, 막상 밖으로 나오니 정답이라고 쓴 게 오답이 많다는 것을 알았다고 하지 않던가요?" 하니, "아니! 우리 딸을 보시지도 않고 어떻게 그렇게 정확하게 딸이 한 말을 아시나요?" 하면서 깜짝 놀란다.

그래서 필자가 "사주는 기(氣)과학이며 그 기(氣)는 바로 공기를 말하며 자기와 맞지 않는 공기로 호흡하면 뇌에서 착각을 일으킵니다. 그리고 사주는 절대 실수하지 않습니다"라고 하니 고개를 끄덕이더니 내년 운세를 물었다. 내년에도 금년과 비슷하니 역시 북쪽으로 가서 시험을 쳐야 합격할 수 있다는 말을 듣고 돌아갔는데 그 이듬해에는 오지 않은 걸 보면 북쪽으로 가서 합격한 것이 분명하다.

그후 필자가 공부한다고 청도군 매전면이라는 곳에 있을 때, 그 엄마가 찾아왔다. 딸 소식을 물으니 북쪽으로 가서 시험을봐 합격했고, 지금은 자기가 원하는 도시에서 잘 있다고 한다.

10여 년 전에 멀리서 40대 남자가 찾아왔다. 그런데 키가 난장이만하다. 사주를 뽑아보니 키가 자라지 않을 구조다. "다른 형제들은 키가 모두 크지요?" 하니 그렇다고 하면서 자기만 키가 작고 병원에 가도 답이 없었다고 한다. 사주에서 들어오는 질병은 병원에서 진단하지 못하는 경우가 많다. 필자가 그랬다. 일찍 만나지 못한 게 미안하다고…

어릴 때 만났으면 도와줄 수도 있었다. 조언해 주는 대로 하면 반드시 지금보다는 훨씬 클 수 있다. 그런 아이들을 상담하게 되면 그 방법을 알려준다. 사주를 믿지 않고 행하지 않으면 키가 크지 않겠지만, 조언한 말을 참고하면 더 클 수 있음을 장담한다.

이 책을 쓰는 도중에도 어느 엄마가 상담하러 왔다. 아들이 14세인데 사주를 보니 키가 자라지 않는 구조였다. 필자가 이 아이는 키가 작다고 하니 그런 것도 사주에 나오냐면서 놀란다. 사주에는 그 사람의 전체 정보가 담겨있다. 제대로만 보면 모두 알 수 있다.

이 아이 사주 지지(地支)에 있는 동물을 보니 풀만 먹는 말 두 마리와 토끼가 한 마리 있다. 나머지 한 마리는 닭인데 닭도 고기를 많이 먹지 않는다. 그런데도 이 아이는 풀은 거의 먹지 않고 고기만 먹는다고 한다. 이건 순전히 엄마의 잘못이다. 그 엄마도 풀을 많이 먹어야 하는데 고기만 먹었으니 키가 작구나 하며 인정했다. 아직도 키가 클 수 있다면서 조언해줬는데 잘 될지는 모르겠다. 본인과 엄마가 부단히 노력해야겠지만 말이다.

아침마당 25주년 기념 방송에 이상벽 씨가 나와 '그 사람이 보고 싶다'라는 코너를 진행할 때 오래도록 헤어져 살았던 쌍둥이 자매가 만났는데, 걸고 온 귀걸이와 남편이 외국인이라는 점이 같아 크게 감동받았던 기억이 난다고 하면서 너무 신기해서 아직도 기억이 생생하다고 했다.

필자도 이런 경우를 언론이나 방송에서 종종 본 기억이 있다. 쌍둥이의 삶은 거의 비슷하다. 물론 조금 차이가 나는 쌍둥이도 있지만 별 차이는 없다. 우연치 않게 필자도 쌍둥이 아들인데 이란성이라도 삶이 거의 비슷하다.

이렇게 쌍둥이의 삶이 비슷하다는 것은 사주란 프로그램이 확실하게 공기 속에 존재한다는 것을 증명하는 것이며, 같은 날 같은 시에 태어난 사람이 부모 상황이 비슷하다면 거의 같은 길을 걸어갈 수 있다는 것이다. 쌍둥이 사주를 이상하게 보는 역학인들은 사주의 개념을 모르고 상담하는 것이다.

확실한 것은 생년월일이 가장 정확한 그 사람의 바코드다. 그 생년월일이 암시하는 대로 세상을 살아가게 되어있다는 것이다. 사주를 가장 잘 활용하는 방법은 사주에서 제시하는 첫 번째 길로 가는 것이다. 그 길을 알아 그 길로 가면 아무 걱정이 없다.

필자가 항상 사주는 태어나면 바로 보아야 한다고 주장하지만 이 해하지 못하는 사람도 있을 것이다. 너무 맹신하는 것도 문제지만 너무 믿지 않는 것도 좋은 것은 아니다. 인생길은 수천 수만 갈래다. 그 수천 수만 가지 중에서 내가 선택해야 할 길을 알려주는 학문은 오직 사주밖에 없다. 사주는 신이 이 세상을 창조한 창조 프로그램 이며, 절대 실수하지 않기 때문이다.

필자와 상담한 후에 잘 풀리는 분들도 있겠지만, 필자의 상담이 도 움이 되지 않는 분들도 있을 것이다. 시작하기 전에 필자를 만난 분 들은 많은 도움이 되었을 것이지만 꽉 막혀서 풀리지 않을 때 필자 와 상담하신 분들은 도움이 안 될 수도 있을 것이다. 그래도 필자는 최선을 다해 조언한다. 그것이 필자가 해야 할 일이기 때문이다.

사주에서 가장 중요한 것은 내가 해야 할 일과 다가오는 운을 어 떻게 활용하는가다. 다가오는 운을 활용하지 못하면 사주 상담은 아무 의미가 없다. 헤어져 살아온 쌍둥이 자매가 같은 귀걸이에 외 국인 남편을 만난 것을 우연이라고 생각할 수는 없을 것이다. 우리 는 우연처럼 느낄지 몰라도 우연처럼 보이는 필연이다. 나에게 주어 진 길을 열심히 가면 내 인생은 하루하루가 천국일 것이다.

쌍둥이 예만 보아도 사주는 기(氣)과학이며, 그 기(氣)는 바로 공 기라는 것을 알 것이며, 사람이 살아가는 데 방향이 얼마나 중요한 가를 알 수 있는 확실한 증거다.

이 세상은 창조된 후 진화했다

사주쟁이가 진화론과 창조론을 말하려니 좀 이상하기는 하지만 음양오행(陰陽五行)으로 이뤄진 사주팔자라는 학문을 이해하려면 이를 알아야 이해가 빠를 것 같아 필자의 견해를 밝히고자 한다.

다윈의 진화론은 이미 과거의 학문일 뿐이고 이 세상이 창조되었다는 것이 증명된 지가 꽤 된 것 같다. 화석 어느 한 층에서 다양한 종이 한꺼번에 나타났기 때문이다. 이렇게 나타난 종들은 어디 다른 곳에서 이주해 왔거나, 아니면 누군가가 당대에 만들었다는 것이다.

그렇지만 그렇게 만들어져 진화하는 것이다. 먼저 창조론을 이야기하려고 하면 기독교 측면에서 이야기하는 창조론으로 혹시 오해를 하지 않을까 하는 생각이 들지만, 필자가 말하고자 하는 창조론은 기독교와 무관함을 먼저 명백하게 밝히고 이 글을 쓰고자 한다. 그렇다고 필자가 불교 신자는 아니다.

필자는 종교에 대해 왈가왈부하고 싶지는 않다. 종교란 어차피 심약한 인간이 기댈 곳이 없어 찾는 것이라고 생각한다. 그런 맥락에서 보면 기독교니 불교니 따질 이유가 하나도 없다. 그냥 자신이 추구하는 생각과 맞는 종교를 선택하면 된다(다만 불교와 인연이 있는 사주면 절에는 꼭 가야 한다) 여기서 말하고자 하는 창조론은 필자가 그동안 사주를 분석하고 연구한 결과물이다.

필자는 창조론이 기독교인들이 주장하는 창조론이든 아니든 사주와는 무관하다고 생각하고 사주를 통해 창조되었다고 주장하는 것일 뿐이다. 창조된 예는 수없이 많다. 그 많은 예 중에서 다음의 예

투명인간을 닮은 물고기

를 필자는 들고 싶다. 다음의 예를 보고 이 세상이 창조된 것인지, 아니면 우연히 생겨 진화되었는지를 판단하는 것은 독자의 몫이다.

2014년 1월 23일 중앙일보에 투명인간을 닮은 물고기가 등장해 화제였다. "최근 뉴질랜드에 거주하는 어부 스튜어트 프레이저는 아들과 낚시하다 잡은 '젤리 피시'를 공개했다. 이 물고기는 발견 당시 죽은 상태로 수면 위에 떠있었던 것으로 알려졌다. 일반적으로 몸이 투명한 물고기들은 깊은 바다에 사는 것으로 보고되어 있는데, 이 물고기는 어찌된 영문인지 수면 위로 올라와 어부의 눈에 띈 것. 전문가들은 "식물성 플랑크톤이 풍부한 남쪽 바다에서 자주 볼 수 있다"며, "먹이가 풍부할 때는 스스로 자신을 복제도 하고, 복제된 개체의 성장도 빠르다"고 했다. 투명인간을 닮은 물고기를 본 누리꾼들은 "투명인간을 닮은 물고기, 복제라니 신기하다!", "투명인간을 닮은 물고기, 뼈까지 투명한 건 없나?", "투명인간을 닮은 물고기, 만져보고 싶다" 등의 반응을 보였다." 여기까지가 신문 기사다.

그런데 이 물고기를 본 과학자들은 한결같이 침묵을 지켰다. 모든 생명체는 알이나 새끼를 낳는 방법으로 번식을 하는 것으로 알고 있는데 이 젤리피시라는 물고기가 투명한 것도 신기한데 자기가 먹을 수 있는 플랑크톤이 많아지면 자기 자신을 그대로 복제한다고 한다. 유전자 과학이 엄청나게 발전한 현 시대 과학자들도 할 수 없는 일을 이 물고기는 한다는 것이다.

그렇다면 이 젤리피시라는 물고기가 진화하면서 자기가 낳던 알이나 새끼를 낳지 않고 자기 자신이 필요할 때 복제하는 능력이 있어서일까. 절대로 아니다. 이러한 능력이 있는 것은 눈에 보이지 않는 어느 존재가 능력을 주었기에 가능한 것이다. 그런데도 진화론을 믿는다면 좀 이상하지 않을까.

오른쪽 그림도 한번 보시라. 나뭇잎처럼 생겼는데, 나뭇잎이 아니라 나뭇잎 모양을 한 곤충이다. 이 동영상 그림은 인터넷에 돌아다니는데, 이 곤충도 스스로 자기 모양을 이렇게 만들 능력이 있을까. 유치원생에게 물어보면 거짓말이라고 할 것이다. 당연히 거짓말이다. 이렇게 만들어진 것은 눈에 보이지 않는 어느 능력 있는 존재가 디자인하고 생명체를 불어넣은 것이다. 이러한 예는 수없이 많다. 그래도 창조론을 부정하겠는가.

필자는 오직 사주만으로 창조주가 있다고 주장하는 사람이다. 왜

냐하면 사주가 맞아서다. 사주가 그냥 맞는 것이 아니고 철저하게 맞는다는 것이다. 물론 사주를 분석하는 사람에 따라 그 해석과 풀이가 다를 뿐이지 제대로만 분석한다면 사주는 절대 오차가 없다고 필자는 생각한다.

그래서 필자가 생각하건데 이 사주란 음양오행(陰陽五行)을 활용해 이 세상을 창조한 창조주가 사람에게 이 음양오행(陰陽五行)을 알려준 것은 사주를 참고 삼아 잘 살라고 한 것 같다.

왜냐하면 사주를 참고해 사주에서 원하는 길을 가면 큰 어려움 없이 하는 일이 잘 풀려나가기 때문이다. 필자는 그런 원리에 입각해 사주를 참고해 어떻게 하면 가장 잘 살 수 있는가 하는 것을 굳이 철학관에 가서 상담하지 않아도 자기 자신이 살아갈 수 있는 방법을 알 수가 있도록 하는 글을 쓰는 것이다.

500여 철학관에 들르다

필자가 사주 공부하는 친구에게 『사주정설』을 읽어준 것은 한 달이었다. 왜냐하면 그 친구에게 사주를 가르쳐준 선생이 한 달이면 완성할 수 있다 해서 한 달만 공부했기 때문이다. 친구는 한 달 동안 『사주정설』 한 권을 다 배우고 철학관을 열었고, 필자는 다른 일을 하고 있었다.

그런데 그 친구가 돈벌이가 신통치 않아서인지 얼마되지 않아 철학관을 접었고, 필자는 『사주정설』을 읽어주면서 사주에 빠져 본격적으로 공부하기 시작했다. 시중에 나와있는 사주 책은 모조리 사서 탐독했다.

그러나 시원한 답을 찾지 못해 답답하던 차에 그래~ 사주를 가르쳐 준다는 철학관에 들러 사주 이야기를 들어보자는 심정으로 소형 녹음기를 하나 구입해 철학관마다 들르기 시작했다.

3개월 완성이라는 곳이 가장 많았으며, 그곳에 들어갈 때 녹음 버튼을 누르고 들어가 한 시간 정도 있다가 화장실 다녀온다면서 화장실에 가서 테이프를 돌려 끼워서 계속 녹음하고 난 후 그 녹음한 것을 집으로 가져와 듣고 또 들으면서 분석하고 또 분석했다.

그렇게 공부하다가 혼자 풀기 어려운 사주는 상담료를 내고 상담을 하면서까지 공부했다. 이렇게 공부하던 당시에는 머릿속에는 온통 사주 생각으로 가득차 있고, 꿈속에서까지도 사주를 풀었으니 지금 생각해봐도 사주에 미치기는 미쳤던 시절이다. 지금 다시 하라면 못할 것 같다. 사람이 공부할 시기가 있듯이 아마도 그때가 필자가 사주에 미치는 시절이었던 모양이다.

　서울에 가면 교보문고나 영풍문고에서 보내는 시간이 보통 3~4시간은 되고, 부산에 있는 영광도서와 부산역 앞 근처에 있는 한의학 전문서적을 취급하는 서점에도 드나들었다.

　특히 부산 보수동 책방골목에 있는 동양서적을 자주 들락거렸다. 동양서적에는 나이가 지긋하신 분이 일반 서점에 없는 희귀한 책들을 복사해 팔았기 때문에 정말 좋은 책을 많이 만나게 되었다.

　그렇게 공부해도 철학관을 하지 않고 서울 난곡동 사거리에서 공인중개사 사무실을 열었는데 일 년여 만에 폐업하고 신림동에서 빈둥거리며 놀다가 사주를 배운 그 친구가 부산에서 철학관을 할 것이라면서 집도 구하고 간판도 걸어놓더니만 어느 날 필자에게 연락이 왔다.

　자기가 철학관을 하려고 준비를 다 했는데 할 수 없는 일이 생겼으니 필자더러 그곳에서 철학관을 하라는 바람에 처음으로 상담을 시작한 곳이 바로 부산시 연산동이었다. 그곳에서 상담하기 시작했을 때는 제법 손님이 많았는데, 필자는 사주가 너무 정확하게 맞으면 대문을 걸어 잠그고 죽어라고 술만 마셔댔다.

　필자의 사주를 보니 앞날이 잘 보이지도 않고 사주가 맞고 또 맞으니 세상이 싫어진 것이다. 사주가 맞다면 사람은 신의 꼭두각시에 불과하다는 생각이 자꾸만 들어 에라 모르겠다는 심정으로 술을 마셔댔던 것이다.

　필자가 사주를 업으로 하려고 배운 사람이면 얼마나 신이 났을까마는 필자는 사주가 맞으면 맞을수록 빈 술병의 숫자만 늘어갔으니 지금 생각하면 한심하기 그지없다. 그후로 철학관을 그만두면서도 사주는 버리지 못하고 공부는 하면서 장사도 이것저것 해봤지만 모두 실패로 끝나고 그런 세월을 보냈다.

그후에도 작명철학관 간판은 몇 번 걸었지만 사주를 제대로 보고 앉아있은 적은 거의 없다. 어쨌든 그 친구 덕에 부산 연산동에 있을 때 『참역학은 이렇게 쉬운 것이다』를 쓰게 되었고, 책이 나오면서 전문가들에게 감사하다는 전화를 많이 받았다.

감사 전화를 한 이유는 이 책에는 자기들이 보지 못한 부분이 여기저기 있어서라고 한다. 그러면서 어떻게 그런 점을 보게 되었냐고 묻는 이들도 있었다. 그후 필자의 이론을 믿고 무료로 책을 내준 삼한출판사 사장님께 보답하는 마음으로 『해몽정본』이라는 책을 썼다. 이 『해몽정본』이 나오면서 독자들과 많은 상담했으며, 그후에 성명학 책도 쓰게 되었다.

작명철학관이라는 간판을 걸어놓고도 사무실에 앉아있는 일은 거의 없고, 독자가 방문하면 그날은 사무실에 있는 날이 되었다. 왜 철학관이라 하지 않고 작명철학관이라 했는지는 이름이 사주보다 중요하다는 생각이 있어서다. 실제로 사람들이 살아가는 모습을 보면 역시 사주보다는 이름이 더 중요하다.

필자가 얼마나 바보인가 하면 『음파메세지 (氣)성명학』을 통해서 성명학에 음파 이론을 처음으로 도입했는데도 음파와 연관된 상표등록은 하나도 없다. 이 말은 사주를 업으로 할 생각이 없었다는 것이다. 사주를 알면서도 사업한답시고 실패하고 또 실패를 거듭하다가 이제 나이도 들고 젊은 사람들에게 밀리기도 하니 할 수 있는 일이라고는 사주를 상담하는 일이다.

앉아서 사람을 기다리는 일은 2015년 6월부터다. 그 전에는 다른 일을 나름대로 열심히 했다. 그 일을 이제 할 수가 없게 되었으니 배운 게 도둑질이라고 사주보는 일밖에 없다. 그래서 열심히 상담하고 있다. 그렇게 많은 상담을 하다보니 사주를 갖고 상담하는 사람들이 아직도 과거의 학문으로 과거의 논리대로 사주 상담하는 것이 피부에 와닿아 지금 욕을 먹을 각오를 하고 이 글을 쓰는 것이다.

지금까지 역학자들이 오판하는 것

필자가 다른 사람들과 사주를 다르게 보는 것은 바로 500여 곳의 철학관 선생들의 노하우를 집대성해서라고 생각한다. 필자가 공부할 때 나온 책들을 거의 구입해서 보았으며, 다른 사람들처럼 사주를 맞히려고 공부한 것이 아니고 사주가 맞으면 안 된다고 생각하면서 사주에 매달렸기 때문이다. 생각을 한번 해보시라. 몇몇 사람에게 배운 학문과 500여 명의 선생과 수많은 책을 답습한 사람과 학문이 같을 수가 있는가.

물론 필자의 일주(日柱)도 사주 공부하기에 매우 좋은 계해(癸亥)다. 계수(癸水)는 천재적인 두뇌를 가지고 태어났으며, 해수(亥水)는 천문이 열려있으니 하늘의 기운을 읽을 수 있는 것이다. 머리가 아무리 좋아도 사주에 사주를 공부할 수 있는 그런 음양오행(陰陽五行)이 없으면 사주를 제대로 분석할 수 없다. 필자는 그런 역학인들을 많이 보았다.

사주를 제대로 분석하고 풀이하려면 필자와 같은 음양오행(陰陽五行)이 있어야 한다. 필자에게 『사주정설』을 읽어달라고 하면서 사주 공부를 한 친구에게 필자가 사주의 흐름을 여러 번 이야기해줘도 이해하지 못하는 것을 보고 느낀 것이다. 사주를 제대로 알려면 사주에 그런 기가 흐르고 있어야 한다는 사실을 말이다.

자랑처럼 들릴지 모르지만 필자가 생각해도 사주에서 별별것이 다 보이니 깜짝깜짝 놀랄 때가 있다. 사주가 이렇게 정확하다는 생각에 술을 마구 마셔댔던 일은 아련한 추억이 되었고, 이제는 술을 먹지 않는다. 그저 타고난 팔자대로 사는 것이려니 생각하기 때문이다.

필자가 사주 공부를 하면서 왜 같은 날 같은 시에 태어나도 가는 길이 다를까를 생각하다 사주에 대한 답을 얻었다. 같은 날 같은 시에 태어났다고 해도 직업에 따라 대운(大運) 작용력이 달라진다는 것을 말이다.

이것을 아직 역술가들이 간과하는 것 같다. 상담할 때는 대운(大運)만 운운하고 초년운이 이러이러하고 중년운이 이러이러하며 말년운은 이러이러하다고 말하면서 상담하는 것이다. 필자도 초창기에는 그렇게 상담한 기억이 있다. 상담하러 온 사람의 옷차림이나 태도 등을 보고 판단하고 맞추려 하는 곳도 있을 것이다.

필자가 부산에서 철학관을 처음 할 때 어느 날 신문을 보니 컴퓨터 운세라고 하면서 전화로 운세를 본다는 광고가 나왔다. 아마도 그런 컴퓨터 프로그램은 처음인 것 같은데, 전화 버튼을 눌러 운세를 보니 사주명식은 맞는데 나머지는 전혀 맞지 않았다. 맞지 않는 것을 왜 광고하는 것일까 하고 광고한 곳을 보니 부산 아닌가. 궁금하면 못 견디는 필자가 가만히 있을 턱이 없다. 광고를 낸 번호로 전화를 하니 마침 프로그램을 개발한 사람이 전화를 받았다.

필자가 그랬다. 사주를 공부한 사람인데 전화로 운세를 본다고 해서 전화번호를 눌러보니 맞지 않는다고 하니 하는 말이 그거 맞습니까 하면서 웃는다.

서로 대화를 나누다가 상담하는 방법에 대해 이야기를 나누었는데 그는 상담하러 온 사람의 옷차림부터 신을 벗는 모습, 앉는 모습 등을 종합해서 판단한다고 한다. 그래서 저는 사람의 생김새나 옷차림은 전혀 보지 않고 사주만 보고 상담합니다 하니 대단한 경지에 올랐다고 한다. 그후 그와 인연은 없었다.

사주에서 가장 중요한 것이 대운(大運)이라 하면서 사주에서 신강신약(身强身弱)을 집중적으로 공부하고 상담할 때도 사주의 신강신약(身强身弱)만 분석했다. 신약(身弱)이면 어느 오행(五行)이 좋고, 신강(身强)이면 어느 오행(五行)이 좋다는 식으로 상담한다. 이건 절대 아니다. 첫 번째도 직업, 두 번째도 직업, 세 번째도 직업이다. 직업에 따라서 대운(大運)의 작용력이 달라진다는 것을 알아야 제대로 상담할 수가 있다.

사주가 아무리 좋아도 자기 길로 가지 못하면 별 볼 일 없는 사주가 되고 만다. 고기를 가득 실을 수 있는 성능이 아주 좋고 마력수도 높은 멋진 고깃배가 있다고 치자. 그런데 고기떼를 만나면 고기를 잡을 수 있는 그물을 짜야 하는데 그물을 짜지도 않고 있다가 고기떼를 만나도 고기를 잡을 수가 없고 아무리 성능이 좋은 고깃배라고 해도 쓸모없는 배가 되는 것이다.

이걸 알아야 한다. 사주가 아무리 좋아도 내 길을 잘못 선택하면 아무 쓸모없는 사주가 되고, 고생만 하게 된다. 이러한 원리를 모르고 백날 대운(大運)이 좋고 나쁘고를 들여다봐도 살아가는 데는 전혀 도움이 되지 않는다는 것이다.

물론 자기 길을 제대로 가고 있으면서 대운(大運)을 보고 참고하면 좋겠지만 직업을 떠나 운만 가지고 상담한다는 것은 상담이 아니라고 감히 말한다. 사주에서 가장 중요한 것은 직업을 찾는 것이고, 그 다음이 바로 대운(大運)이다.

모르면 속을 수밖에 없다

지난해에는 방울토마토와 대추방울토마토를 심어 여름 내내 먹을 수 있어 아내가 무척 좋아했다. 그래서 금년에는 대추방울토마토 모종을 구입해 제법 많이 심었다. 꽃이 피고 열매가 열려 보니 대추방울토마토도 방울토마토도 아닌 그냥 토마토다. 한두 포기도 아니고 이십여 포기를 심었는데 이거 참 황당하다.

필자의 기억으로는 일반 토마토는 포기당 200원, 방울토마토는 500원, 대추방울토마토는 1,000원인데 500원씩 속아서 구입한 셈이다. 아마도 어린 싹을 보고는 구별하기 어렵다는 점을 이용해 판매한 것 같다. 뜨내기 장사꾼한테 샀으니 항의할 곳도 없다. 내년에는 점포를 내고 묘목을 파는 곳에서 사야겠다는 생각이 든다.

실제로 필자가 금년에 겪은 일이다. 사주나 작명도 마찬가지다. 철학관이나 작명원이라고 간판을 걸어놓고 자기 경력 같은 것을 광고해도 상담하는 사람이나 작명하는 사람을 알아볼 방법이 없다. 이 사람이 진짜 사주를 제대로 공부한 사람인지, 성명학을 제대로 연구한 사람인지 알 수가 없다. 일반인들은 간판만 보고 상담하거나 작명하는 경우가 대부분이다. 상담료나 작명료를 적게 받으면 싸다는 생각에 상담하거나 작명하게 된다.

사주 책 한 권이나 성명학 책 한 권 읽고 간판을 걸어놓고 앉아있어도 일반인들은 모른다. 필자가 방울토마토인 줄 알고 구입한 것이 방울토마토인지 일반토마토인지를 구별할 줄을 모르기 때문에 일단 자라 토마토가 열려야 알 수가 있다.

사주나 작명도 마찬가지다. 사주나 작명을 제대로 하는 사람을 만나야 그때서야 그가 엉터임을 알 수 있다. 그런데 그런 기회를 만나기 전에 이미 사업을 시작해서 실패하거나 이름이 잘못되어 실패하면 황당해지는 것이다.

그렇다고 나라에서 자격증을 줄 수도 없는 직업이니 상담하러 가거나 이름지으러 가는 사람이 잘 알아 판단해야 한다는 것이다. 그렇다고 사주라는 학문이나 작명이라는 학문을 일반인들은 잘 모르기 때문에 영업을 위주로 하는 철학관 사주쟁이들에게 속아 실패하는 경우가 너무 많다. 사업만 실패하는 것이 아니고 궁합이나 결혼운도 잘못 보아 인생을 망친 사람이 너무 많다는 것이다.

필자는 그럴 때는 그 철학관에 손해배상을 청구하라 하는데, 그걸 어떻게 하냐고 한다. 허기사 상담은 참고사항이고, 판단은 본인 몫이다. 그런데 본인이 판단할 바에야 돈 들여가면서 상담할 이유가 없다. 정당한 대가를 받고 정당하게 상담해주는 철학관을 만나는 것이 가장 좋은데 말이다.

근래에는 그 정도가 더 심하다. 실업률이 높은 것도 문제지만 조기퇴직이나 정년퇴직 후에 3개월 완성이나 평생교육원, 개인지도를 조금 받아 철학관이나 작명원을 하는 사람이 제법 되는 것으로 알고 있다. 특히 컴퓨터를 배운 세대가 홈페이지를 만든다든지, 아니면 SNS로 광고를 하면 그 광고를 믿고 상담하거나 작명을 의뢰하는 경우가 많은 것으로 알고 있다.

사주라는 학문은 쉬운 것 같으면서도 어렵다. 평생 배워도 모르겠다는 게 사주다. 이 사주를 제대로 풀이할 수 없으면 작명은 생각도할 수 없다. 특히 현재까지 사주를 공부한 사람들은 거의 용신격국(用神格局)이라는 학문으로 공부했다.

용신격국(用神格局) 사주는 과거의 부산물이고, 현 시대와는 거리가 멀다. 과거 봉건시대에는 양반은 양반으로 살고 상놈은 상놈으로 살았기 때문에 용신격국(用神格局)이 맞았는지 모르지만 변화가 많은 현 시대에는 맞지 않는다.

봉건시대에는 학교라는 제도가 없고 한학을 배우는 서당이 있을뿐인데, 서당에 가지 않아도 독학으로도 공부를 할 수 있으며 과거 시험에는 학력 제한이 없던 시대이니 양반이면 누구든지 응시할 수가 있으며 그야말로 운이 좋으면 급제할 수 있었던 시절이었다. 그리고 경쟁자도 그렇게 많지가 않았다.

그런데 지금은 어떤가. 학교가 생겼고 초등학교, 중학교, 고등학교,

대학교를 나와 전공 분야에서 일을 할 수가 있는 시대다. 다시 말하면 전공하지 않으면 그런 일을 할 수 없다는 것이다. 그런 시대에 사는 사람들이 대운(大運)이 아무리 좋아도 자기가 하고 싶은 일을 할 수가 없다. 전문직으로 가려면 전문직 학교를 나와야 하는데 대운(大運)이 좋다고 그런 일을 할 수 있는 시대가 아니라는 이야기다.

봉건시대에는 이렇게 복잡하지 않았으니 대운(大運)이 좋으면 벼슬길에 오를 길이 열리기도 하던 시대지만 지금은 그런 시대가 아님을 알아야 사주를 제대로 분석하고 풀이할 수가 있는 것이다. 이러한 시대 상황을 모르고 죽을 때까지 용신(用神)이니 격국(格局)이니 하며 공부해봐도 답이 없는 것이다.

그래서 현 시대는 대운(大運)이 문제가 아니라 직업이 우선인 것이다. 그 직업에 따라 대운(大運)이 좋으냐 나쁘냐를 볼 수 있어야 사주를 100% 분석할 수가 있는 것이다. 필자가 『참역학은 이렇게 쉬운 것이다』에서 이미 용신론(用神論)의 무용을 이야기한 적이 있다.

그후로 용신론(用神論)으로 사주를 보지 않는다는 사람들도 있다는 소문을 듣기는 했지만, 아직도 대부분의 철학관에서는 용신격국(用神格局)을 가르치고 배우고 상담하는 것이 현실이다.

그러면서 사주는 통계학이니 참고만 하라 하고, 아이들 사주는 봐주지도 않는다. 가장 중요한 아이들 사주를 말이다. 사주가 통계학이고 참고만 할 바에야 상담하지 않고 자기가 하려는 분야의 전문가를 찾아가 도움을 받는 것이 더 현명하지 않을까.

사주는 절대 통계학이 아니다. 그 누구도 피해갈 수 없는 창조주의 프로그램이다. 사주에서 벗어날 수 있었다면 필자는 이 글을 쓰고 있지 않을 것이다. 왜냐하면 열심히 노력하면 살 수 있는데 사주가 무슨 소용이란 말인가. 그렇지만 사주가 맞으니 아직도 이 사주에서 벗어나지 못하고 이 글을 쓰는 것이다.

아이들 사주 보지 말라는 철학관

사주에서 가장 중요한 것이 직업이고, 그 직업을 알려면 그 사람의 적성이나 성격이 필요하고 직업을 알게 되면 그 길로 갈 수 있도록 만들어주고 다듬어 주어야 하는데, 그러려면 부모 도움이 필요한데 철학관에 가면 아이들은 부모 밑에서 자라기 때문에 사주를 볼 필요가 없다고 하면서 봐주지 않는다.

이 무슨 해괴한 말인가. 사주를 전혀 모르는 사람들이 상담하는 것도 아닌데 말이다. 아이도 한 사람으로서 각자 생각이 있고, 공기로 호흡하기 때문에 반드시 공기 영향을 받으니 사주에서 벗어날 수 없다.

필자는 항상 주장한다. 태어나면 사주를 바로 보아야 한다고. 그래야만 부모와 궁합도 알 수 있고, 그 아이의 모든 것을 알 수 있으니 아이가 사주에서 원하는 적성대로 직업을 선택하는데 큰 도움을 받아 적성대로 살아가기만 하면 걱정할 것이 없게 된다. 내 아이는 내가 잘 안다고 생각할지 모르지만, 부모의 눈으로 보는 것과 사주로 보는 것과는 차이가 날 수 있기 때문이다.

사주는 무조건 어릴 때 보아야 사주에 있는 가장 좋은 길로 갈 수 있다. 흘러간 물이 물레방아를 돌릴 수 없듯이 한번 가버린 세월은 다시 돌아오지 않는다. 어리면 어릴수록 선택할 범위가 넓을 것이고, 공부하는 방법이나 시간 등을 알 수 있으니 정말 많은 도움이 되며, 그 아이의 장래를 위해서는 어릴 때 꼭 사주를 참고하는 것이 좋다고 필자는 항상 주장한다.

그런데도 일반 철학관에서는 아이들 사주를 봐주지 않는다. 사주의 개념을 모르기 때문이다. 사주는 그냥 통계학이라 맞아도 그만 맞지 않아도 그만이라는 생각으로 상담하는 것은 아닐까 하는 생각도 든다. 사주는 정말 신기하고도 오묘한 프로그램이며 기(氣)과학이라 사주에서 한 발자국도 벗어날 수 없다.

필자는 신생아 이름을 지어달라는 의뢰를 받으면 반드시 그 부모에게 필자가 쓴 『스스로 공부하게 하는 방법과 천부적 적성』이라는 책을 한 권씩 선물한다.

그리고 그 아이의 정확한 사주 분석과 함께 아이의 적성과 진로의 방향, 잠자는 방향, 공부가 잘 되는 시간, 공부가 안 되는 시간 등을 적어 보관할 수 있도록 작명증과 함께 보낸다. 아이 사주는 빨리 보면 볼수록 좋다. 사주를 일찍 보고 안 보고의 차이가 얼마나 큰지를 세월이 지나면 느낄 수 있을 것이다.

필자가 사업할 때 업무로 만나던 한 여자가 있었는데, 어느 날 심심하기도 해서 그 가족 사주를 무료로 봐준 적이 있다. 사주를 본 종이를 주니 "사주 이거 잘 맞아야 60~70% 아녜요?" 한다. 필자는 항상 100% 본다고 자부하는 사람인데, 이 무슨 귀신 씨나락 까먹는 소린가 하고 그 종이를 다시 받아 다른 측면에서 분석해보았다.

이런 경우에는 조상 이야기를 해줘야 믿는다. 이 여자 사주를 다시 자세히 보니 두 번째 엄마한테서 태어난 게 아닌가. "아니, 김여사! 두 번째 엄마 몸에서 태어났네. 그리고 그 엄마는 지금 어디로 갔는지 행방불명이네요" 하니, 그때서야 눈을 동그랗게 뜨고 사주가 이렇게 잘 맞느냐고 하면서 차를 마시고 헤어졌다.

그후 5~6개월 지난 뒤 길에서 우연히 만났는데, 내가 말한 대로 아이들 잠자는 방향을 바꿔줬더니 이제 공부를 열심히 한다면서 고맙다고 한다. 이런 경우 필자는 별로 반갑지 않다. 왜냐하면 사주를 무료로 보고도 고마워하지도 않고, 사주가 잘 맞지 않는다고 하는데 기분이 좋을 리가 없지 않는가. 그래서 잘 되었다고 가볍게 대답하고 헤어졌다.

그후 3개월 정도 지나 또 만나게 되었고 필자한테 부탁이 있다고 한다. 무슨 부탁이냐고 하니, 얼마 전에 이사했는데 아이들 잠자는 방향을 잊어버렸다면서 다시 방향을 잡아달라는 것이다. 이런 경우에는 수십 억을 준다고 해도 절대 해주지 않는다.

필자가 아이들 잠자는 방향도 내가 준 쪽지에 적혀있는데 어떻게 했느냐고 물으니 잃어버렸다고 한다. 그 중요한 것을 잃어버렸냐고 하면서 딱 잘라 해줄 수 없다고 거절했다. 그 아이들을 생각하면 조금은 안쓰럽지만 이 여자가 한 말에 기분 나쁜 필자가 다시 해줄 일이 없으니 당연히 거절했다. 이 아이들은 엄마 때문에 좋다가 나빠졌다.

사주라는 프로그램이 공기 속에 있어 잠을 자는 방향은 사람에게 매우 중요하다. 그래서 삼살방(三煞方)으로 이사가지 말라고 하지 않는가. 공부를 잘 할 수 있는 사주더라도 공부를 하지 않는 방향으로 자면 공부와 거리가 멀어진다.

특히 학생에게는 방향이 매우 중요하다. 방향을 잘 활용해 새로운 운을 열 수도 있어서다. 사주를 보지 말라는 게 아니라 사주를 제대로 상담할 방법을 제시하는 것이다. 앞으로 이 책을 읽어가다 보면 사주를 상담할 때 속지 않는 방법을 알게 될 것이다.

사주쟁이가 사주쟁이를 만드는 현실

필자가 부산에서 다른 사업을 할 때였다. 어느 날 길을 가다 철학관 간판을 보았다. 마침 시간도 있고 해서 그 철학관으로 들어갔다. 사주를 배운 사람이라고 하니 반갑게 맞으며 커피도 한잔 내놓는다.

그러면서 자기 사주를 봐달라고 하면서 사주를 적어 필자 앞에 놓는다. 필자는 공부하는 입장이라 이럴 경우 거절하지 않는다. 맞아도 그만 맞지 않아도 그만이고, 또 함께 연구할 수도 있어서다.

그래서 이 철학관 선생 사주를 보게 되었다. 필자가 "40대 초반까지는 잘 나간 사주인데 어느 날 갑자기 이상하게 일이 꼬이면서 생각지도 않은 엉뚱한 길로 가게 되었고, 본처와는 인연이 없으니 이미 고인이 되었을 가능성이 높고, 사주를 배워 철학관 간판을 걸었지만 손님은 거의 없고, 재혼한 부인이 직장에 다니면서 고생하고 있겠습니다" 하니 고개를 끄떡인다.

"본처는 피치 못할 사정으로 자살했고, 자기는 한때 직장에서 잘 나가던 사람인데 어느 날부터 갑자기 일이 꼬여 그만두게 되었고, 그 후에 사주 때문에 그런 일이 생겼나 하고 철학관에 들렀더니 선생님과 비슷한 말을 하면서 사주를 배워 철학관을 하면 나쁜 운도 피해 갈 수 있다고 하여 3개월씩 6개월을 배우고 철학관을 차린 지 2년 정도 되었는데 사무실 운영비도 안 나옵니다" 한다.

"사주를 업으로 하는 사람들이 대부분 당신처럼 사주보러 갔다가 그 선생한테 꼬여 사주를 공부하고, 손님이 없으니 결국은 철학관 문을 닫고 다른 길로 갑니다"라고 한 후에, 지금 고생하는 부인을 생각해서라도 다른 길을 찾으시라 하고는 세상 살아가는 이야기를 하다 돌아온 적이 있다. 몇 달 뒤 철학관 간판이 안 보였다. 필자의 조언대로 자기 길을 찾아 잘 살았으면 한다.

이런 예는 비일비재하다. 자기도 철학관 선생한테 속아 사주를 배우고 철학관을 해서 고생하면서 자기와 같은 처지에 있는 사람을 사주쟁이로 만든다. 사주를 배워 활용하면 악운을 피할 수 있다고 해서 사주를 가르치고 철학관을 하게 만든다. 이렇게 해서 철학관을 차린 사람들이니 돈을 벌어야 먹고산다.

그러니 침이 마르도록 좋은 말만 한다. 그렇게 상담하다가 자신과 비슷한 사주를 가진 사람을 만나면 사주를 배워 철학관을 하면 악운을 피할 수 있다고 하면서 부추긴다. 그리고 또 사주를 잘 모르니 선생이 가르쳐 준 대로 상담자 사주를 보고 수험생처럼 정답을 맞추려고 노력한다.

그럴 수 밖에 없는 것이 사주를 가르치는 사람들이 한결같이 하는 말이 열 명 중에서 세명 만 맞추면 그 세 명이 소문을 내 손님이 오게 된다면서 사주를 배우라고 부추기고 그렇게 상담하라고 가르친다. 이러한 얘기는 필자가 공부하려고 들른 철학관마다 거의 들은 이야기다. 자기에게 사주를 배우라고 말이다.

참 미치고 환장할 일이 아닐 수 없다. 사주를 배워 악운을 피할 수 있다면 운이 나쁜 사람은 모두 사주를 배워 철학관을 열면 되지 않을까. 천만의 말씀이다. 필자가 공부하러 다닐 때 보면 본인의 사주도 모르고 남의 운명을 상담하는 사람도 제법 있었다.

간혹 사주가 엉망인데도 손님이 많다는 소문이 들리는 곳도 있다. 이 사람은 틀림없이 앞에서 말한 것처럼 눈치보면서 좋은 말만 했을 것이다. 재물복이 없으면 절대 손님이 오지도 않고, 아무리 사주를 귀신처럼 봐도 소문이 나는 것도 아니다. 그 대표적인 예가 필자다.

필자도 이제 운이 조금씩 열리고 있으니 상담하는 횟수가 조금씩 늘어가고 있다. 이것도 필자의 운이 좋아서라기보다 아내를 잘 만나서다. 아내가 재물복이 많으니 필자가 상담하는 일이 많아질 수밖에 없다.

왜냐하면 아내가 돈을 많이 만져야 하는 사주이기 때문이다. 다른 사람들도 마찬가지다. 아내가 재물복이 많으면 남편이 돈을 많이 버는 것을 많이 보았고, 필자가 바로 산증인이 아닌가. 그래서 필자는 그런 운을 알기 때문에 절대로 상담료에 손을 대지 않는다. 상담료는 무조건 아내가 관리한다. 필자는 그냥 상담만 할 뿐이다.

필자가 우연히 들른 철학관에서 그 철학관 선생과 이런저런 이야기를 하다가 자기 사주를 좀 봐달라고 한다. 그래서 사주명식을 부르라고 해서 써놓고 보니 돈이 엄청나게 들어오는 대운(大運)이 들어왔는데 이제 끝이 나고 돈 나가는 대운(大運)이 들어온다.

그래서 "10년 동안 돈 많이 벌었습니다. 그런데 이제 그 운이 다 가고 새로운 운에는 손님 발길이 끊어질 겁니다. 지금까지 모아둔 돈도 3년쯤 뒤에는 하나도 남지 않고 다 나갈 겁니다" 하니 그 10년 대운(大運) 동안 엄청나게 돈을 벌었는데, 계속 잘 벌릴 줄 알고 들어오는 대로 재미있게 잘 살았는데 이제 손님 발길이 거의 없다면서 걱정한다. 이 사람과는 지금도 가끔 전화로 안부를 묻는 사이인데 지금도 엄청나게 고전하고 있다.

대운(大運)이 얼마나 중요한가를 말해주는데, 이 대운(大運)보다 더 중요한 게 직업이다. 이 사람은 원래 군인이었다. 육군 대위로 예편해 예비군 중대장을 하다가 싫어서 사주 책 몇 권 읽어보고 철학관을 시작했는데, 운 좋게도 철학관을 시작할 당시에 대운(大運)이 들어온 것이었다.

그 대운(大運)이 지나난 뒤부터는 고전을 면치 못하는 것도 역시 직업을 잘못 선택해서다. 예비군 중대장을 계속 했으면 말년에는 연금으로 편안하게 살아갈 수 있었을 텐데 일시적인 판단 착오로 지금 고생하는 것이다. 대운(大運)보다도 더 중요한 게 직업임을 알게 해주는 사례다.

내가 지금 하는 일에서 고생하면서 나 같은 사람을 만들어내면 안 된다. 그 사람이 고생할 게 뻔한데도 몇 푼 더 벌려고 그러는 사람의 심뽀를 한번 들여다보고 싶다. 필자는 사주를 활용할 수 없는 사람한테는 절대 사주를 가르쳐주지 않는다. 오래전 한 사람이 사주를 가르쳐 달라고 해서 그 사람 사주를 보니 재물복이라고는 전혀 없었다. 이런 사람에게 사주를 가르치면 감언이설로 돈벌이에만 온갖 노력을 기울인다.

그래서 필자가 사주를 배워 철학관을 하려고 하느냐고 물으니 아니라고 한다. 당신이 그렇게 말을 해도 지금 하는 일이 신통하지 않거나 나중에라도 하는 일이 신통하지 않으면 철학관을 하게 될 것이기 때문에 사주를 가르쳐줄 수 없다고 했는데, 몇 개월간이나 사주를 가르쳐 달라고 필자에게 매달리다시피 했다.

그래도 필자는 가르쳐주지 않았다. 사주를 배워 정상적으로 상담할 수 있는 사람이면 왜 가르쳐주지 않았겠는가. 정상적으로 상담할 수 없는 사람에게 사주를 가르쳐 준다는 것은 남의 인생을 담보로 사기를 치는 사기꾼을 양성하는 것과 같다는 생각이 들어서다.

한번은 이런 일도 있었다. 필자와 가깝게 지내는 사람이 자기가 아는 비구니가 있는데 사주를 배우면 신도들에게 도움도 줄 수 있지 않겠냐며, 스님들이 무슨 돈이 있겠냐며 필자에게 무료로 가르쳐주면 어떻겠냐고 한다.

필자도 스님이 배워 신도들에게 좋은 조언을 하면 좋을 것 같아 가르쳐주기로 하고 오라고 했는데, 비구니 세 명이 배우러 왔다. 모두 빈손으로 말이다. 그래도 약속이니 일주일에 한 번씩 만나 강의를 시작했는데 3주쯤 되었을 땐가 가장 어린(아마도 28세 정도) 비구니가 자기는 사주를 배워 신도들이 오면 인정사정 볼 것 없이 돈을 사그리 끌어모을 것이라고 한다.

이 무슨 개 같은 소린가. 그러면 필자가 지금 신도들에게 사기를 치라고 저들을 가르치고 있단 말인가. 기가 찰 일이다. 그래서 바로 사무실에서 쫓아내면서 다음부터 오지 말라고 돌려보낸 적이 있다. 지금 생각해봐도 웃기는 비구니다. 지금도 어느 절에선가 신도들에게 사기나 치고 있지 않을까 하는 생각이 들기도 한다.

사주는 창조주의 프로그램이고 창조주가 이 세상을 내려다보고 있는데 사주로 사기를 치면 안 된다. 남이야 고통 속으로 빠지든 말든 돈벌이에만 매달리면 절대로 안 된다는 것이다.

물건을 파는 사람이 거짓말로 물건을 파는 것은 그 물건을 잘못 구입했으면 물건을 구입한 사람이 그것만 버리면 그만이지만, 사주를 갖고 거짓으로 돈을 벌면 사주를 본 당사자의 인생이 엉망진창이 될 수 있다는 것을 항상 염두에 두고 상담해야 할 것이다. 한마디로 남의 인생을 갖고 사기를 치면 안 된다는 것이다.

결혼 늦게 하면 이혼 면한다는 철학관

상담을 하다보면 결혼 시기가 지났는데도 결혼운이 언제 있느냐고 묻는 사람이 제법 많다. 당신의 사주를 보면 20대 초반에 결혼해야 하는데 왜 그때 하지 않았느냐고 물으면, 대개 철학관에서 상담할 때 결혼운을 물어보면 당신은 일찍 결혼하면 이혼할 수 있으니 늦게 하는 것이 좋다고 해서 결혼할 사람이 있었는데도 하지 않고 뒤로 미루었는데 그 사람과는 헤어졌다면서 이제 나이도 들고 해서 결혼운이 있는가 문의한다고 한다.

이렇게 상담하러 오는 사람들 나이가 대개 30대 후반일 경우가 많다. 30대 후반에 결혼운을 묻는다는 것 자체도 잘못된 것이지만, 결혼을 늦게 하면 이혼을 피할 수 있다고 한 철학관이 더 문제다. 상담하는 사람마다 일찍 결혼하면 좋다는 철학관은 한 군데도 없다.

대학을 가는 사람이 많아지고 여성들의 사회 진출도 많아져 남자를 보는 시선이 과거와는 많이 달라진 것을 알 수 있다. 과거에는 남자의 능력을 보고 결혼하는 사람이 많았는데, 현 시대에는 현재를 우선으로 한다.

그래서 결혼하려고 사람을 만나면 먼저 아파트가 있냐고 묻는다고 한다. 남자가 군대를 갔다오고 대학교를 졸업하고 곧바로 취직이 된다고 해도 아파트를 장만하려면 서른은 훌쩍 넘어간다. 그렇게 되니 결혼이 늦어질 수밖에 없고, 여자도 마찬가지다.

과거에는 먹고살기가 힘들어 나이가 차면 시집을 갔는데, 지금은 대학교까지 나와 취직을 하니 경제적인 문제가 해결된다. 여자들도 어느 정도 자리를 잡으려면 서른이 훌쩍 넘어가게 된다. 그리고 능력 있는 여자들은 시시한 남자는 눈에 차지도 않으니 세월만 가게 되고 나이만 자꾸 들어가는 것이다.

결혼을 준비하는 기간이 너무 길고, 대학 진학률이 84%나 되는 나라이니 너나 할 것 없이 모두 대학교를 가니 자연스럽게 결혼하는 나이가 높아질 수 밖에 없다. 그렇다고 결혼을 늦게 하면 할수록 산모 건강이 좋다고 볼 수 없으며, 자칫 잘못하면 아기를 낳기도 어렵다. 사람은 25세까지 성장하고 그 이후부터는 늙기 시작한다고 한다.

만약에 결혼이 늦어져 35세 이후에 아이를 낳는다면 이미 산모의 신체 나이는 10년이나 늙은 것이다. 젊은 시절에 아기를 낳아야 산

후조리 기간도 짧아지고, 건강한 아이를 낳을 수 있을 것이다. 사람의 평균 수명이 늘어났지만 아이 낳는 것하고는 별개 문제다. 아이를 빨리 낳아야 젊을 때 돈을 벌어 건강하게 키우고 노후도 준비할 수 있는데, 아이를 늦게 낳으면 아이를 키우는데 경제력이 모두 들어가 노후 준비는 어려워질 수 밖에 없다.

그리고 결혼을 늦게 한다고 이혼하지 않는다는 보장은 없다. 이혼을 하는 원인은 여러 가지가 있다. 그 첫 번째가 부부 궁합이 나빠서이고, 두 번째가 성격이 맞지 않아서이고, 세 번째가 경제적인 문제일 것이다.

일반 사람들은 궁합을 잘 믿지 않는 경향이 짙다. 그럴 바에는 일찍 결혼하고 일찍 아이 낳고 이혼도 일찍 하는 것이 좋다. 늦게 결혼한다고 이혼할 확률이 낮다고 하는 이들에게 묻는다. 늦게 결혼하면 이혼하지 않는지 말이다. 빨리 결혼하거나 늦게 결혼해도 이혼할 사람은 이혼할 가능성이 높다.

사주에서 궁합이 좋지 않으면 연애할 때는 목숨을 걸다가 막상 결혼하고 나면 서로 미워하게 되고 이혼이라는 절차를 밟게 된다. 결혼 전에는 단점은 보이지 않고 장점만 보이고, 설령 단점이 보여도 사랑으로 충분하게 감쌀 수 있으리라 생각하고 결혼하지만 그게 생각대로 잘 되지 않는다.

그리고 가까워질수록 서로 아끼고 존경하는 마음은 어디론가 사라지고 만만하게 느껴 막말을 한다. 그러다보면 어느 날 사랑은 식고 상대를 보기만 해도 소름이 끼치게 되니 이혼을 하지 않을 수 없는 상황이 된다. 어차피 이혼할 결혼이라면 하루라도 빨리 하고, 하루라도 빨리 이혼하는 것이 살아가는 데 오히려 도움이 될 것이다. 그런 생각은 하지 않고 미혼자들만 보면 결혼을 늦게 해야 이혼하지 않는다고 하는 철학관 선생들은 도대체 무엇을 보고 그렇게 말하는지 모르겠다.

결혼운은 대개 10년 주기로 온다고 보면 가장 정확할 것이다. 결혼운이 20대에 들어와도 공부하고 취직하느라고 못했으면 30대에는 해야 한다. 만약 30대에 못했으면 40대로 넘어가고, 포기하는 사람이 많다.

특히 여자들은 경제적으로 안정되면 결혼을 하지 않으려는 경향이 매우 짙다. 지금 현 시점에서 보면 40대 전후로 결혼하지 못한 미혼 남녀들이 매우 많다는 것을 우리는 알아야 할 것이다.

40~50년 전만 해도 40대가 되면 중늙은이로 보았다. 그런데 수명이 좀 늘어났다고 해서 40대가 되어도 결혼 걱정을 하지 않는 사람들도 있다. 생각해보라. 사람의 평균 수명이 80세라 해도 40세가 되면 반을 살아온 것이다. 제발 정신 차리고 일찍 결혼 하기 바란다.

인생은 두 번 살 수 있는 기회가 없다. 한 번뿐인 기회를 나이가 들어 아이 키우면서 다 보낼 생각이 아니라면 하루라도 빨리 결혼하고, 결혼한 상대방이 마음에 안 들면 하루라도 빨리 이혼하면 되는 것이다. 이혼을 두려할 시대는 지났고, 이혼이 흠이 되는 시대는 저 멀리 사라진 지 오래다.

이혼을 두려워하지 말고 하루라도 빨리 결혼을 서두르기를 바라면 이혼이 두려워 결혼하지 못하면 가슴으로 사랑하지 말고 머리로 사랑하고 궁합을 꼭 보고 결혼하길 바란다. 남의 인생은 생각지 않고 돈벌이에만 급급한 사람들이 나오는 대로 하는 말을 믿다가는 일생을 망칠 수도 있다는 것을 알아야 한다.

대운 왔다면서 사업 하라는 사주쟁이

친하게 지내는 스님의 포교원에 종종 들러 사주 이야기도 하고, 사람 살아가는 이야기도 한다. 그런데 어느 날 스님이 사주 명식을 하나 내놓아 자세히 들여다보니 사업가 사주는 아니다.

그래서 사업가의 사주는 아니고, 대운(大運)도 별로이니 직장에나 열심히 다녀야 한다고 했더니 그 스님이 하는 말이 지금 어느 철학관에서 대운(大運)이 왔다고 해서 직장을 그만두고 사업을 시작했는데 한 달도 안 되어 쫄딱 망했으며 지금은 주유소에서 알바를 하고 있다고 한다.

도대체 무슨 말이냐고 물으니, 어느 철학관에서 대운(大運)이 왔는데 뭐 하느냐고 하루라도 빨리 사업을 하라고 해서 시작했다가 실패했다고 한다.

필자도 오가다 그 철학관 간판을 본 적이 있는데, 필자가 알기로는 사주 강의를 많이 하는 사람으로 알고 있다. 사주를 가르치는 사람이 그런 실수하면 그 사람에게 사주를 배워 철학관을 하는 사람도 같을 것이라는 생각을 하면 사주는 믿어도 사주로 장사하는 사주쟁이는 절대 믿어서는 안 되겠다는 생각이 든다.

사주를 잘못 보는 바람에 한 가족의 운명을 하루 아침에 알거지로 만들다니라고 하니 스님이 그 사람이 와서 상담하고 갔다고 한다. 스님도 이 사주는 사업가 사주가 아니라고 하면서 대운(大運)도 좋지 않다고 하니, 본인이 실패한 이유를 말해주더란다.

이런 일은 비일비재하다. 자기가 마치 신이나 된 것처럼 함부로 말한다. 남의 인생이야 엉망이 되든 말든 내 학문과 이론이 맞다고 우기면서 큰 소리친다. 그 말을 믿고 사업을 하면 길어야 3개월이다.

용신(用神)을 잘못 뽑으면 반대 오행(五行)으로 뽑을 수 있다. 다시 말하면 불과 연관된 사업을 해야 하는데 물과 잘 맞다고 하는 경우가 대부분이다. 생각해보라 불 사업을 해야 할 사람이 물 사업을 하면 바로 망하는 것이다.

용신(用神)이라는 것을 찾는데 많이 복잡하고, 보는 사람마다 다르게 나오는 것이 바로 용신(用神)이다. 정답이 없는 용신(用神)을 믿고 사업하라고 하는 사람이나, 그 말을 믿고 사업하는 사람이나 피장파장이다. 사주를 아무리 잘 본다고 해도 큰 소리치면 안 된다. 사람이라 실수도 할 수 있지 않나 말이다.

어느 날 앞에서 대운(大運)이 왔다고 한 철학관 앞을 지나게 되었다. 그냥 지나가면 될 텐데 도대체 어떤 사람인지 궁금도 해서 문을 열고 들어갔다.

정중하게 인사하고 상담료도 미리 내고 필자 친구의 생년월일과 생시를 불러주니, 사주를 뽑아 말을 하는데 이건 상담이 아니라 사주를 배우러 온 수강생에게 가르치듯이 이야기한다. 이런 이야기를 길게 들을 필요가 없어 직설적으로 말했다.

"저도 사주를 공부한 사람이고, 이름은 박재현이라고 합니다. 연락처는 248-9384번입니다. 다름이 아니라 선생님께 사주를 상담한 사람이 선생님이 대운(大運)이 왔다고 하면서 멀쩡하게 직장 잘 다니는 사람한테 사업하라는 말을 믿고 사업을 하다가 전 재산 다 날린 사람이 있어 마침 철학관 앞을 지나가는 길에 들러봤습니다" 하니, "그러세요. 누구입니까?" 하고 되묻는다. 그래서 "이름을 대면 변상해 줄 수 있습니까?" 하니 묵묵부답이다.

그래서 한마디 더했다. "사주라는 학문은 사람의 운명을 논하는 업이므로 함부로 대운(大運)이 왔네 어떻네 하시면 안 된다고 생각합니다. 나도 사주를 100% 본다고 장담하지만 설령 대운(大運)이 와도 직장생활에서 좋은 일이 더 많이 생길 거라고 상담하지, 직장을 그만두고 사업하라는 말은 절대 하지 않습니다. 왜냐하면 필자도 사람이라 실수할 수 있어서입니다. 그래서 절대로 선생님처럼 직장잘 다니는 사람한테 사업하라고 권하지 않습니다. 만약에 내가 공부가 짧다면 공부를 더 열심히 해서 상담해야지 일방적으로 내 학문이 100%라는 자신감으로 상담하시면 안 됩니다."

가만히 앉아 듣고만 있다. 항의하려니 자기 때문에 실패한 사람이 있다 하고, 자칫 잘못하면 배상도 해야 할 판이라 하니 할 말이 없을 것이다. 그후 만난 일도 만날 일도 없었는데, 세월이 흐른 뒤 가만히 생각해보니 필자가 큰 실수를 한 것 같았다.

그 사람이 사주를 잘못 판단하고 대운(大運)이 왔다고 말한 것은 그의 잘못이 아니라, 그 사람한테 사주를 가르쳐 준 사람의 문제이고 사주계 전체의 문제인 것을 그한테 따졌으니 미안한 마음이 들었다. 용신(用神)은 보는 사람마다 다르게 나오는 것을 너무나 잘 아는 필자가 그런 실수를 한 것이다. 용신(用神)으로 사주를 풀이하는 사람마다 용신(用神) 다르게 나오는 것에 대한 확실한 증거를 제시하고자 한다.

부산에서 사주 공부를 한답시고 빈둥거리며 세월을 보낼 때, 연산동에 있는 한 철학원에 우연히 놀러갔다가 그 선생님과 자주 만나게 되고, 자연스럽게 사주 이야기를 나누었는데, 그 선생님이 하시는 말씀이 사주 하는 사람들 모임이 있는데 한번 가보지 않겠냐고 하며 권하기에 흔쾌히 대답하고 참석하기 시작했다.

모이는 장소가 어느 한정식 식당으로 정해져 있었으며, 사주를 공부하려고 그 식당에 화이트보드를 아예 준비해 놓고 있었으며, 한 달에 한 번씩은 꼭 만나 저녁식사를 하게 되는데, 그 모임이 있을 때마다 좀 특이하거나 이상한 사주가 있으면 화이트보드에 적어놓고 연구했다.

회원 수는 정확하게 알 수는 없지만 30여 명에 가까웠고, 부산에서 사주깨나 한다는 사람이 모였다고 생각하면 된다. 회원은 많아도 실제로 나오는 사람들은 20여 명 내외이며, 회원 중에는 한때 부산에서 유명세를 탄 사람도 있고, 사주계에서 유명한 박제산(박도사) 선생 제자도 있었다.

그런데 이해가 가지 않는 것이 이놈의 용신(用神)은 같은 사주에서 꼭 두 개 아니면 세 개가 나오는지 도무지 이해할 수 없었다. 필자는 그중에서 경력(철학원 운영)이 가장 짧은 것 같기도 하고, 처음 보는 얼굴들이라 옆에서 듣고 식사만 하는 세월이 제법 흘렀다.

한번은 좀 가까운 사람한테 물어보았다. 용신(用神)으로 사주를 보면 몇 퍼센트 정도 맞느냐고. 그 사람 잘 맞으면 70%라고 말하는 것이었다. 그도 철학원을 운영한 지가 10여 년이 된 사람이었다. 그때 그의 나이가 30대 후반이었을 것이다. 필자의 입에서 70% 적중률이면 사주쟁이를 하면 안 된다는 말이 나올 것 같아도 꾹 참았다. 차마 그 말이 입 밖으로 나오지 않았던 것이다.

지난해인가 70%밖에 맞지 않는다고 하던 그와 우연히 통화를 했는데, 아직도 사주를 본다고 하면서 돈은 벌지 못했고 여기저기 강의하러 다닌다고 한다. 그런데 70% 적중률로 상담하면 나머지 30%는 맞지 않는다는 얘기가 되기 때문에 70% 적중률로 상담하면 실수할 확률이 매우 높기 때문에 필자가 생각할 때는 절대 상담하면 안된다고 본다.

사주 하나에 용신(用神)은 한 개 나와야 정상이지 보는 사람마다 모두 다르고, 사주를 잘못 보면 틀리는 30%에 걸려들면 인생 망조가 드는 것이니 그야말로 운이 좋으면 재수가 좋은 것이고, 운이 없으면 내 인생은 엉망진창이 될 수 있는 것이 바로 용신격국(用神格局)의 사주다.

그러면 그 사주는 엉터리로 본 것이나 다를 바 없으며, 사주를 안 보는 것만 못하다. 도대체 용신(用神)이 보는 사람에 따라 틀리게 나오는데 그러면 어느 철학원 감정이 맞는다는 것인가.

그날 일진이 좋으면 운좋게 좋은 인연의 철학원에서 맞는 말을 들을 것이고, 그날 일진이 나쁘면 아무리 사주를 잘보는 철학원에 가도 맞지 않는다는 것이다. 이러니 사주를 보는 것이 무의미할 수도 있다. 한동안 그 생각만 하며 지내던 어느 날 술 한잔한 김에 모임에서 한마디 했는데, 그것이 화근이 될 줄이야. 한참 신나게 화(火)가 용신(用神)이니, 토(土)가 용신(用神)이니, 금(金)이 용신(用神)이니 하는데 느닷없이 필자가 한마디했다.

"용신(用神)으로 사주를 보면 적중률이 너무 낮습니다." 그 모임 회장이면서 30여 년간 철학원을 운영한 분이 대뜸 "용신(用神)은 사주의 꽃인데 용신(用神)을 안 보고 무슨 사주를 보노" 하는 것이 아닌가? 그것도 화를 벌컥내면서.

그러면서 용신(用神) 이야기를 계속했다. 용신론(用神論)은 맞지 않는다는 말로 반박하고 싶었지만 그래봐야 아무 소용이 없다는 것을 깨닫고 괜히 쓸데없는 말을 했다는 생각과 제대로 학문을 이해하지 못하면서 남의 학문을 깔아뭉개는 그 오만함에 화가 났다.

계속해서 그 회장이라는 사람이 용신(用神)은 사주의 꽃이요. 바로 사주 그 자체라면서 열변을 토했다 그래서 열을 더 받아 저녁을 먹지 않고 죄없는 소주만 계속 마셔댔는데 아침에 눈을 뜨니 부산 남부 경찰서 유치장이었다.

경찰한테 내가 왜 이곳에 있냐고 물으니 대답은 하지 않고 웃기만 한다. 재차 물으니 그때서야 웃으면서 이렇게 말하는 것이었다. 술에 취해서 길바닥에 쓰러진 것을 길 가던 사람이 119에 신고해 병원으로 실려갔는데 119요원이 경찰서로 연락이 와 신원을 확인하던 차에 가족 연락처는 나오질 않고(부산에 혼자 있었음) 벌금을 내지 않은 것만 확인되어 경찰 입장에서 그냥 보내줄 수도 없고 해서 어느 정도 회복된 뒤에 이곳으로 데려왔다는 것이다.

그러면서 2개월정도만 있으면 280만 원(음주운전 사고)을 내지 않아도 되는데, 이젠 할 수 없이 280만 원을 물어야 나갈 수 있다고 하면서 또 웃는 것이다.

그놈의 용신(用神) 때문에 더럽게 재수없다는 생각이 들어 쓴웃음을 지을 수밖에 없었다. 얼마나 마셨기에 길바닥에 쓰러진단 말인가. 용신론(用神論) 때문에 엄청나게 열을 받았던 모양이다. 그때만 해도 술을 어지간히 마셔도 끄덕도 없었는데 하는 수 없이 벌금을 물고 유치장에서 나왔다. 그후 다시는 그 모임에 나가지 않았음은 물론 용신(用神)을 논하는 사람들은 아예 상종하지 않는다.

그러나 지금 생각해보면 그들이 잘못된 것이 아니었다. 그들은 그들의 선생한테 그렇게 배워 그렇게 주장하고 사주를 보는 것이니 그들의 잘못이 아니다. 그때는 모두 용신(用神)으로 보는 시대였고, 아직도 그 용신(用神)은 계속되는 것이 역학계의 현실이다.

필자의 저서 『참역학은 이렇게 쉬운 것이다』에 용신론(用神論)에 대한 것을 자세하게 써두었다. 요즘은 용신(用神)으로 상담하지 않는 철학관들이 있다는 소문이 들린다.

그 시절만 해도 용신(用神)이 아니면 사주를 볼 수 없다는 이론이 지배적이었기에 그들도 어쩔 수 없었을 것이다. 사주는 틀에 박힌 학문이 아니라 그 사람이 직업에 따라 대운(大運) 작용력이 달라진다는 것을 알아야 사주를 100% 분석하고 풀이할 수 있는 것이다.

이런 철학관이나 작명원은 엉터리다

1) 잡탕 하는 곳에는 가지마라

사람의 운명을 미리 알아볼 수 있는 학문이 사주팔자라고 하는 명리학, 기문둔갑, 자미두수, 구성학, 육효, 육임 등이 있는데 필자가 육임 빼고는 기초 단계는 모두 해보았는데 명리학이 가장 정확하고 근거 있는 학문이며 나머지는 적중률이 매우 낮고 기본적으로 구성하는 근거가 희박하다. 근거가 확실해야 공부할 가치가 있고, 적중률도 높지 않겠는가.

적중률이 낮으면 시간만 아깝지 공부할 이유가 없다. 우리가 음식점을 찾을 때도 전문으로 하는 곳을 찾는다. 왜냐하면 한 가지 음식을 전문으로 하므로 그 음식에 자신이 있다는 것이니 전문음식점을 믿고 찾는 것이다. 이와 마찬가지로 상담하러 갈 때도 한 가지를 전문으로 하는 곳을 찾는 것이 가장 현명하다고 본다.

소위 말하는 잡탕집은 별 볼 일이 없다는 말이다. 왜냐하면 한 가지 학문으로 제대로 운명을 보지를 못하니 하나씩 하나씩 더 보탠 것이다. 가끔 보인다. 그런 철학원이 말이다. 처음에 명리학으로 시작하는 사람이 많은데, 공부를 해보니 잘 맞지 않으니 추가로 기문둔갑이나 자미두수를 배운다.

특히 많이 배우는 것이 육효인데, 필자가 육효하는 곳에 가서 사주를 봐도 잘 맞지 않는 것을 경험했다. 근래에는 육효 얘기가 별로 없고 온통 사주 얘기들만 한다. 사람의 운명을 보는 것은 명리밖에 없다는 결론에 도달한 모양이다.

2) 영업 중이라는 철학관이나 작명원

영업이 무엇인가. 내가 물건을 만들어 팔거나 남의 물건을 가져다 파는 행위다. 물론 사주도 남의 학문을 배워 상담하기 때문에 일종의 영업이라고 할 수 있다. 그런데 문제는 영업하는 사람은 자기 물건의 단점보다는 좋은 점을 강조하고, 가끔은 거짓말로 상대를 기만하기도 한다는 것이다.

사람의 운명을 상대로 영업하는 사람들이 과연 바른 말만 할까. 사주를 배울 때 10명 중에서 3명만 맞히면 그 3명이 다른 지인에게 사주 잘 본다고 소문을 낼 것이기 때문에 돈을 벌 수 있다고 가르친다. 그렇게 배운 사람들이 사주를 맞히려고 상담하는 것은 당연한 것이고, 그런 사람들이 버젓하게 영업 중이라고 써붙여 놓았을 때는 돈벌이를 하려고 한다는 것이다.

그렇게 사주를 선생한테 배웠고, 사주를 배워 돈을 벌려고 하는 사람들이 과연 거짓말을 하지 않고 나쁜 이야기도 하겠는가. 물론 하는 사람도 있겠지만 대개 입에 발린 말만 한다. 영업이란 무엇인가. 이익을 추구하려는 것 아니던가.

그렇게 상담하는 철학관이 대부분이라고 해도 과언은 아닐 것이다. 과거부터 선생들이 그렇게 가르쳐 왔고, 그 제자들도 그렇게 가르쳐 왔기 때문에 사주를 배워 돈벌이에 활용하는 철학관밖에 없다고 해도 욕 먹을 소리는 아닐 것이다. 물론 필자도 상담료를 받지만 절대로 영업을 하지 않고 정당하게 상담하고 정당하게 상담에 대한 상담료를 받는다.

필자도 처음에는 맞히려는 상담을 했다. 돈을 벌려는 게 아니라 맞히는 것이 재미있고 상담하러 온 사람에게 있는 그대로를 이야기 해줘야 한다는 의무감 비슷한 것이 있어 눈에 보이는 대로 말했는데 한 번 온 사람은 두 번 다시 오지 않는다. 좋은 말을 해주지 않는데 다시 올 리가 없다. 친구들이 필자에게 상담하러 간다고 해도 말릴 것이다.

필자는 그 정도가 더 심했다. 상담하러 오는 사람 대부분이 여자인데 그 여자의 사주만 보고도 당신 사주 때문에 남편이 되는 일이 없고 남편이 바람을 피우고 한다는 등 그 여자 사주만 나쁘다고 했으니 돌아가면서 욕을 했을 것이다. 그렇게 욕을 하리라는 것을 예상하면서도 필자는 항상 그렇게 상담했던 것이다.

그후에 사주에서 가장 중요한 것이 직업이며, 아이들 사주를 하루라도 빨리 보아야 하고, 아이가 공부하는 방법과 방향, 시간을 중심으로 사주를 보기 시작한 것이다. 물론 좋지 않은 운이 오면 반드시 말해주고 그 운을 조금이라도 피해 갈 수 있는 길이나 방법을 제시해 주기도 한다. 영업을 하는 철학관은 그래서 믿을 수 없다. 영업을 하는 사람은 거짓말도 할 수 있기 때문이다.

3) 경력을 내세우는 철학관이나 작명원

대학교수 출신이네 대학원 나왔네 하면서 학력이나 경력을 앞세우는 사람들은 대개 그 분야에 적응하지 못했거나 밀려난 낙오자라고 보면 정확할 것이다. 자기 분야에서 밀려난 사람이 돈벌려고 사주나 성명학 책 몇 권 보고는 상담하거나 이름을 짓는다.

우리나라 사람들은 대학교 교수나 박사라고 하면 만물박사인 줄 안다. 대학교 교수나 박사는 그 분야에서 교수고 박사지 사주나 작명에서 박사는 아니다. 그런데도 그 가 마치 사주나 작명에서도 대가인 양 착각하고 사람들이 상담이나 작명을 의뢰한다. 물론 교수나 박사가 되려면 공부를 많이 했고 아는 것도 많겠지만 사주나 작명은 그런 지식하고는 전혀 거리가 먼 학문이다.

필자가 아는 사람 중에도 그런 이가 있다. 사주와는 전혀 관련이 없는 과목을 전공했는데, 사주를 조금 공부하고는 학력을 내세워 지금 평생교육원에서 강의한다. 그러면 이 사람의 명함에는 모 평생대학교 명리학 교수라고 새길 것이다.

그것을 보고 또 사람들이 상담하고 사주를 배우러 가는 것이 현실이다. 이 사람도 용신격국(用神格局)을 공부한 사람이며, 자기 사주도 잘 볼 줄 모른다고 생각한다. 참으로 답답하다. 제대로 상담하려면 도대체 누구에게 해야 한단 말인가. 이런 글을 쓰는 필자도 답답하기는 마찬가지다.

4) 소문난 잔치에 먹을 것 없다

매스컴을 타거나 유명하다고 소문난 곳에서도 상담하지 말라고 권한다. '소문난 잔치에 먹을 것이 없다'라는 말이 딱 맞는 것 같다. 필자가 사주에 미쳐 공부하러 다닐 때 유명한 철학관도 가봤고, 소문난 철학관도 찾아가 상담해 보았지만 그보다 더 필자가 상담하다가 보면 그런 소문난 곳에 가서 상담한 사람들을 가끔 만나기도 한다. 그때마다 필자는 물어본다. 잘 보냐고. 그러면 한결같이 개뿔도 못보는 사람이 상담료만 비싸게 받는다고 한다.

어떤 곳에는 예약하고 상담료도 먼저 입금한 후 3일 정도 기다렸다가 간 곳도 있다고 한다. 방송에 나오는 것은 유명해서 나오는 경우도 있지만, 대개 브로커를 통해 출연하는 경우가 많다. 필자한테도 수없이 이런 전화가 온다. 처음에는 모르고 인터뷰도 하고 했는데, 결국은 돈 이야기를 한다. 인터뷰를 아무리 해가도 돈을 주거나 그들이 원하는 대로 책을 사주지 않으면 주간지나 신문에 나오는 일은 절대 없다. 다시 말하면 돈으로 만든 유명세라고 보면 정확하다.

필자가 사주를 공부할 때 어느 텔레비전 프로그램에서 전국에서 유명하다는 사주쟁이들에게 삼살방(三煞方)에 대한 것을 물은 적이 있다. 삼살방(三煞方)이 왜 삼살방(三煞方)이며, 그곳으로 가면 사람이 죽을 수도 있는가 하고 말이다.

그런데 한결같이 답을 제시하지 못하고 어물쩡댔다. 이거 무슨 개망신인가. 왜 삼살방(三煞方)으로 가면 안 되지라는 의문조차 해보지 않는 사주쟁이들이다. 이런 사주쟁이들이 득실대는 한 사주는 미신 수준에 머물 것이다.

삼살방(三煞方)은 지금 살아서 호흡하는 공기와 상충(相沖)하는 방향이다. 2017년 같은 경우에는 정유년(丁酉年)이니 유금(酉金)과 삼합(三合)을 이루는 것은 바로 금국(金局)이요. 그 금국(金局)이 치

는 것이 바로 목국(木局)이다. 목국(木局)을 이루는 곳이 바로 동쪽
이니 동쪽이 바로 삼살방(三煞方)이다.

생각해보라. 내가 지금 금(金)의 기운으로 호흡하니 내 몸속에는
온통 금(金) 기운으로 흘러넘치는데 어느 날 갑자기 목(木) 기운이
흐르는 곳으로 가서 호흡하면 몸속에 있는 금기(金氣)와 새롭게 호
흡하는 목기(木氣)가 서로 상충(相沖)하게 되는데 동쪽에서 오래 생
활하면 할수록 목(木) 기운이 강해지니 몸속에 있는 금기(金氣)로
움직이던 모든 신체 조직이 파괴되기 시작한다. 뇌에서부터 시작해
서 모든 장기에 영향을 미치게 되는 것이다.

그래서 삼살방(三煞方)으로 이사가서 죽은 사람, 실패한 사람이
많은 것이다. 이것을 이겨내는 강한 기운을 가진 사람들도 간혹 있
지만 어느 누가 그 강한 기(氣)를 가진 사람이라고 확신할 수 있겠는
가. 확신할 수 없으면 삼살방(三煞方)으로 이사나 출장가서 오랫동
안 머물거나 살면 안 되는 것이다. 이런 기초적인 삼살방(三煞方)에
대한 이론도 모르는 사람이 유명세를 타는 세상이라고 보면 된다.
또 다른 예를 하나 더 들어보자.

■ 시어머니를 살해한 고부간 궁합

• 며느리				• 시어머니			
時	日	月	年	時	日	月	年
모	丁	癸	辛	모	庚	庚	戊
름	未	巳	丑	름	子	申	辰

이는 1994년쯤에 한 텔레비전 방송국에서 사주에 대한 방송을 하면서 우리나라에서 유명하다는 역술인들에게 상담한 사주다. 역술인 3~4명이 이 고부간 궁합 견해를 내놓았는데, 아무 이상이 없는 평범한 고부간 궁합이라고 했다.

어떻게 이들이 평범한 고부간인가. 이런 헛소리를 하는 사람들이 유명세를 타는 것이 그 당시나 지금이나 현실이다. 이런 사람들한테 배운 사람이 지금 대세를 이루는지도 모른다. 사주를 조금만 알아도 이 사주들을 그렇게 풀지는 않았을 것이다.

먼저 며느리 사주를 보라. 심뽀가 매우 까달시러운 시어머니(辛金)가 아들(癸水)을 부추겨 며느리를 못살게 굴지 않는가. 그리고 이 며느리는 양인살(羊刃殺)을 깔고앉아 있으니 그 성질 한번 알아볼 만하다. 이 며느리 사주만 봐도 답이 나오는데, 평범한 고부간이라고 한 자들은 무엇을 공부했는지 궁금하고, 그들이 어떻게 텔레비전에 나와 유명세를 탔는지도 알 수 없다.

며느리 사주는 그렇다 치더라도 시어머니도 기고만장하는 사주 아닌가. 경금일간(庚金日干)이 월지(月支) 신금(申金)에 통근하고, 월상(月上) 경금(庚金)의 힘을 얻고, 년주(年柱)에 있는 무진(戊辰) 백호살(白虎殺)의 도움을 받으니 평범한 여자가 아님을 알 수 있다.

게다가 시어머니는 경금일간(庚金日干)이고 며느리는 정화일간(丁火日干)이니, 정화일간(丁火日干)은 경금일간(庚金日干)이 아무리 무슨 말을 해도 귀에 들어오지 않으니 며느리가 시어머니의 말을 들을 리가 없고 정신적으로 혼란하기만 한데 시어머니의 잔소리도 잔소리이지만 며느리 몰래 뒤로 남편을 부추겨 며느리를 못살게 구니 며느리가 성질이 나거나 정신 이상이 되지 않으면 사람이 아니다.

그러니 자기도 모르게 시어머니를 살해하게 된 악연 궁합이다. 시어머니나 며느리가 먼저 상담했더라면 피할 수 있는 방법도 있었을 텐데 말이다. 궁합을 무시하고 결혼하는 사람이 많은데 후회하기 전에 사주도 보고 궁합도 보고 참고했으면 하는 바램이 간절하다. 이러한 사주의 작용력이나 궁합을 우연이라고만 할 수 없을 것이다.

며느리 사주에서 시어머니가 아들을 부추기는 것은 년상(年上) 신금(辛金)이 년지(年支) 축토(丑土)의 힘을 받고, 년지(年支) 축토(丑土)와 월지(月支) 사화(巳火)가 사축(巳丑) 반합 금국(金局)을 이루면서 역시 년상(年上) 신금(辛金) 시어머니를 도와주니 그 시어머니는 안하무인이 되어 월상(月上) 계수(癸水) 아들을 부추겨 일간(日干) 정화(丁火)를 못살게 하니 견디다 못한 며느리가 시어머니를 무참하게 살해하게 된 불행한 궁합이다.

이런 간단한 궁합 하나도 제대로 보지 못하는 사람들이 방송에 출연하는 것이 현실이다. 방송에 나왔다고 너무 믿지도 말고, 역학책을 한두 권 출판했다 해서 믿지도 말아야 할 것이다. 철학관에 가서 문의하는 것은 직업에 관한 문제지, 대운(大運)이 좋고 나쁨이 아님을 알아야 하고, 그보다 내 아이 사주를 제대로 보는 상담사를 만나는 것이 가장 중요하다.

역리사 자격증 자랑하는 철학관

필자가 정말 운이 좋지 않은 시기에 친구 사무실에서 빈둥대며 월급도 받지 않고 친구 차를 운전해줄 때, 민간 자격증 제도가 생겨 어느 단체에서 역리사 시험을 본다고 신문에 광고가 크게 나왔다. 시험치는 장소를 보니 부산이다.

궁금하면 못견디는 성격이라 전화를 해보니 여자가 받는다. 지원하는 사람이 많으냐고 물으니 제법 있다고 한다. 그래서 심사위원들을 물어보니 누구 누구 하는데 그중에 학력을 내세워 돈벌이를 하는 사람도 포함되어 있다. 그는 방송에 나와 사주가 맞지 않는다고 하면서 돈벌이를 하는 사람이다. 사주가 맞지 않는다고 하는 것은 사주를 모른다는 말이다.

그런 사람들을 보면 성격이 별로 안 좋은 필자가 그냥 넘어갈 리가 없다. 그 사람 사기꾼인데 하니 전화받던 여자가 웃는다. 전화받는 여자한테 사주 하는 사람이냐고 물으니 아르바이트라고 한다. 그후에 얼마나 지원했는가가 궁금해 시험보는 날 또 전화를 하니 지난번 그 여자가 또 전화를 받는다. 지원자가 많으냐고 물으니 80여 명이 지원했다고 한다. 지금 저쪽에 앉아 이야기를 하고 있다고 한다.

그래서 필자가 "그 사람들 얘기 가만히 들어보면 사주를 제대로 배우기만 하면 70%가 맞다고 하지요?" 하니 이 여자 웃으면서 그런 이야기를 하고 있다고 한다. 이들 모두 용신론(用神論)이라는 과거 학문을 배운 사람들이다.

역리사 자격 시험을 보려고 오는 사람들은 꿈이 있을 것이다. 자격증을 취득해 사주카페나 철학관 간판을 걸고 다만 얼마라도 벌고 싶다는 욕망이 있어 자격증 시험에 드는 비용을 투자하면서 시험에 매달리는 것이다. 이렇게 돈을 벌려고 시작하는 상담이 제대로 될 리가 없는 것은 뻔한 이치다. 역리사 자격증은 어느 법인체라도 발급할 수 있는 것으로 안다.

심지어는 역학을 가르치는 학원들이 전국에 같은 이름으로 공부방이 있는가 하면, 사단법인으로 규모를 키운 곳도 있다. 특히 역학인 협회라는 곳에서 가장 많이 발급하고, 신문에도 광고를 내는데 신문에 내는 광고비가 장난이 아닌데도 신문에 역리사 시험을 치른다고 광고하는 것을 보면 역리사 자격증을 취득해 돈벌이를 하려는 사람이 많다는 이야기다.

그런데 문제는 제대로 공부한 사람이 별로 없다는 것이다. 민간 자격증이라는 것이 큰 의미가 없으며, 자격증이 필요한 사람에게서 돈을 더 알겨내려면 합격시켜 주어야 한다. 합격하고 나면 자격증을 교부할 때 또 돈을 받을 수 있기 때문이다.

필자도 심리상담사를 공부하면 상담하는 데 도움이 되지 않을까 하고 인터넷 강의를 하는 곳에 등록하고 6개월 정도 열심히 공부했다. 자격증 따려고 말이다. 그런데 공부한 것은 다소 도움이 되었지만 시험문제와는 별개였다. 시험문제가 좀 어려웠는데 재시험을 볼 때는 담당하는 여자가 정답을 가르쳐 준다.

여기도 마찬가지다. 시험에 합격해야 자격증 교부하면서 돈을 벌 수 있기 때문이다. 필자는 하도 기가 차서 자격증을 받지 않으려 하다가 공부한 게 아까워 추가로 돈을 주고 자격증을 받기는 했다.

역학은 자격증을 줄 수 있는 학문이 아니다. 사주는 1+1=2가 아니라 3이 될 수도 있고 5가 될 수도 있기 때문이다. 사람의 운명을 좌우하는 학문에 어느 누가 자격증을 줄 수 있단 말인가. 그 자격증을 주는 사람도 사주를 완벽하게 풀이하는 사람이라고 볼 수 없기 때문이다.

필자가 『참역학은 이렇게 쉬운 것이다』에 사주를 업으로 하지 말라고 했다. 왜냐하면 사주를 제대로 모르고 상담해 상담한 사람의 인생을 망치게 만들면 그것이 모두 그 사람의 업이 되기 때문이다.

사주를 제대로 알면 이 두려움 때문에 절대 거짓말을 할 수 없다. 돈벌이로 거짓말을 해서 내가 그 돈으로 당장에는 돈을 벌게 될지는 모르지만 그 업은 반드시 자신에게나 후손에게 돌아온다. 그렇지 않으면 내가 이 세상에 다시 올 때 그 업을 갖고 태어날 수도 있을 것이다. 사주는 절대로 자격증을 줄 수 없는 학문임은 틀림없다.

역학 학원마다 일정 기간 교육을 끝내면 수료증을 준다. 이런 역학 학원이 제법 많고, 개인적으로 강의하는 사람도 많다. 이렇게 배워 제대로 활용하는 사람이 과연 몇 명이나 될까. 모두 용신격국(用神格局)만 가르치면서 수험생이 정답 맞히듯이 정답 맞히는 방법만 가르치지 않나 생각해본다. 이런 자격증이나 수료증은 무슨 검증을 거쳐 주기보다 일정 기간 공부했다는 표시에 불과한 것이다.

그 자격증이나 수료증을 붙여놓고 상담하는 곳은 그래서 믿기 어렵다. 앞에서도 그런 글을 썼는데 사주쟁이가 사주쟁이를 만드는 것이 현실이다. 돈 몇 푼 벌려고 말이다. 자기 학문이 맞는지 안 맞는지도 모르면서 그저 돈벌이에만 급급한 것이다. 남의 운명을 담보로 말이다.

내가 가르친 저 사람이 남의 운명을 담보로 돈을 번다는 생각은 하지 않는 모양이다. 잘못 상담해 그 사람의 인생이 엉망이 되어 버린다면 이것은 사기 중에서도 아주 무서운 사기다. 다만 상담료를 적게 받았다는 이유로 사기죄에 해당하지 않을 뿐 돈을 벌려고 별별 상담사를 다 만들어낸다. 역리사 자격증을 비롯해 생활 상담 역리사, 미래 상담 역리사, 풍수 상담 역리사, 작명 상담 역리사, 택일 상담 역리사가 있다.

역리사 자격증을 걸어놓고 상담하는 사람도 있을 것이고, 택일상담사 자격증을 걸어놓고 상담하는 사람도 앞으로는 있을 것이다. 이 자격증들이 공인이면 신빙성이 있는데 민간 자격증은 검증할 방법이 없다. 돈을 벌려고 만든 자격증이 대부분인 것으로 알고 있다.

역리사 자격증은 정부에서도 관리하기 어렵다. 왜냐하면 공인자격증이 되면 그 사람의 말이 곧 운명을 좌우할 수도 있다는 것이다. 사람의 운명을 바꿀 수도 있는 직업이기 때문에 함부로 자격증을 줄 수 없는 것이다.

신문을 보면 가끔 이런 상담사 자격증 광고가 제법 크게 나온다. 이렇게 광고를 내려면 광고비가 제법 비쌀텐데 몇 명이나 시험에 응시할 것이며, 교육은 몇 명이나 받게 될까. 궁금하다. 돈벌이가 되니까 돈을 많이 주고 광고할 것이 분명하니 자격증을 취득해 돈을 벌려는 사람이 많다는 것은 확실하다. 이러다가는 한 집 건너 철학관이나 작명원이 생길 날도 머지않은 것 같다.

귀문관살 있으면 신의 제자가 되어야 한다는
철학관

사주에 귀문관살(鬼門關殺)이 있으면 영(靈)이 빙의되거나 신이 들린다 하면서 신을 받지 않으면 안 좋은 일만 생기니 신의 제자가 되어야 한다고 하는 철학관이 많다. 귀문관살(鬼門關殺)이란 신경이 예민하고 섬세해서 과거 봉건시대에는 신분에 따라 정신적으로 시달리면 그야말로 정신질환이 올 수 있는 살이다.

그렇다고 귀문관살(鬼門關殺)이 있으면 모두 빙의되거나 정신질환이 오는 것은 아니다. 특히 여자는 작용력이 강한데 그 원인은 남존여비 사상에서 찾을 수 있다. 남편 말에 무조건 순종해야 하는 아내가 남편의 언어나 행동으로 인하여 그 정도가 심하면 정신질환이 올 수 있다. 왜냐하면 남편한테 받는 스트레스를 풀 방법이 없어서다.

봉건시대에는 여자가 결혼하면 그 집 귀신이 되어야 한다면서 남편 말에는 어떠한 이유도 달 수 없고, 무조건 남편이 시키는 일을 해야 하는 아내의 입장에서는 견디기 어려웠을 것이다. 특히 남편이 다른 여자와 살림을 차린다면 미치고 환장할 일이 아닌가. 이때 귀문관살(鬼門關殺)이 있는 여자는 미쳐버릴 수도 있는 것이다. 이러한 현상이 생기는 것을 보고 일반적으로 귀문관살(鬼門關殺)이 있으면 무조건 귀신이 빙의되거나 미칠 수도 있다고 함부로 말하는 것이다.

이러한 사주쟁이들은 사주를 과거처럼 그대로 보고 해석하는 사람이며 상담할 때 무엇이 중요한지도 모르고 학생이 정답을 맞히듯이 맞혀 돈을 벌려고 하는 사람들이다.

귀문관살(鬼門關殺)을 제대로 풀이한 역학 책에는 정신적으로 아주 섬세하고 예민한 성격을 지닌다고 나와있으나, 일반적인 역학 책에는 정신질환이 생기거나 귀신이 빙의될 수 있다고 써놓았다. 섬세하고 예민한 성격이기 때문에 사소한 일에도 신경을 쓰고 스트레스도 받는 것은 당연한 것인데, 그런 성격이 현 시대에도 맞는다고 생각하는 사주쟁이들이 잘못되었다고 필자는 생각한다.

시대는 엄청나게 변했고, 여자들의 사회활동 영역도 자꾸 넓어져 옛날처럼 남편한테 눌려 사는 시대는 아니다. 그러니 남편으로 인한 스트레스는 다른 방향에서 풀 수 있기 때문에 귀문관살(鬼門關殺)이 사주에 있다고 해서 정신질환이 오지는 않는다는 것이다.

사주는 시대에 따라 변하게 되어있고, 그 시대에 맞게 변해야 하며 과거의 시대적 착오로 상담을 하다가는 남의 인생을 엉망으로 만들 수 있다는 것을 사주를 업으로 하는 사람들은 알아야 할 것이다. 귀문관살(鬼門關殺)이 있는 사람은 아주 예민하고 섬세하니 그런 직업을 선택을 하면 아주 활용도가 높다. 예를 들면 그림에 재능이 있는 일반 사람과 재능이 있으면서 귀문관살(鬼門關殺)이 있는 사람과의 그림은 완연하게 다르다.

다시 말하면 일반적인 사주로 재능을 가진 사람은 배운 대로 그 재능을 발휘하지만 귀문관살(鬼門關殺)이 있으면서 사주에 재능이 있는 사람은 그림이 아주 섬세하고 예리하며 날카롭기도 하다. 이 귀문관살(鬼門關殺)을 활용할 수 있는 분야는 섬세하고 예민한 부분을 다루어야 하는 직업에는 모두 필요한 살이다. 필자는 상담할 때 귀문관살(鬼門關殺) 활용을 자세하게 설명해준다.

물론 현 시대에도 직업을 잘못 선택해 스트레스받는 사람에게는 귀문관살(鬼門關殺)이 좋지 않을 수도 있다. 이러한 경우에는 스트레스를 풀 방법을 연구해야지, 병원에 가봐야 의사들은 신경성 스트레스라고 하면서 신경안정제만 처방해준다.

그 신경안정제는 먹을 때 뿐이므로 장기 복용은 좋지 않다. 사주에서 들어오는 질병은 병원에 가도 잘 나타나지 않을 때가 많다. 특히 스트레스로 인한 귀문관살(鬼門關殺)의 작용력은 알 수 없다. 이렇게 스트레스를 받으면 노래방에 가서 소리를 지르거나, 나이트에 가서 한바탕 춤을 추거나, 난타 같은 것으로 풀면 속이 시원해 지고 스트레스는 어느 순간 날아가 버리고 없다.

봉건시대 우리 어머니들은 시집와서 온갖 설움을 다 받아가면서도 견딜 수 있었던 것은 바로 빨래방망이가 있어서였다. 필자가 어린 시절에도 빨래방망이가 있었다. 빨래를 해서 어느 정도 말린 다음 다듬이 위에 올려놓고 방망이로 두드리면서 옷을 폈는데, 그때 어머니들이 두들기는 것은 시어머니를 비롯해 미운 사람들을 생각하면서 힘차게 두들기면서 시집살이에서 받는 스트레스를 모두 날린 것이다.

스트레스가 쌓이면 두들겨라. 난타가 얼마나 좋은가. 스트레스를 푸는 데는 난타가 최고 아니던가. 귀문관살(鬼門關殺)이 있어 빙의되거나 정신병에 걸린다고 하는 사주쟁이가 있으면 귀싸대기부터 올려부치고 스트레스를 난타로 날려버리기 바란다.

시대 변화에 적응하지 못하고 봉건시대 방식으로 사주를 보면 그야말로 양복입고 지게지는 것과 다를 바 없다. 시대 변화에 따라 사주도 변해야 하는 것은 당연한 일이다.

2장.
사주, 이렇게 활용하라

어린아이를 침대에 재우면 죽일 수도 있다

서양문화를 무조건 따라하는 사람이 많다. 물론 좋은 것도 있지만 좋지 않은 것도 있을 것이라는 생각은 해보지 않고 맹신하는 사람이 많다는 것이다. 특히 우리 삶과 직결된 주택부터 건강에 아주 해로운 시멘트 집에서 살고 있다. 집만 시멘트로 짓는 것이 아니다. 자동차나 사람이 다니기 편하라고 만든 길은 모두 아스팔트나 시멘트로 포장하고, 심지어 학생들이 뛰어노는 운동장마저 우레탄으로 모두 막아 지구에서 올라오는 자기(磁氣)를 모두 막아버렸다.

사람은 자연 속에서 자연스럽게 살아야 하는데, 좋은 기운들을 모두 막아버리니 병원이 자꾸 생겨도 환자 숫자는 늘어만 가고 있다. 벽돌이나 시멘트의 독이 사람 몸속에 스며들어 병에 걸리고, 걸어다니는 땅은 모두 덮어버렸으니 지구에서 올라오는 자기(磁氣)를 사람이 받아들일 수 없다. 그래서 한때는 자석용품이 엄청나게 팔린 적도 있다. 지금 유럽에서는 방 구들이 인체에 도움을 많이 준다고 해서 유행한다고 한다.

그 옛날 초가집과 방 구들이 우리 건강을 지켜줬는데 이제는 거의 사라지고 없다. 이런 이야기를 하려고 한 것은 아니다. 서양문화 중에서도 침대만큼은 사용하지 말았으면 한다. 특히 아이들한테 치명적일 수 있다. 우리나라 사람들은 동쪽이나 남쪽으로 머리를 두고 잔다. 그냥 방바닥에서 자면 본능적으로 자기한테 맞는 방향으로 머리를 돌릴 수 있지만 침대에서 자면 침대가 놓인 방향으로 잘 수밖에 없다.

동쪽이나 남쪽으로 머리를 두고 자는 것으로 사람들은 알고 있어서 사람들은 그렇게 방향에 대한 감각을 모르고 잔다. 어른들이야 그렇다 치더라도 아이들에게는 매우 중요하다. 만약에 동쪽이나 남쪽으로 머리를 두고 자는 사람이 그쪽이 돈과 관련된 방향이면 공부가 제대로 되지 않는다. 그것을 모르고 계속 동쪽이나 남쪽으로 머리를 두고 자면 좋은 성적을 기대하기 어렵다.

요즘은 아이를 산부인과에서 많이 낳는다. 그래서 아이가 태어나면 침대에서 생활하게 된다. 이러한 경우 만약에 그 아이가 잠자는 방향이 아이와 맞지 않으면 치명적으로 작용할 수 있다.

특히 폐가 약하게 태어난 아이가 남쪽으로 머리를 두고 자면 급성폐혈증으로 사망할 수도 있다. 사람이나 동물이나 잘 때는 본능적으로 자기에게 맞는 방향으로 머리를 두고 자게 되어있는데 본인이 그것을 모르고 자기 생각대로 자다가는 나쁜 운을 더 많이 받을 수도 있다.

필자가 북쪽으로 머리를 두고 자야 할 사람이 있어 북쪽으로 머리를 두고 자는 게 좋다고 하면, 대개 북쪽으로 머리를 두고 자면 안 된다고 어른들이 말씀하셨다고 한다. 북쪽이 수(水) 방향이고 수(水) 오행(五行)은 밤과 어둠을 의미하게 때문인 것도 있고, 과거에 중국에서 사람이 죽으면 북망산에 산소를 썼기 때문에 사람들이 북쪽을 죽음 방향이라고 인식하고 있다.

그렇지만 아니다. 동서남북 이 모두 기(氣)를 갖고 있는데 어느 한 방향이 죽음 방향이고 어느 한 방향이 삶의 방향이라고 할 수는 없다. 사주를 구성하는 음양오행(陰陽五行)이 공기 속에 있으며, 그 공기를 최대한 이용하는 것이 사주를 활용하는 방법 중에 하나다. 그러니까 동서남북 어느 방향으로 자던 죽음과는 상관없다는 말이다.

책을 쓰는 중에 어린아이 사주를 하나 상담했다. 잠자는 방향이 잘못되어 시신경 성장이 멈춰버린 6세 된 어린아이다. 이 아이도 역시 침대에서 잠을 재워 생긴 병이다. 그래서 부모한테 오늘부터 침대에서 재우지 말든지, 침대 방향을 바꾸라고 조언해 주었다.

이렇게 방향은 매우 중요하므로 자라는 아이들에게는 치명적이 될 수 있으니 방향이 고정된 침대에 재우지 말고 스스로 자신에게 맞는 방향으로 찾아 잘 수 있는 방바닥에서 재우는 것이 가장 좋다는 것을 알아야 한다.

사주는 시작하기 전에 봐야 한다

상담하러 오는 사람들은 대개 답답해서 온다. 사업이나 하는 일이 잘 풀리지 않아 오는 사람이 듣고 싶은 속시원한 대답은 없다. 속시원한 대답은 사업이 언제부터 풀려 돈을 잘 벌게 될 것이라는 말뿐이다. 그 말은 신도 할 수 없다. 지금 실패의 정점에 서있는데 잘 되게 하려면 사주를 바꿔야 하는데 그게 어디 쉬운 일인가. 그러니 신도 방법이 없다.

다만 할 수 있는 것은 하루라도 빨리 사업을 정리해 조금이라도 손해를 줄이는 것 외에는 방법이 없다. 예를 들면 가파른 절벽에서 떨어지는데 절벽 위에 있는 사람이 구해 줄 있는 방법이 없다. 지푸라기라도 잡으려는 심정으로 상담하러 와서 시원한 대답을 기대하는 것이 바로 사람이라는 생각이 들기도 한다.

사주는 무슨 일이든 시작하기 전에 봐야 참고가 되고 도움이 되는 것이지 시작한 후에는 시원한 답이 없다. 공부도 결혼도 사업도 건강도 그렇다. 어릴 때 공부하는 시기를 놓치면 공부하기 어렵고, 궁합을 무시하고 결혼한 후에는 이혼밖에 방법이 없고, 건강도 마찬가지로 사주에서 들어오는 약한 장기나 튼튼한 장기를 관리해야 하는데 관리하지 않으면 질병에 걸려 병원에 돈을 갖다줘야 하고, 사업도 마찬가지다. 시작하고 나서 실패하면 무조건 손해를 볼 수밖에 없지 않은가.

사람 마음이 그렇다. 당해보지 않으면 실감하지 못한다. 건강도 아파봐야 조심하고 사업도 마찬가지다. 말릴 때 그만둘 걸 하는 생각을 실패한 후에는 꼭 하는 것이 사람이다. 사주는 시작하기 전에 참고하는 것이지, 시작한 후에는 뾰쪽한 수가 없다. 특히 어리면 어릴수록 직업을 선택할 폭이 넓기 때문에 기회가 많지만 나이가 들면 선택 폭이 좁을 수밖에 없다. 그래서 필자가 이런 일 저런 일을 권유하면 하기 싫다고 한다. 그러면 답이 없다. 돈을 벌기는 틀렸다는 것이다.

상담하면서 가장 답답한 것이 바로 이런 부분들이다. 공부는 제대로 하지 못하고 수능성적에 맞춰 대학은 나왔는데 막상 취직을 하려니 앞이 보이지 않는다. 이제는 선택 폭이 좁으니 제대로 공부 시키지 않은 부모가 고생이다. 본인도 뭔가 하려고 하나 되는 일이 없다. 대학 졸업을 목적으로 들어간 학과에서 공부를 제대로 했을 리가 만무하다. 그러니 세월만 허송하고 다시 시작해야 하는 입장이 된다. 사주는 어릴 때 봐야 하는데, 태어나면 바로 보는 것이 가장 좋다. 그래야 사주를 최대한 활용할 수 있다.

잘 나갈 때 사주를 믿어라

아프기 전에 운동하는 것이 가장 좋듯이, 잘 나갈 때 사주를 믿어보는 것도 좋다. 무슨 일이든 시작하기 전에 사주를 꼭 참고하라고 권한다. 건강은 건강할 때 지키라는 말이 있듯이 건강할 때 건강을 챙기듯이 잘 나갈 때일수록 사주를 참고해야 실패하지 않는다.

그런데 사람이라는 동물은 알아도 믿지 않는 경향이 매우 짙다. 설마 하는 마음도 작용을 했으리라. 필자한테는 그런 친구가 있다. 필자의 조언을 무시하고 실패를 했으면서도 아직도 잘 믿지 않는다. 묘한 일이다.

사주를 배운 사람도 잘 믿지 않는 경향이 있다. 당한 뒤에 후회한다. 필자도 그런 경험을 한 사람이다. 사주를 공부하고도 서울 신림동 난곡 네거리에서 공인중개사 사무실을 운영하다가 일 년여 만에 문을 닫았다. 그후에도 여러 번 사업이랍시고 시도했다가 번번히 실패한 경험이 있다. 사주를 잘 모르는 일반인들이야 더할 것이다. 다음 이야기는 정말 잘 나가던 사람인데, 본인이 사주를 공부하고서도 믿지 않고 사업을 하다가 쫄딱 망한 사람이다.

사업이 잘 될 때도 있었겠지만 운이 따라주지 않아 실패하는 일이 더 많았다고 한다. 이 사람이 공무원 시절에 친구 부탁을 들어주고 얻은 땅이 있었다. 그 땅은 강남을 개발하기 바로 전에 받았는데, 위치는 강남에서 제일 좋은 신사동 사거리를 끼고 있는 땅이었는데, 6,500평쯤 되는데 공무원을 그만둔 후에 조금씩 조금씩 팔아 평생 사업을 하다가 쫄딱 망하고는 사주를 배웠다고 한다.

사주를 배워보니 본인이 재물복이 없는 것을 알았고, 사업을 하면 안 된다는 사실을 알아도 이미 때는 늦은 것이다. 그럭저럭 지나다가 진짜 대운(大運)이 와서 60만 원으로 다시 사업을 시작하게 되었는데 이번에는 대박이 났다. 그런데 그 대박운이 계속될 거라 믿고 중국에까지 진출했다. 그때 이 사람 나이가 60대 전후였다고 한다.

그런데 중국에서 사업을 확장하던 시기가 바로 대운(大運)이 바뀌는 해로 이제 사업이 기울기 시작한다. 몇 년을 그렇게 버티다보니 이제 바닥이 보이기 시작한다. 그래서 고심 끝에 그 회사를 전무라는 사람에게 인수하고 바로 귀국했는데 이제는 돈이 없으니 친구들과 골프장에도 사교 모임에도 갈 수 없는 처지가 되니 인생 살 만큼 살았고 해볼 만한 일은 다 해보았으니 무슨 미련이 있나 하는 생각이 들어 휴대폰 번호 바꾸고 시골로 낙향한 것이다.

신사동 땅값이 그때부터 지금까지 240만 배가 올랐다고 한다. 그 땅을 현 시가로 대충 계산해도 수천억은 넘을 것이다. 시골에서 철학관을 하는 바람에 필자와 인연이 닿아 여쭤보았다. "사주를 공부하시고 난 후에 사업이 잘 될 때 회사를 정리했어야 되는데 왜 그렇게 하시지 않으셨습니까?" 계속 승승장구할 줄 알았다고 한다. 사주를 아는 사람이 이런데 일반인들이야 말해서 무엇하랴.

누구나 잘 나갈 때는 계속 그러리라고 믿는다. 돌다리도 두드려보고 건너라는 속담이 괜히 생긴 게 아니다. 사주를 떠나서라도 잘나갈 때 한 번 정도 현재 상황을 분석해볼 수도 있는 것이다. 고속도로를 달릴 때도 휴게실에서 쉬어줘야 하며, 그 차가 언제 멈출지 알수 없다. 그래서 자동차가 있는 사람들은 수시로 정비소에 가서 자동차를 점검하는 것이다. 자동차를 점검하는 마음으로 지금 잘 나가는 내 삶을 한번 점검해 볼 필요가 있으며, 사주도 참고하면 더 많은 도움이 될 것이다.

또 한 예는 40년 지기 얘기다. 이 친구는 손수레를 끌고다니며 고물을 수집해 악착같이 돈을 벌려는 사람인데, 건설업으로 돈을 제법 벌어 사우나를 하다가 다른 사업을 하려고 사우나를 팔려 하는데 잘 안된다면서 전화가 왔다. 필자는 이때 사주는 공부했지만 사주쟁이가 하기 싫어 공인중개사 사무실을 하고 있었다. 그래서 간단하게 방법을 알려줬는데 그뒤 전화가 왔다.

"박도사 덕분에 사우나 좋은 값으로 팔았네."

"그래! 다행일세. 얼마나 더 받았나?"

"2억 정도 더 받게 되었네. 내가 이번에 ○○시에 있는 땅을 사서 건물을 지으려 하는데 어떻게 생각하는가?"

"그 땅은 나도 잘 아는데 위치도 좋으니 상권이 잘 형성될 거구만."

"나도 그리 생각하고 지금 사려고 하고 있네."

"응! 그런가?"

"그래!"

"그런데 섭섭하게 들리겠지만, 자네한테 좋은 운은 다 지나간 것 같으니 이제는 사업이니 뭐니 하면서 더 벌리지 말고 그 건물 지어 임대료나 받으면서 살아야 할 걸세."

"더 벌어야 하는데 큰일이네."

"야, 이 사람아 빈손으로 시작해서 그만큼 벌었으면 성공한 인생이고, 지금 가진 것만 해도 평생 쓰고도 남을 텐데 무슨 놈의 돈타령인가?"

"더 벌어 아들놈한테 물려줘야 하지 않겠나?"

"아들은 아들대로 팔자가 있으니 걱정하지 말고 가진 돈이나 잘 간수하게."

그렇게 헤어진 뒤 5년쯤 있다가 만났을 때, 그는 이미 야산 32,000평 정도를 매입해 공사를 하고 있었다. 그후에 또 산을 23만 평을 매입해 관광단지로 개발한다고 한다. 필자는 그 친구 재력을 몰라 보고만 있었는데, 얼마되지 않아 자금이 회전하지 않더니 IMF가 터져 건물이 경매로 넘어갔다. 친구 건물이 도시계획에 들어가 도로가 나게 되어 있었고, 얼마 있지 않으면 보상비가 나올 텐데, 사주가 얼마나 정확한지 이 친구가 그 건물을 지키려고 온갖 방법을 동원해도 이뤄지지 않았다.

결국 경매로 건물이 날아가고 6~7개월 후에 보상비가 나왔다. 조금만 일찍 나왔어도 부도가 나지 않았을 텐데, 운이란 그냥 바라보고만 있지 않았는지 사주에 있는 대로 실패한 것이다. 이런 경우를 간혹 경험하는데 사주대로 되는 것을 보면 신이 하늘에서 내려다보면서 이 친구가 망하도록 조정한 것 같다는 생각이 든다.

그후 이 친구가 과거 건설회사를 경영하던 경력을 앞세워 19년째 아파트와 관련된 일을 하는데, 맨손으로 아파트 공사를 하려 하니 돈 있는 사람들이 그렇게 호락호락하지가 않다. 과거 나는 과거 나이고 현재 나는 빈털터리가 아닌가 말이다. 그러니 돈되는 일이 쉽게 이뤄지지 않는다.

지금 이 글을 쓰는 순간까지도 이루어진 것은 없다. 한번 가버린 첫사랑이 돌아오지 않듯이 한번 가버린 운도 다시 돌아오지 않는다. 대운(大運)에서는 큰돈을 벌 수 있지만 세운(世運)에서는 어렵다. 사주에서 오는 운은 장난이 아니다.

참고로 경매로 날아간 건물 임대료가 무려 7억 5000만 원 정도 되었다고 그 친구가 말한다. 가만히 있어도 매월 5000만 원씩 들어오는데 설마하는 마음에서 필자의 조언을 무시한 결과가 실패를 초래한 것이다. 이럴 때 쓰는 말이 관세음보살 나무아미 타불이던가.

그런데 묘하게도 필자 친구가 어려움에 처해 있을 때 그와 똑같은 사주를 가진 사람을 상담하게 되었다. 그 사람도 건설업을 하고 있었다. 몇 세부터 운이 좋지 않았는데 하던 일을 멈추지 않았으면 지금쯤 어려울 것이라고 하니, 어느 철학관에서 상담을 하니 몇 살 때부터 운이 좋지 않다고 해서 그 나이가 되기 일 년 전에 직원을 모두 내보내고 혼자 빈 사무실을 지키며 아무것도 하지 않는다고 한다. 똑같은 사주라도 참고한 사람은 이상이 없고, 참고하지 않고 사업을 벌인 사람은 실패한 것이다.

사주를 참고하고 안 하고 차이는 엄청나다. 필자 친구는 경매 이후에도 남은 채무 때문에 신용불량까지 갔지만, 사주를 참고한 사람은 가장 좋지 않은 운을 지나 조심조심 사업을 하고 있다.

사주를 참고하는 것과 참고하지 않는 것의 차이는 그야말로 하늘과 땅이라는 것을 알았으면 한다. 〈설마〉라는 멋진 시가 있어 옮겨본다. 이는 필자가 존경하는 김기린 시인의 시이며, 한국 60대 시인에 들어간 분이다.

설마
그렇지는 않겠지
설마
십리 낭떠러지에
떨어지진 않겠지

설마를 부여잡고
매일을 살아온
우리가

설마가

사람 죽이는 것을
마냥 보면서도

설마밖에
매달릴 게 없는
인간은

얼마나
불쌍합니까

신이여!

좋아하는 것을 할 것인가, 잘하는 것을 할 것인가

신이 사람에게 생명을 부여해 이 세상에 내려보낼 때는 반드시 살아가는 데 필요한 능력을 주어 내려보낸다. 그런데 사람들은 하기 싫은 일은 절대 하지 않으려는 습성이 강하고, 하고 싶어 하는 일만 하려 한다. 거기에다가 욕심이 가득해 하는 일마다 잘 될 거라는 자신감으로 사업이라는 것을 하게 된다.

사주라는 학문을 사람에게 알려준 것은 자기 그릇을 알고 그릇대로 살아가라고 한 것인데, 자기 그릇에 맞지 않는 일을 하면 반드시 신의 제지로 실패하게 되고, 끝내는 고생을 한다는 사실이다.

그런데 신은 왜 사람에게 욕심을 심어줬는지 모르겠다. 생각해보라. 과욕이 없으면 모두 아름답고 멋진 삶을 살아갈 수 있는데, 신은 사람에게 욕심이라는 마음을 강하게 심어놓은 것이다.

어떤 측면에서 보면 그런 과욕을 신이 일부러 만들었을 수도 있다. 그래야 과욕으로 실패한 사람들이 남들이 하기 싫어하는 하찮은 일을 하도록 하기 위해서 말이다. 그래야 지구 환경을 보존할 수 있고, 사람들이 살아가는 모습을 보면서 즐길 수 있지 않을까.

사람이 살아가면서 꼭 필요한 경제활동을 하려면 직업이 있어야 하는데, 그 직업 선택을 어떻게 하면 좋은지를 생각해보면 좋아하는 것을 할 것인가, 아니면 내가 잘하는 것을 할 것인가 중에서 선택하는 것이 가장 좋은데 결정하기가 쉽지 않다.

내가 잘하는 것을 선택하려니 돈을 많이 벌 수 없는 것 같고, 내가 좋아하는 것을 선택하려니 실력이 모자라고 돈도 많이 벌어질 것 같지 않은 생각이 드니 진퇴양난이다. 그래도 내가 잘하는 일을 해야 한다. 내가 잘하는 일을 해야 남보다 능률을 더 올릴 수 있고, 직장에서 인정도 받을 수 있고, 경제적으로도 풍족할 수 있으니 그 다음에 내가 좋아하는 것을 취미로 얼마든지 즐길 수 있는 것이다.

그런데 보통 사람들은 내가 잘하는 것보다는 좋아하는 것을 선택하게 되는데, 이 선택으로 실패하는 사람이 많다는 사실이다. 내가 좋아하는 일을 직업으로 가진 사람은 그렇게 많지 않을 것이다.

내가 싫어도 생존하기 위해 하기 싫은 일을 하는 사람이 더 많다는 것이다. 자기가 하기 싫어도 돈을 벌려고 하면 하지 않으면 안 되는 것이다. 그럴 바에는 처음부터 내가 잘하는 일을 선택해서 하면 얼마나 좋을까 하는 생각을 해본다.

신이 내게 부여한 능력을 최대한 발휘하려면 내가 잘하는 일을 해야 할 것이며, 내가 잘할 수 있는 일을 선택해야 성공할 수 있고, 평생을 걱정없이 재미있게 살아갈 수 있는 것이다.

자녀를 둔 부모도 내 자녀가 좋아하는 일보다는 잘하는 일을 선택하도록 도와줘야 할 것이다. 내 자녀에게 관심을 갖고 관찰하면 내 자녀들이 좋아하는 일이나 잘하는 일을 충분히 알 수 있을 것이다.

내 자녀가 잘하는 일을 선택해 그 길로 가게 하면 자녀 걱정으로 한숨 쉴 일은 없을 것이다. 내 자녀를 믿고 내 자녀의 능력을 믿어야 내 자녀가 이 사회에서 봉사할 수 있는 훌륭한 인재로 성장할 것이다.

내 자녀의 미래를 걱정하는 시간에 내 자녀의 능력을 눈여겨 보아야 할 것이며 부모 관심에서 벗어나면 그 아이는 공부와 거리가 멀어지고 자기 능력을 발휘할 수 있는 기회도 놓치기 쉽다.

자녀를 둔 부모라면 내 자녀를 관심있게 지켜보면 반드시 내 아이가 잘하는 것을 알게 될 것이다. 그것이 바로 내 아이의 성공을 위해 가장 좋은 방법이다. 내 자녀의 성공과 실패는 부모에게 달렸다는 것도 알았으면 하는 바램이다.

사주에서 가장 중요한 직업을 선택하는 데 필요한 적성은 사주 자체에 있는 적성이어야 한다. 사주에서 원하는 직업을 선택해야 평생 활용할 수 있지, 대운(大運)에서 나타나는 적성을 선택하면 대개 실패한다. 특히 음악이나 미술을 보면 대운(大運)에서 재능이 나타나는 사람이 많다. 이러한 경우에는 그 길로 가다가 대운(大運)이 바뀌면 다른 길로 간다. 이러한 경우에도 사주가 참고가 되며 대운(大

運)에서 생겨나는 재능으로 성공한 사람들은 없다고 보는 것이 정확할 것이다.

대운(大運)이 무엇인가. 지나가는 운이다. 지나가는 운에서 나타나는 재능이나 적성은 그 대운(大運)이 지나면 쓸모가 없어지거나 재능이 사라져 다른 길로 가게 된다. 대운(大運)에서 잠깐 나타난 재능이 자기 재능인 줄 착각하다 평생 고전하는 사람도 종종 만난다. 적성이나 재능은 사주 자체에 있는 것이어야 평생 고생하지 않고 살수 있다.

대운이 와도 그물이 없으면 무용지물이다

용신격국(用神格局)으로 사주를 분석하는 학문은 사주를 분석할 때 제일 먼저 하는 것이 바로 신강(身强), 신약(身弱)의 구별이다. 신강(身强), 신약(身弱)을 구별한 후에 신강(身强)한 사주는 식신(食神)이나 상관(傷官)에 해당하는 운이 오면 좋은 운이고, 그 다음에 편재(偏財), 정재(正財) 운이 좋다고 하고, 만약에 신약(身弱)한 사주이면 편인(偏仁), 인수(印綬)에 해당하는 운이나 비견(比肩), 겁재(劫財) 운이 오면 좋다고 하는 방식의 사주 해석을 하게 된다.

물론 이 방법이 틀렸다고 하는 것은 아니다. 다만 이렇게 분석한 신강(身强)이나 신약(身弱) 사주를 같은 날에 태어난 모든 사람에게 똑같이 적용되지는 않는다는 것이다. 이 말은 사주 당사자 직업에 따라 운 작용력이 달라진다는 것이다.

예를 들면 직장에 다니는 사람이 좋은 운이 왔다고 해도 특별하게 좋은 일이 생기지 않는다는 것이다. 물론 평소보다는 조금 좋을지 모르지만 큰 변화는 없다. 그렇다면 이 운은 사업하는 사람에게 필요하다는 말이 된다. 맞는 말이다.

사업하는 사람에게는 운이 그대로 작용한다. 그렇다고 종류와 상관없이 작용하는 것은 아니다. 사업 종류에 따라 좋은 운의 작용력이 클 수도 있고 작을 수도 있다. 신강(身强)이니 신약(身弱)이니 분석해도 직장에 다니는 사람에게는 무용지물일 수도 있으니 별 소용이 없다는 말이다. 이러한 분석에서 필요한 오행(五行)이 제각각 나온다는 것이다.

이 말은 사주를 보는 사람마다 분석하는 방법이 다르다는 것이다. 그러니 사주를 잘못 상담해서 사업하다가 실패하는 사람이 생기는 것이다. 이렇게 사주에서 필요한 오행(五行)이 분석하는 사람에 따라 다르게 나오는 원인이 바로 용신격국(用神格局)으로 필요한 오행(五行)을 분석하기 때문이다.

그런데도 아직까지 용신격국(用神格局)에만 매달리는 것이 현실이다. 그리고 용신격국(用神格局) 이론은 시대에 뒤떨어진 학문이고, 이제는 새로운 시대 변화에 따라 사주를 분석해야 한다. 맞지도 않는 학문을 붙들고 평생 상담해도 모범답안이 없는 것이 바로 용신격국(用神格局) 이론이다.

사주에서 가장 중요한 것은 바로 직업이며, 그 직업 선택에 따라 그 사람의 길흉이 결정되는 것이다. 그렇다면 직업 연구를 많이 해야 하고, 그 직업이란 사주에서 원하는 적성에 맞는 직업을 선택할 수 있도록 하기 위해서는 태어나면 바로 사주를 보아야 한다. 그래야만 그 사람의 성격, 건강, 적성과 직업, 공부를 잘하게 도와주는 방법을 알 수 있다. 그래서 필자는 항상 주장한다. 사주는 태어나면 바로 보아야 한다고 말이다.

운은 확실하게 있다. 그러면 소위 말하는 최고로 좋은 대운(大運)을 만났을 때 그 대운(大運)을 활용할 수 있는 준비가 되어있어야 한다. 대운(大運)이란 고기떼를 만났는데도 그물이 없다면 놓치고 만다. 그러면 고기를 잡을 수 있는 그물은 무엇인가.

그 그물은 직업이다. 대운(大運)이 올 때 내 직업에 따라 그 대운(大運) 작용력이 달라진다는 것이다. 사람들은 고기를 잡을 그물은 준비하지 않고 그저 고기떼가 오기를 기다리기만 한다. 그리고 운은 소리 없이 왔다가 소리 없이 가버린다. 평생 운을 제대로 한번 맞이하지 못하고 일생을 마감하는 사람이 엄청나게 많음을 알아야 한다.

대운(大運)에 매달릴 시간에 나한테 가장 잘 맞는 직업이 무엇인지 연구하고 또 연구하는 것이 내 운명을 새롭게 열어가는 길이다. 내가 가난하거나 못사는 것은 내가 현재 하는 일이 나와 맞지 않아서다. 나와 맞지 않는 일을 하니 돈벌이는 되지 않고 고생만 하는 것이다. 상담하면서 본인의 직업을 분석해 알려주면 싫다고 하는 사람도 간혹 있다. 지금까지 살아온 생활에 익숙해져 새로운 일을 하기가 그래서일 것이다.

그렇지만 내가 잘살려면 필자의 권유대로 하는 일을 바꾸는 일이다. 바꾸지 않으면 현재 상황에서 벗어나기 어려운데 이런 사람들 대부분이 대운(大運)이 언제 오냐고 묻는다. 대운(大運)이라는 고기떼를 만나도 그물이 없으면 별 볼 일이 없다. 그 그물이 바로 내 직업이다. 직업이 가장 중요함을 새삼 느낀다.

사주 핵심은 돈복이 있느냐 없느냐

상담을 오래하면서 얻은 결론은 돈복이 있는 사람은 어떤 상황이와도 돈을 만지고, 돈복이 없는 사람은 한번 실패하면 일어나지 못한다는 것이다. 이 차이는 엄청나다. 돈복이 있는 사람은 사업을 하다 실패해도 다시 일어날 수도 있지만, 돈복이 없는 사람은 죽어라일해서 번 돈으로 사업을 시작했다가 실패하면 그 다음에는 돈을만질 기회가 오지 않는다.

그러니 돈복이 없는 사람은 사업할 생각을 하지 않는 것이 가장현명하다. 돈복이 있는지 없는지는 사주로 알 수도 있지만, 어릴 때부터 누군가에게 돈을 잘 얻은 사람은 돈복이 있는 사람이고, 돈복이 없는 사람은 친척들이 놀러왔다가 돈을 나눠줄 때쯤 되면 그 자리를 떠나는 사람이다. 그런 복이 없는 사람은 돈복이 없다고 생각하면 정확할 것이다.

사주에 돈복이 있어도 대운(大運)이 따라주지 않으면 사업에 실패하게 된다. 대운(大運)에 따라 사업이 잘되었다가 안되었다가를 반복한다. 그리고 사업 종목에 따라서 또 대운(大運) 작용력이 다르다. 사업 종류가 잘못되면 돈복이 아무리 많아도 실패하고, 자칫 잘못하면 목숨도 잃을 수 있다. 신이 얼마나 사주에 정확하게 맞게 만드는

지를 당해보지 않으면 잘 믿지 않는다.

사회에서 인정받으면서 돈을 잘 번다고 생각하는 직업 중에 의사가 있다. 의사가 되면 누구나 돈을 잘 번다고 생각하는 것이다. 천만의 말씀이다. 큰 명성을 얻으면 그나마 돈벌이가 나을지 몰라도 그렇지 않으면 백수 의사도 있다는 것을 알아야 한다. 의사라는 직업도 개업의가 있고, 월급을 받는 의사가 있다.

월급받는 의사는 열심히 일하면 그 능력을 인정받아 월급이 올라가겠지만, 종합병원에서 의사가 되는 과정을 거쳐 개업하면 상황이 바뀐다. 재물복이 없는 의사는 개원해도 환자가 오지 않는다. 사람들이 그 사람이 돈복이 있는지 없는지를 귀신같이 알고 돈복이 없는 의사가 운영하는 병원에는 가지 않는다. 능력이 있는 의사는 온갖 매스컴이나 언론에 광고를 수없이 한다. 광고 중에서 가장 많은 게 병원광고가 아닌가 싶다.

그렇게 광고를 하면 그나마 환자가 찾아오는데 타이틀이 그럴싸해야 한다. 명문대 출신이 아니면 무슨 종합병원에서 근무했다느니하는 간판이 또 뒤따른다. 사람들은 그 경력을 보고 병원을 찾는다. 필자도 사람이니 그런 화려한 경력을 보고 병원을 선택하는 경우가 많다.

그렇게 하다가 경제적으로 휘말리면 병원문을 닫을 수밖에 없다. 그후에는 갈 곳이 별로 없다. 나이는 들었고 오라는 곳은 없고 죽을 맛이다. 그렇다고 어디 가서 의사라고 말을 하려면 자존감이 상한다. 물론 이런 사람이 많다는 이야기는 아니다. 돈복이 없으면 이런 일도 생길 수 있다는 것이다. 실제로 그런 의사가 있는 것도 사실이다. 일반인들이 모르고 있을 뿐이다.

한의원을 하는 사람을 알고 지내는데 자기 주변을 보면 개업해도 되지 않아 고생하는 한의사도 있다고 한다. 필자도 가끔 개원 상담을 한다. 그러면 먼저 재물복을 보고, 그 다음에는 뒷배경을 물어본다. 재물복이 신통치 않거나 뒷배경이 화려하지 않으면 개원하지 말라고 말린다. 개원해봐야 병원이 잘될 리가 없기 때문이다.

그렇다면 의사는 되고 싶은데 재물복이 없으면 어떻게 하냐고 묻고 싶을 거다. 방법은 종합병원이나 개인병원에서 월급받는 사람이 되든지, 공부를 열심히 해서 대학 교수가 되는 것이다. 그 외에는 길이 없다.

필자가 공부하는 학생들에게 의사직을 권할 때는 꼭 그런 이야기를 한다. 재물복이 없으면 개원하지 말라고. 만약에 꼭 개원하고 싶으면 학력이나 화려한 경력을 충분히 쌓고 시작하라고 권유를 한다.

의사만이 아니라 다른 전문직도 마찬가지다. 돈복이 없으면 남들이 말하는 돈 잘 버는 직업이라도 잘 운영할 수 없다. 이건 절대적이다. 이러한 사주에서 벗어날 수 있는 사람은 없다. 있다면 폭포 물이 거꾸로 올라가는 날이 될 것이다. 절대로 그런 일은 일어나지 않는다. 사주에서 가장 중요한 것은 재물복이다.

필자가 상담하면서 가장 안타까운 일은 자기 팔자대로 사주에서 원하는 직업으로 잘 나가다가 상사가 하는 말이 듣기 싫거나 흐르는 대운(大運)에서 재물 욕심이 일어나 사표를 쓰고 나와 실패한 후 갈 곳이 없는 사람들이다. 참으로 안타까운 일이다. 직장 상사들이 하는 말은 모두 더 높은 곳에서 시켜 본인도 어쩔 수 없이 내리는 지시인데, 그것을 못견디고 나와 자기 인생은 물론 가족까지 고생시키는 사람을 한두 명 보는 것이 아니고 많이 보고 있다. 그러면서 하는 말이 나는 조직생활이 잘 맞지 않는다고 한다. 나이가 들어 실패하면 다시 일어서기가 너무 어렵고, 취직도 하기 어렵다.

젊은 사람도 취직하기 어려운 이 시국에 어디 가서 취직을 한다는 말인가. 그리고 자존심은 있어 시시한 데는 가지 않으려고 한다. 그러면 필자는 냉정하게 말한다. 그 아내되는 사람보고 이혼하라고 말이다. 쓸모없는 물건은 재활용이라도 할 수 있지만 사람이 쓸모가 없어지면 그럴 수도 없다. 버리고 싶어도 버릴 데도 없다. 방법은 단 하나 이혼하는 길 뿐이다.

아이들 때문에 이혼을 망설이며 그럭저럭 살아가는 부부가 예상 외로 많다. 필자는 항상 주장한다. 한번 선택한 직업은 될 수 있으면 바꾸지 말고, 전문직에서 벗어나는 일이나 사업은 하지 말라고 부탁을 한다. 돈버는 일이 쉽지는 않다. 어느 회사든 월급을 주면 그것보다 더 많이 벌어야 그 사람에게 그 월급을 준다.

다시 말하면 남의 돈을 많이 벌어주고 그중에서 일부를 월급으로 받는 것이다. 능력이 있으면 남들보다 더 많이 받을 것이고, 아무리 능력이 있어도 내가 벌어준 돈보다는 적게 받을 수밖에 없다.

왜냐하면 회사를 운영하는 사장은 돈을 벌기 위해 회사를 운영하기 때문이다. 내가 고용한 사람에게 돈을 벌 수 있도록 장소와 여건을 마련해준 만큼 회사 이익을 챙기는 것이다. 자신을 모르고 함부로 사업을 하다가는 순간의 선택이 평생을 좌우함을 명심해야 할 것이다.

여기에 한몫하는 사람들이 용신격국(用神格局)으로 사주를 보면서 자기가 마치 신인 것처럼 대운(大運)이 왔으니 사업하라고 부추기는 사람이 간혹 있다. 절대 믿지마라. 대운(大運)은 소리 없이 온다. 소리 없이 와서 자신도 모르게 돈을 벌게 해준다.

이런 사주쟁이를 믿었다가 실패한 사람도 많이 만나보았다. 절대로 믿지마라. 가장 안전한 것은 내가 기술을 배워 활용하거나 자격증을 취득해 활용하는 것이다. 물론 열심히 공부해서 사주에서 원하는 직업대로 가면 더할 나위 없이 좋지만 말이다. 믿어야 한다. 믿지 않으면 먼 훗날 반드시 후회할 일이 생길 것이다.

가끔 이런 부모를 본다. 본인의 과거나 현재는 생각하지 않고 내 자녀는 마치 고려청자인 줄 착각하는 이들 말이다. 내 유전자를 물려받은 아이가 누굴 닮았겠는가. 부모를 닮고 부모를 보고 배우고 자란 내 자녀들에게 너무 많은 것을 기대한다. 그래서 더 좋은 학교, 돈 많이 버는 좋은 직업을 가지라고 강요하고 또 강요한다.

이건 안 될 말이다. 내 아들딸도 제각각 타고난 팔자가 있다. 그 팔자대로 살아야 일생이 편안할 텐데 부모가 강요만 한다고 이루어질 수 없다는 것을 알아야 한다. 그래서 필자는 사주는 태어나면 바로 보아야 그 아이의 적성과 직업, 공부하는 방법과 시간을 알 수 있어 사주에서 원하는 직업을 선택하는 데 도움이 되는 노력을 하는 부모가 되어야 한다고 말한다.

나무도 어릴 때 다듬어야 아름답고 멋진 재목이 되듯이, 아이도 어릴 때 제대로 다듬어 주어야 훌륭한 인재로 성장할 수 있음을 부모들은 알아야 한다. 그것을 모르고 무조건 공부만 하라고 할 것이 아니라 내 아이의 적성이 무엇인가, 무엇을 잘하는가를 관심있게 지켜봐야 한다.

근래에는 부모들이 맞벌이를 하기 때문에 자녀 교육에 더욱 어려움이 많은 것은 알고 있지만 그래도 아이에게 맞는 직업을 선택하게 하려면 부모의 부단한 노력이 꼭 필요하다는 것을 말하고 싶으며, 돈복 없는 사람은 사업을 하면 안 된다는 것도 명심하기 바란다.

부모 잘못으로 실패한 인생으로 살아가는 사람이 제법 많다. 이모두 부모의 욕심 때문이다. 부모는 부모고 자녀는 자녀다. 이 세상에 와서 제각각 해야 할 몫이 따로 있다. 그 몫대로 살아야 아름다운 인생이 될 수 있다. 자녀는 내가 아니라는 것을 아셨으면 한다.

돈이 많은 사주는 사업을 하면 되고, 돈이 없는 사주는 기술을 배우든지 공무원이나 직장인이 되면 된다. 평생직장이 없다고 하지만 그래도 내 능력을 활용하면 평생직장을 가질 수도 있다. 세상은 불공평한 것 같아도 공평하다. 나를 알고 활용하면 얼마든지 돈을 지닐 수 있고, 내가 마음대로 움직일 수 있다. 돈복 없다고 포기하거나 낙담할 이유가 없다.

신은 누구에게나 먹고살 능력을 주어 이 세상에 내려보낸다. 다만 그 능력을 모르거나 과욕 때문에 외면했을 때 가난에서 헤매고 노숙자가 되기도 한다. 과욕은 금물이다. 노력해서 안 되는 일이 없다면 돈 때문에 헤매는 가난한 사람이 없어야 하고, 노숙자도 없어야 한다. 정신일도하사불성(精神一到何事不成)이라는 말은 사람이 돈 버는 데 사용할 수 있는 말이 아니다.

돈과 연관이 없는 일에서 정신을 집중해 노력하면 어떤 어려운 일이라도 성취할 수 있다는 것이지, 돈버는 일에 아무리 정신일도하사 불성을 해봐도 망할 사람은 반드시 망한다. 노력으로 이룰 수만 있다면 필자 같은 사주쟁이가 필요하지 않을 것이니 사주를 상담하는 직업은 없어져야 한다. 만약에 정신일도하사불성이 된다면 필자는 벌써 큰 부자가 되었을 것이다. 그렇지만 현실은 사주쟁이를 하고 있을 뿐이다.

사주와 종교

인간의 정신문화 양식의 하나로 초경험적·초자연적인 의지를 가진 존재로 신이나 영혼이며, 나약한 인간이 기대고 의지하는 존재다. 어떤 종교가 좋으니 안 좋으니 하는 말은 할 이유가 없고 사주와 종교와의 관계를 말하고자 할 뿐이다.

사주는 창조주의 프로그램이니 당연히 창조를 주장하는 기독교와 가장 인연이 깊을 수밖에 없다. 그러나 기독교에서는 오직 유일신만을 믿으라 하며 다른 신을 믿지 말라니 나를 이 세상에 오게 해준 조상도 다른 신이 될 수 있으니 조상을 외면하게 하고 조상 제사도 거부하는 것으로 안다.

그런데 모든 생명체는 자기를 이 세상에 오게 한 존재가 있다. 사람들은 그 존재를 조상이라고 하는데, 조상 없이 이 세상에 태어난 사람은 아무도 없다. 그렇게 생각하면 기독교는 결국 자기 뿌리를 부정하는 것이다. 조상을 부정한다는 것은 눈에 보이는 부모도 부모가 아니라는 것 아닌가. 그렇다면 옛말대로 다리 밑에서 주워왔거나 하늘에서 떨어졌다는 얘기밖에 되지 않는다. 같은 신자는 모두 형제라 아버지와 아들도 형제이니 이거 참 묘한 관계다. 이런 이야기를 하려는 것은 아니다. 글을 쓰다보니 그런 것이니 이해하리라 믿는다. 아무튼 사주는 창조주를 주장하는 기독교와 가장 관련이 깊다고 생각한다.

필자의 주장은 조상을 부정하지 않는 종교를 믿는 것이 우리 뿌리를 부정하지 않는 것이고, 조상을 위한 길이라고 본다. 물론 죽으면 끝이라고 생각하는 사람도 있겠지만, 많은 사람이 종교를 믿는다는 것은 후생을 믿는 것과 다를 바 없다.

후생이 없는데 뭐하려고 종교를 믿는다는 말인가. 마음의 위안만을 위한 것이라면 다른 방법도 있을 것이다. 분명한 것은 전생도 있고, 후생도 있고, 윤회도 있다. 왜냐고. 사주가 맞기 때문이다. 글자가 사람의 운명을 좌우하면 안 되는데 어떻하나. 사주에서 벗어날 수 없는데.

사주를 보면 불교와 인연이 있는 사주가 있고, 기독교와 인연이 있는 사주가 있다. 불교와 인연이 없는 사람들은 대개 절에 잘 가지 않는다. 설령 간다고 해도 법당에 들어가거나 부처님 전에 절을 하지 않는다.

왜 이런 현상이 생기는가. 절에 해당하는 오행(五行)과 궁합이 맞지 않아서다. 그런 사주로 구성되어 있다고 해도 절에 가는 것이 살아가는 데 도움이 된다. 왜냐하면 조상신들은 단독으로 절의 문턱을 넘을 수 없다. 그래서 후손이 절에 가면 조상 영(靈)도 함께 절에 들어갈 수 있으며, 후손이 나온 후에도 그 절에서 열심히 수양하면 그 후덕이 바로 그 후손에게 돌아온다. 꼭 절이 아니더라도 조상이 자신의 영(靈)을 수양할 수 있는 그런 종교면 되지 않겠는가. 상담하면서 좋은 운에서도 돈을 벌지 못하는 사람한테 기독교를 믿느냐고 물으면 그렇다고 한다. 그러면 필자는 기독교는 믿되 절에도 놀러가라고 권한다.

사주를 잘 이해해야 한다. 사주는 하나 더하기 둘은 셋이 아니다. 셋도 되고, 다섯도 되고, 일곱도 되는 게 사주다. 사주를 구성하는 음양오행(陰陽五行) 여덟 글자는 자연의 형상도 되고, 신체의 장기도 되고, 내 주변에 살아있는 사람들도 되고, 조상들도 된다. 여기서 가장 중요한 것은 내 조상이다. 이 조상들의 기(氣)로 내가 살아가고 있으며 실패와 성공, 삶과 죽음이 있는 것이다.

생명체든 무생물체든 공기와 접해야 변한다. 공기 없이 스스로 할 수 있는 일은 없다. 공기 속에 음양오행(陰陽五行)이 있고, 그 음양오행(陰陽五行)이 조상의 기(氣)다. 심하게 말하면 귀신의 정신을 호흡하면서 우리는 살아가는 것이다.

그런데 귀신이 존재하지 않는다고 하면 어불성설이다. 살아있는 생명체가 죽으면 그들의 영(氣)은 공기 속으로 흡수된다. 오래된 이야기지만 옛 소련의 어느 사진사가 사람이 죽는 순간에 찍은 사진이 신문에 실린 적이 있다. 사진을 보니 마치 연기가 하늘로 올라가는 모습과 같았다.

필자는 불교신자가 아니다. 무교라고 하는 게 정확하지만 그래도 굳이 택하라면 불교일 것이다. 철학관을 하다 머리를 깎은 한 승려가 있는데, 필자만 만나면 "머리 깎으세요" 한다. 그러면 "나는 굶어 죽으면 죽었지 부처님을 등에 업고 돈벌 생각 전혀 없고 내가 머리 깎을 때까지 살면 오래 사는 것이네" 하면 "저는 머리 깎지 않았으면 굶어죽었습니다. 머리 깎고 나니 돈도 많이 벌고 여자도 천지입니다. 머리 깎으세요" 한다.

필자는 어떤 매체에 매달려 돈을 벌기는 죽어도 싫다. 상대방에게 도움을 주고 반대 급부를 받는 것이지 상대방을 유린하면서까지 돈을 벌 생각은 전혀 없다. 만약에 그렇게 해서 돈을 벌었으면 스트레스를 받아 벌써 죽었을 것이다. 돈이 아무리 많아도 주위에 사람이 없으면 죽은 사람이나 마찬가지다.

필자의 생각은 항상 같다. 그냥 평범하게 남들과 슬프면 같이 슬퍼하고, 기쁘면 같이 기뻐하면서 한잔 술에 헛소리나 하면서 살겠다고 말이다. 잘나봐야 뱃속에는 똥밖에 더 있나. 아무튼 조상을 외면하는 종교는 믿지 않는 것이 좋다는 것을 말하고 싶고, 사주 구성이 아무리 절에 오지 말라고 되어있어도 절에 가야 한다는 것을 말하고 싶은 것뿐이다.

사주와 관상

철학관이라는 간판을 내걸고 상담하려면 가장 먼저 알아야 하는 학문이 바로 사주다. 그런데 관상이나 손금까지 봐주는 데가 가끔 있다. 사주를 제대로만 공부하면 사주 속에 그 사람의 인생 전반이다 들어있어 굳이 관상이나 손금을 힘들게 배울 이유가 없다. 왜냐하면 사주를 먼저 접하고 제대로 공부하면 사주만으로도 모든 상담을 충분히 할 수 있어서다. 필자가 어릴 때부터 사람 얼굴에 관심이 많다보니 자연스럽게 관상 공부를 한 것이다. 필자도 사주부터 공부했으면 아마 관상은 공부하지 않았을 것이다.

모든 공부가 쉬운 것은 없겠지만, 관상은 정말 어렵다. 우리나라에서 관상 전문가는 그렇게 많지 않고, 공부하려고 해도 모두 서울에만 있어 감히 엄두를 낼 수 없었다. 필자가 전문가가 되어 돈을 벌 목적이었다면 서울로 가서 제대로 배우려고 했을 것이다. 사람을 보면 얼굴을 분석하는 습관이 배어서인지, 어릴 때부터 관상에 관심이 많아서인지 자연스럽게 관상을 공부하고 싶어 하게 된 것이다.

다행히도 인터넷에 동영상 강의가 있어 그것을 중심으로 공부해보니 무척 재미있다. 매일 동영상을 보면서 TV에 나오는 탤런트나 사람들의 관상을 분석해보니 관상대로 살아감을 확실하게 알았다. 관상 공부는 자기와의 싸움이다. 백 명이든 천 명이든 앞에 두고 공부하는 것이 아니다. 동영상 강의를 다 들어도 혼자 사람 얼굴을 하나하나 관찰하고 분석하려면 20년 넘게 걸린다.

그러나 사주는 선생만 제대로 만나면 1~3년이면 상담가 자질을 충분히 갖출 수 있다. 그후 경력은 실전에서 배워가는 것이다. 사주도 제대로 보려면 많은 분석과 실전을 경험해야 한다. 필자 는 오랜 관상이 밑받침이 되어 사주를 쉽게 배울 수 있었다. 관상에서 사용하는 용어들이 사주를 공부하는 데 많은 도움이 되어서다. 그리고 운이 정말 좋아 학식 있고 유능하면서 역학계에서 기인이라고 하는 선생님과 인연이 되어 사주를 제대로 공부했고, 실전에 쉽게 뛰어들 수 있었다.

필자의 생각으로는 관상은 아무리 잘봐야 80%가 넘지 않는다. 왜냐하면 관상에서는 대운(大運)이나 세운(世運)을 보기 어렵고, 적중률도 낮아서다. 나머지 20%를 채우려면 부득이 사주를 배워야 한다. 그래서 필자도 관상으로 부족한 부분이 너무 궁금해 어려운 사주를 공부한 것이다.

사주를 먼저 배운 다음 관상을 배우면 관상이 잘 보이지 않는다. 사주가 기본이 되기 때문이다. 사주를 제대로 공부하면 운명을 100% 볼 수 있는데, 굳이 관상을 배울 이유가 없다고 생각한다. 물론 상담하는 데는 관상은 필요한 학문이다. 사람의 운명을 상담하는 철학관을 하려면 사주보다 관상을 먼저 배우라고 권한다.

관상을 공부한 다음에 사주를 공부하면 상담가로서는 금상첨화다. 100% 사주 분석에 관상을 추가하면 더 바랄 나위 없는 최고 상담가가 될 것이다. 관상은 그 사람의 심성과 밥그릇이 확실하게 보인다. 사주도 물론 그렇지만 관상이 더 확실하다. 그래서 사주에다 관상을 추가해서 상담하면 그 사람의 운명을 더 상세하게 알 수 있어 도움을 줄 수 있다.

돈복 있는 관상

예부터 귀 잘생긴 거지는 있어도 코 잘생긴 거지는 없다고 했다.

코는 재물운을 나타낸다. 아래에 예를 든 코를 닮았거나 비슷한 사람은 사업을 할 가능성이 있으나, 코에 살이 없거나 코가 못생긴 사람은 사업을 하면 백전백패함을 염두에 두고 참고하기 바라는 마음에서 올려본다.

아래 그림들을 참고 삼아 배우자를 고르는 데 많이 활용하기 바란다. 지금까지 코가 잘생긴 사람이 돈이 없어 고생하는 것은 본 적이 없다. 물론 대운(大運)이나 세운(世運)에서 잘못되기는 해도 오래 지나지 않아 회복하는 것을 많이 보았으니 참고하기 바란다.

〈코 1〉은 콧대가 시원하며 깔끔하고, 콧망울이 힘차게 뻗어 재물운이 매우 좋은 코다. 이런 사람은 실패하더라도 오뚝이처럼 다시 일어나는 기질이 있어 사업에서 성공하는 사람이 매우 많다.

〈코 2〉는 콧대가 높아 자존심이 무척 강하며, 양보하거나 실수하는 일이 거의 없다. 그러나 콧망울이 작아 큰 욕심을 내면 실패할 확

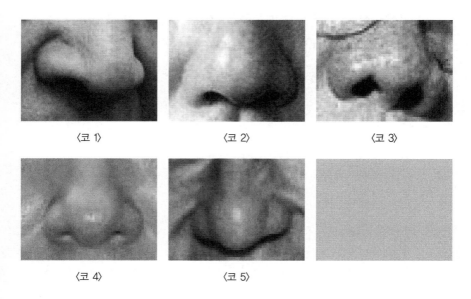

〈코 1〉 〈코 2〉 〈코 3〉

〈코 4〉 〈코 5〉

률이 높으나, 욕심만 내지 않으면 차곡차곡 쟈물을 모은다.

〈코 3〉은 콧대가 아주 두툼하며 콧구멍이 약간 보이지만, 콧망울이 두툼해 실패해도 실망하지 않고 다시 시작해서 꼭 성공하고 만다. 콧구멍이 작기 때문에 돈을 많이 벌고 많이 쓰며, 재물 출입이 많아도 사업가로 크게 성공할 수 있는 코다.

〈코 4〉는 콧대와 콧망울이 잘 어울려 참하고 예쁜 코다. 생활력이 강하고, 쓸데없이 낭비하지 않으며, 재물을 잘 모은다. 한마디로 재물을 불러들이는 재복이 많은 코다.

〈코 5〉는 현담코라 할 수 있으며 큰 재벌이 될 수 있는 코다. 빈손으로 시작해도 반드시 큰 재물을 모은다.

마이크로 소프트사를 설립해 세계에서 최고 갑부가 된 빌 게이츠는 코도 잘 생겼지만 얼굴 전체 균형이 좋다. 어디 하나 나무랄 데가 없는 관상이다.

'멕시코 경제대통령'으로 불리는 카를로스 슬림은 아메리칸 모빌, 카르소 글로벌 텔레콤 등을 경영한다. 그가 소유한 아메리칸 모빌의 주식 가치가 올라 2007년에는 빌 게이츠를 제치고 세계 1위 갑부에 오르기도 했다. 2014년부터는 빌 게이츠한테 1위를 내주었고, 2016년 현재 세계에서 두 번째 가는 갑부다.

빌 게이츠   카를로스 슬림

아만시오 오르테가 　　　　　 워렌 버핏 　　　　　 찰스 G. 코크

아만시오 오르테가는 드라마 같은 삶을 살았다. 13세 때 셔츠 가게 판매보조원으로 출발해 세계에서 3번째 부자가 됐다. 그는 39세인 1975년에 스페인에서 작은 옷가게 '자라' 1호점을 열었는데, 빨리 번성해 오늘날 8개 브랜드를 보유한 기업 '인디텍스'로 성장했다.

오르데카는 부동산 부자로 스페인 근대화의 상징이자 마드리드의 43층 빌딩인 토레피카소를 5억 3600만 달러에 사들였다. 또 미국 플로리다 주 마이애미에 있는 54층짜리 호텔을 비롯해 뉴욕, 시카고, 보스턴, 워싱턴, 샌프란시스코에 여러 빌딩을 보유하고 있다.

워렌 버핏은 어릴 때 신문배달과 마권판매, 식료품 소매점 잡일을 하며 고난의 세월을 보냈고, 우연히 주식에 관심을 갖게 되어 100달러로 시작했다. 해마다 한 번도 빠짐없이 연평균 수익률 23%라는 경이로움을 기록한 사람으로, 주식하는 사람들의 롤모델이다.

찰스 G. 코크 회장의 재산은 17조 원에 이른다. 아버지한테 가업을 물려받아 1967년 이래로 회사 규모를 2000배 넘게 키웠다. 그러나 '은둔의 경영자'로 불리며 종종 논란의 중심에 선다. 비상장 기업으로는 세계에서 1~2위를 다툰다.

지금까지 부자가 되는 코도 보았고, 세계 최고 갑부들의 얼굴도 보앗다. 특히 코가 모두 잘생겼다. 그러니까 결론은 코가 잘생겨야 돈이 들어온다는 것이다. 코가 못생겨도 부자가 되는 사람이 있기는 하지만 근검절약으로 부자가 된 것이다. 그런 의미에서 보면 코는 잘생기고 볼 일이다.

왜 코가 잘생긴 사람들을 보여줬냐면 코가 잘생기지 못한 사람들은 사업을 될 수 있으면 하지 말았으면 하는 마음에서다. 코가 못생겨도 사업을 성공할 수도 있지만, 코가 못생기면 사업을 하지 않는게 가장 좋다. 직장인이 되어 부를 만들어 가야 할 것이다.

직장인도 연봉이 수십억에 이르는 사람이 제법 많다. 말이 수십억이지 몇 년 만 모으면 부자 소리를 듣게 된다. 참고하면서 실패하는 사람이 없기를 기대해 본다.

성형수술 잘못하면 인생 망칠 수도 있다

성형수술 수준은 대한민국이 세계에서 1위라고 한다. 이 말은 우리나라 사람들이 그만큼 성형수술을 많이 한다는 것이다. 성형수술을 많이 하니 의사들이 돈을 벌려고 너나 없이 성형수술을 새롭게 개발해 세계에서 최고라는 평을 듣는다.

특히 중국 사람들이 성형수술을 받으러 우리나라에 많이 온다고 한다. 사람이 예뻐 보이고 잘나 보이려고 하는 것은 본능일 수 있다. 그러나 관상학을 무시한 성형은 바람직하지 않다. 왜냐하면 관상도 그 사람의 운명을 좌우하기 때문이다. 필자가 처음 관상을 배우면서 느낀 것은 역시 옛날 사람들 말이 틀린 것이 없다는 거였다.

사람은 사주팔자대로 살고, 얼굴 생긴대로 산다는 말을 듣고 자랐다. 관상에서는 그 사람의 심성과 밥그릇이 보인다. 기색(氣), 음성(音), 눈의정신(神), 피부(皮)를 보고 판단한다.

관상학 공부를 하면서 주변 사람들 관상을 분석하고 또 분석해보니 관상대로 살지 않는 사람이 없었다. 역시 사람은 생긴대로 산다는 것을 느꼈다. 물론 관상으로 운이 좋은지 나쁜지는 알기 어렵다.

왜냐하면 관상은 말 그대로 얼굴 생김새나 찰색(察色)을 보고 판단해야 하는데, 이 관상이 사주의 운에 따라 변하기 때문이다. 이렇게 변하는데 처음 대하는 사람의 관상을 보고 알 방법은 없다.

관상으로 대운(大運) 같은 것을 알려면 그 사람의 옛날 얼굴도 알아야 한다. 그런데 생전 처음 만난 사람을 보고 당신은 지금 아주 좋은 운으로 흘러간다고 말할 수 없는 것이다. 그래서 관상으로 자기 운을 알고 싶으면 사진을 찍어 보관해뒀다가 알고 싶을 때 먼저 찍은 사진과 비교해서 분석하면 정확하게 풀이할 수 있다.

그래서 필자도 관상을 공부했으나 나중에 역학을 공부하게 된 것이다. 대운(大運)이나 세운(歲運)이 가장 정확한 것은 바로 사주이기 때문이다. 관상으로는 주로 전체적인 운명을 볼 수 있고, 그 타고난 운명을 참고 삼아 내가 가야 할 길을 선택하는 데 도움을 받을 수 있는 것이다.

관상으로 초년운부터 중년운과 말년운을 알 수 있고, 나이에 따라서 운도 알 수는 있지만 그저 참고 자료일 뿐 정확성은 조금 떨어진다고 할 수 있다. 관상에서 운은 찰색(察色)으로 판단하는데, 그 찰색(察色)이 수시로 변하기 때문에 정확성을 기대하기는 어렵다. 앞서와 같은 방법으로 분석해봐야 정확한 운을 알 수 있다. 관상은 수시로 변한다. 그래도 타고난 운명은 바꿀 수 없으며 성형을 잘못하게 되면 타고난 복을 밀어낼 수도 있다는 것을 알아야 한다.

눈썹은 형제간 우애와 건강을 알 수 있고, 수명과도 연관이 있다. 그러므로 눈썹을 그리거나 문신을 할 때는 관상학을 참고해야 한다. 눈썹을 성형한 사람 중에는 눈과 균형을 무시하고 그냥 예쁘게만 한 사람들이 있는데, 이는 타고난 복을 버리고 악운을 부르는 행위다. 주변에 관상을 상담하는 곳이 있을 테니 반드시 전문가한테 조언을 듣고 성형하기 바란다.

눈썹은 길고 가지런하며 광이 나야 좋다. 눈썹이 시작하다 끊긴 경우, 덤썩덤썩한 눈썹, 눈썹이 시작하다 중간에 끊겼다가 다시 시작하는 경우는 건강을 잃거나 명을 재촉할 수 있으니 성형하면 좋은 운을 불러모을 수 있다.

근래에는 아래턱을 뾰족하게 깎는 게 유행이다. 누가 먼저 시작했는지 모르지만 큰일 날 일이다. 아래턱은 재물창고라 말년운을 담당하는 곳으로, 둥글고 통통해야 말년에 부자로 사는데 뾰족하면 재물이 모두 빠져나가게 된다. 유행이라고 무조건 따라하면 절대 안 된다.

이렇게 턱을 뾰족하게 성형하는 사람은 스스로 말년에 거지가 되기를 자청하는 것과 다를 바 없다. 말년에도 돈걱정하지 않고 살고 싶으면 전문가 조언을 듣고 성형하기 바란다. 인기를 먹고 산다는 연예인도 마찬가지다.

가장 많이 성형하는 데가 눈썹과 코다. 눈썹은 첫인상에서 가장 중요하므로 많이 하고, 코는 얼굴 중심부라서 첫인상이 확 달라지는 것을 알 수 있다.

코는 재물을 뜻한다. 위에서 아래로 시원하게 잘 뻗고 콧망울도 도톰하니 힘차게 일어나면 재복 코라 할 수있다. 콧대가 매부리처럼 뼈가 불룩 솟은 코, 비뚤어진 코, 뺑코는 성형하면 재물에 대한 스트레스를 줄일 수 있다.

짝짝이 콧구멍은 재물 사고가 있으니 성형하면 조금이나마 막을 수 있다. 잘못하면 성형을 하지 않은 것보다 못할 수도 있으니 반드시 전문가의 도움을 받기 바란다. 성형하는 의사 중에서 관상을 많이 아는 사람도 있을 수 있으나, 관상학을 연구하는 사람한테 조언을 받으면 가장 정확하게 운명에 도움을 주는 성형수술을 할 수 있을 것이다.

입술은 식복을 말하며 재앙의 출입문, 흡입력이다. 입술은 선이 분명하고 도톰하며, 아래위 배합이 좋아야 하고, 붉고 탄력(수축력)이 있어야 한다. 한마디 말로 사람을 죽였다 살렸다 하는 데가 바로 입술이다. 입술에는 항상 기운이 꽉 차있어야 한다.

맥없이 입을 벌리거나 잠을 잘 때도 입을 벌리지 마라. 좋은 기운 다 빠져나간다. 말을 할 때도 조심조심 해야 한다. 잘못하면 구설수에 휘말릴 수 있다.

음성은 심성과 밥그릇을 나타낸다. 굵고 부드러우며 단전에서 올라오는 긴 울림이 있어야 좋은 음성으로 본다. 말을 할 때는 도, 레, 미 중에서 미 높이로 하면 가장 듣기 좋다. 복식호흡을 열심히하면 단전에서 나오는 좋은 음성이 될 수 있다.

치아는 희며 굵직하고, 가지런하며 광이 나는 게 좋다. 뾰족뾰족하거나 뻐드렁니, 울퉁불퉁하면 성형 대상이다. 입술과 음성과 치아는 한 세트다.

인중은 건강, 수명, 자식, 신뢰를 나타내는데, 이마를 중심으로 쭉 내려와 코를 지나 입으로 흘러가는 물도랑으로 보면 된다. 그 물도랑이 움푹하게 잘 파져있어야 재물이 다른 곳으로 흐르지 않고 내 입으로 모두 들어간다.

인중 골이 움푹 패이고 길고 선명하면 자식운과 수명운이 좋고, 하는 일이 잘 풀려 부귀영화를 누린다. 그렇지 않고 가늘거나 비뚤어지거나 평평하면 남한테 인정받기 어려우므로 사업가로는 적당하지 않으니 기술을 배우거나 자기 재능을 살리는 직업을 선택해야 한 세상 멋지게 살 수 있다.

인중에 점이나 사마귀가 있으면 하는 일이 잘 풀리지 않을 수 있으니 없애는 것이 좋고, 인중 부근에 세로줄이 많으면 살아가는 데 고난이 많을 수 있으니 자신을 더 갈고닦아야 한다. 인위적으로 인중을 움푹 패이게 만들려면 엄지와 검지로 접었다 폈다 하다보면 좀 나아질 수도 있다

관골은 권력을 상징하는데, 푹 들어가거나 지나치게 튀어나와도 좋지 않다. 코와 관골은 한 세트로, 코가 몸이라면 관골은 몸을 감싸주는 옷으로 보면 된다. 코가 잘생겼다고 재물이 많은 것은 아니다. 양옆에 관골이 코 주위를 잘 감싸주면 재물과 명예를 누릴 수 있다. 관골은 위를 향해 잘 발달하고, 눈 끝 부분이 두둑하고 밝으면 아내 덕으로 권력을 쥐거나 부자가 된다고 한다.

관상에서 40%는 몸이, 60%는 얼굴이 차지한다. 몸은 탄력있는 살이 뼈를 잘 감싸고, 반듯하고 넓은 보폭으로 걸으면 건강하게 살 수 있다. 깡충깡충 걷거나 폴짝폴짝 걸으면 비참한 삶을 살 수 있다.

돈복 없는 사람은 돈 안 되는 짓만 한다

돈복 없는 사람을 보면 꼭 돈 안 되는 일에만 신경쓴다. 다른 사람이 보면 절대 아닌데도 본인은 된다면서 사업을 진행한다. 필자의 위장병을 고쳐준, 민간약초를 취급하는 김 선생이라는 사람이 있다. 필자가 그를 만났을 때 30대 후반이었는데, 10여 년 옆에서 지켜보았는데 신기하게도 돈 안 되는 일에 신경을 많이 쓰면서 계획을 세우고 실천한다.

이 사람을 만난 것은 지인 때문이었는데, 어느 날 필자를 찾아와 사주를 봐달라고 한다. 그래서 사주를 뽑아보니 돈벌어서 남좋은 일 시키는 사주다. 그래서 돈복이 없으니 욕심내지 말고 차곡차곡 하나하나 이뤄나가야 한다고 말해주었고, 그후 필자와 한 달에 서너 번은 만나게 되었다.

그래서 그를 정확하게 아는 것이다. 그후 필자가 거처를 옮기는 바람에 만날 기회가 적어졌는데, 2012년 후반기에 만나자고 해서 만나보니 부모한테 증여받은 2억여 원으로 식품전문회사를 설립해 공장은 이미 모두 갖춰가고 있었다. 그래서 필자가 회사를 운영할 자금이 있냐고 물으니, 지금 마지막 공사도 빚을 얻어 하는 것이라고 한다. 그후 2년 정도 지나 그에게서 연락이 왔다. 식품은 많이 개발해 놓았는데 자금이 없어 제품을 만들 수 없다고.

그후 소식을 물어보니 부모한테 증여받은 돈으로 설치한 제품생산 기계들을 은행에 저당잡히고 돈을 빌리려 했는데 잘 안 되어 하나씩 모두 팔아버리고, 이제는 전기도 끊기고 휴대폰 요금도 내지 못해 통화 정지 중이라고 한다.

필자가 생각하기에 그런 제품들은 특수한 거라 필요한 사람이 거의 없을 것이다. 그러니 은행에서 담보로 돈을 빌려줄 리가 없다. 만약 부모의 도움으로 일이 다시 진행된다고 해도 절대 성공할 수 없다. 필자가 그와 상담할 때 부모가 현재 하시는 일을 받아 하라고 한 적이 있다.

그 일은 부모가 닦아놓은 길과 단골들이 있어 망할 일이 없는 일인데도 그것을 할 생각은 않고, 누가 식품사업으로 성공했다는 말만 믿고 시작했으니 답답한 사람이다. 필자가 사주를 얼마나 정확하게 풀이하는지를 알면서도 믿지 않은 것이다. 돈복이 없는 사람들은 이렇게 돈을 활용할 줄 모르고, 시작만 하면 어떻게 되겠지 하는 막연한 생각으로 시작해서 실패한다.

그리고 돈복이 없는 사람은 돈이 생기면 어디다 쓸까를 생각하고 필요한 물건을 마구 사들인다. 특히 로또복권에 당첨된 사람 중에서 실패한 사람들이 돈복 없는 사람이라고 보면 정확할 것이다. 돈복 없는 사람이 큰돈이 들어오니 정신이 흐려져 관리를 잘 못하니 다시 옛날로 돌아가 실패하는 것이다. 돈복이 없으니 돈이 많으면 관리를 잘 못한다. 그러니 돈이 붙어있을 리가 없다.

그런데 돈복 있는 사람들은 돈이 들어오면 쓸 생각보다는 활용하거나 오랫동안 보관할 생각을 한다. 생각하는 차원이 완전히 다른 것이다. 그래서 부자가 될 사람의 생각은 다른 것이다. 돈복이 없는 사람이 부자가 되는 방법은 내 능력을 최대한 활용하면서 열심히 노력해야 한다.

다음 사주는 돈을 너무 많이 벌어 폐암에 걸려 죽은 사람인데, 이름을 밝히는 것은 고인에 대한 예의가 아니므로 예만 들기로 하겠다.

時	日	月	年		65	55	45	35	25	15	5
壬	庚	丁	庚		甲	癸	壬	辛	庚	己	戊
午	午	亥	辰		午	巳	辰	卯	寅	丑	子

이 사주의 특징은 재물은 하나도 보이지 않고, 화(火)만 많다. 화(火)는 관성(官星)으로 조직에 들어가야 크게 성공할 수 있는데, 연예인이 되었다. 이런 경우 용신(用神)을 주장하는 이들은 수(水)를 용신(用神)으로 본다.

그렇게 보는 것은 시천간(時天干) 임수(壬水)는 이미 월천간(月天干) 정화(丁火)와 눈이 맞아 이미 그 기능을 많이 잃은 상태면서 목(木)으로 변해 오히려 화(火) 불길에 기름을 붓는 역할을 하니 불길만 더 타올라 불길을 잡을 월지(月支) 해수(亥水)를 용신(用神)으로 본다.

관성(官星)이 많은 사주는 인성운(印星運)이 와야 가장 좋은데, 기미년(己未年)에 강한 인성운(印星運)이 와서 방송에서 하루 아침에 스타가 되어 빛을 보기 시작하면서 엄청나게 돈을 많이 벌게 되었다.

문제는 이 사람한테 돈은 목(木)이라는 것이다. 목(木)은 나무 아니던가. 그러니 불길은 점점 더 타오르는데, 그 불길을 잡아주는 해수(亥水)가 한눈을 파는 운에는 생명이 위험해 지는 것이다.

해수(亥水)가 제 역할을 하지 못하게 하는 운이 세운(歲運)이면 피할 수도 있는데, 대운(大運)에 그만 해수(亥水)의 숙적인 사화(巳火) 대운(大運)이 왔으니 경금(庚金)인 일간(日干)이 버틸 수 없다. 대운(大運)은 10년 주기로 오는데 이 사화(巳火) 대운(大運)이 5년을 버티니, 해수(亥水)가 능력을 잃어버려 살아남을 방법이 없다.

금(金)은 폐와 대장에 해당하는데, 이 사람은 밤업소에서 일하다 보니 폐가 좋을 리가 없고, 운에서마저 폐를 치니 폐암에 걸려 운명을 달리했다. 돈이 많아도 안 되는 사주가 분명히 있다.

이런 사주는 돈을 쌓아두면 안 된다. 돈이 들어오는 대로 써야 한다. 그런데 사람 마음이 어디 그런가. 돈이 들어오면 자꾸 더 모으려고 하는 것은 당연하다.

그래도 자신이 돈이 많으면 안 되는 사주라는 걸 알면 먹고살 만큼만 지니고, 나머지는 내 목숨을 구한다는 의미에서 버려야 한다. 아깝지만 내 목숨보다 더 중요하겠는가. 이럴 경우 용신론자(用神論者)들은 사화(巳火) 대운(大運)이 해수(亥水) 용신(用神)을 극하는 바람에 이 사람이 죽었다고 할 것이다. 천만의 말씀이다.

이 사람은 수(水)가 많아도 죽는다. 왜냐하면 물(水)이 많으면 불(火)이 꺼지니 이 역시 죽음이다. 이런 사주는 물(水)이 많아도 안 되고, 목(木)이나 불(火)이 많아도 안 되는 특이한 사주다.

다른 것은 고사하고 이렇게 불(火)이 많은 사주는 그 불 때문에 다치는 장기가 폐와 대장이다. 불(火)이 많은 사람은 담배를 잘 피우지 않는데, 이 사람은 담배를 즐겨 피운다.

담배도 불에 해당하지만 그렇게 큰 피해를 주지는 않았을 것이라고 보지만 전혀 영향을 미치지 않았다고 할 수는 없다. 이 사주는 돈이 많아지면 많아질수록 폐나 대장 기능이 약해질 수밖에 없다. 그것을 모르고 돈버는 일에만 매달렸으니 생명을 부지하기 힘들다.

사람마다 체질이 다르고 개성이 다르듯이 사주 구성도 사람마다 모두 다르다. 이 사람도 자기 운명을 제대로 풀이해 주는 사람을 만났더라면 천수를 누릴 수 있었을 텐데 그러지 못한 모양이다. 사주의 운대로 불(火)을 잡아주는 물(亥)이 그 힘을 발휘하지 못해 그만 폐암에 걸렸고, 이 세상을 하직하게 된 안타까운 사주다.

재물도 가질 만큼만 가져야 한다. 내 그릇은 종지기인데 큰 김치 항아리로 착각하지 말라는 것이다. 창조주가 이 세상에 내려보낼 때 임무를 주었으며, 그 임무대로만 열심히 살면 한평생 행복하게 살 수 있는데 그저 큰돈을 벌려고 하는 사람들이 대부분이다. 물론 돈이 많으면 돈으로 자유를 얻을 수 있겠지만, 다른 일로 나를 고통스럽게 만들고 내가 죽을 수도 있음을 알아야 한다.

필자가 아는 사람 중에 사업을 하며 잘 나갈 때 찾아오는 사람들 때문에 고생을 많이 했는데, 사업에 실패하고 나니 한 사람도 찾아오지 않는다고 하면서 "돈이 없으니 이렇게 편안한 것을"이라고 한다. 물론 살아가는 데 돈이 없으면 안 된다. 그리고 돈이란 것이 얼마나 눈이 밝은지는 다 알 것이다. 자기를 알아주는 사람에게만 반드시 간다.

최선을 다하면서 재미있게 살아가면 되지, 돈돈돈 하면서 살지 않았으면 좋겠다는 생각에 이 사주를 올려본 것이다. 내가 돈이 많으면 죽을 수도 있으니 욕심내지 말고 재미있게 사는 방법이나 연구해 보기를 바라는 마음이다.

재물복 없으면 굶어죽어야 하나

사주에서 가장 중요한 것은 재물복이 있느냐 없느냐라고 앞에서 말한 바 있다. 재물복이 있는 사람은 실패해도 어디선가 돈이 들어오고, 돈이 없다가도 쓸 일이 생기면 어디선가 들어온다. 참으로 묘한 일이다. 그런 사람들과 상담해 보면 그래도 돈걱정을 하면서 살아간다. 필자가 돈걱정하지 마시고 취미생활이나 즐기면서 재미있게 살라고 권해도 돈걱정만 한다.

어쨌던 재물복이 많은 사주가 제일 좋은 사주임은 틀림없다. 그러면 재물복이 없는 사람은 어떻게 살아야 하는가. 재물복이 없으면 자기 능력과 노력으로 살아가야 한다.

다시 말해 사업하면 안 되고 조직사회에서 활동해야 한다. 조직사회란 국가부터 시작해서 모든 회사가 포함된다. 그렇지 않으면 기술을 배워 활용을 하거나, 아니면 육체노동을 해야 한다. 그렇지 않고 사업을 하지 않으면 안 되는 상황이 된다면 앉아서 상품을 판매하는 일은 실패하게 될 것이니, 내가 직접 손님을 찾아다니면서 상품을 판매하는 일을 해야 한다.

　그 다음 직업으로는 인맥이나 능력을 최대한 활용하면서 사는 게 가장 좋다. 상담할 때 보면 실패하는 사람 대부분이 재물복은 없는데 재물을 탐해 사업을 한 사람들이다. 재물복이 없는 사람이 사업을 해서 성공하는 경우가 없다고 볼 수는 없지만, 그중에서 재물복이 없어도 사업을 해서 성공하는 사람은 사주에서 원하는 직업으로 사업을 하게 되면 묘하게도 잘 된다.

　그런데 이렇게 해서 재물이 쌓이면 하는 일을 접고 새로운 사업을 시작하다 실패하기도 한다. 사주에서 원하는 직업에서 벗어나면 실패하는 것은 어쩌면 당연한지도 모른다.

　돈복이 없다고 평생 돈을 벌지 못하는 것은 결코 아니다. 일시적인 운으로 떼돈을 버는 경우도 있다. 그런데 묘한 것이 계속해서 사업이 번창하면 좋은데, 운이란 나쁘게 흐르면 어느 날 빈털터리가 되어 있는 자신을 보게 된다. 이때는 후회해도 이미 늦었다. 그런데 그런 운이 또다시 오면 좋겠는데, 운이란 놈은 한번 가면 다시는 돌아오지 않으니 어쩌나.

　돈복이 없는 사람을 상담할 때 "당신은 이러이러하니 이번에 돈을 벌면 더는 사업하지 말고 평생 그 돈을 관리만 하면서 살아가야 합니다. 만약 당신이 계속 사업을 하면 반드시 실패할 테니 명심하십시오"라고 말을 해줘도 결코 믿지 않으면서, 뒤돌아 서서 '미친놈 지랄하고 있네' 하면서 가버릴 것이다. 그리고 몇 년 뒤에 다시 찾아와 어떻게 하면 좋겠느냐고 하소연한다. 이때는 이미 늦었으니 동숙의 노래나 불러야 한다.

운이란 놈은 정확하게 왔다가 정확하게 가버린다. 한번 운이 좋으면 계속 좋을 것으로 착각하고 살다가 어느 날 완전히 실패한 뒤에라야 아하! 하고 느낀다. 운이란 것을 느낄 때가 되면 이미 그 사람의 수중에는 돈이 바닥나 있고, 재기할 능력을 다 잃어버린 상태다.

사주는 절대 실수하지 않는다. 신이 저 위에서 내려다보고 있다가 사주의 운과 맞추려고 수단과 방법을 가리지 않고 쫄딱 망하게 만든다는 사실을 알아야 할 것이다. 사람 미치고 환장할 일이다.

그런데 그렇게 되는 것을 어떻게 하나. 사주는 절대 실수하지 않으니 어느 정도는 믿고 참고하기를 바라는 마음 간절하다. 시간과 비용을 투자하면서 상담해 놓고 무시하는 사람도 간혹 있다. 그러다가 다음에 올 때는 후회한다.

사주를 풀이하는 사람에 따라 해석이 다를 뿐이지, 정확하게 해석한다면 사주는 참고할 만한 값어치가 있는 신의 학문이며, 사주 테두리에서 벗어날 수 없다. 다시 말하면 사주라는 큰 틀에서 벗어날 수 없다는 것이다.

상담하다 보면 40대 중반 이후에서 가장 안정되게 사는 사람들은 대개 직장인이다. 직장에 다니면 월급을 많이 받지 못한다고 하면서 사업을 하려는 사람이 많은데, 직장생활을 꾸준히하면 먼 훗날에는 더 안정되고 편안한 삶을 산다는 것이다.

가까운 일본에서는 노동법을 개정한 후부터는 기술력 있는 사람들이 월급을 더 많이 받는 것으로 안다. 우리나라도 아마 그렇게 가지 않을까 생각해보면 기술을 배우는 것이 훨씬 유리하리라고 보며, 기술을 배워두면 노동력이 떨어질 때까지 활용할 수 있다.

특히 특수한 기술을 배우면 다른 사람보다 더 많이 받을 수 있으니 기술을 배우는 게 가장 좋다고 생각한다. 성적 순으로 대학에 갈 바에는 기술계로 가서 기술을 배우는 게 살아가는 데는 많은 도움이 될 것이다. 다음 동물이 지지(地支)에 있는 사람은 다른 사람보다 빨리 기술을 배우고 재미도 있을 것이다.

원숭이(申), 개(戌), 양(未), 닭(酉) 등이다. 사주 어디에 있든 좋고, 기술에 뛰어난 재능을 타고난 사람들이다.

사주에서 가장 중요한 것

사주라고 하면 대부분 먼저 좋은가, 나쁜가를 묻는다. 물론 좋은 사주를 갖고 이 세상에 온 사람도 있다. 그보다 더 좋은 사람은 좋은 부모를 만나 금수저로 태어나 자기가 하고 싶은 대로 하면서 살아가는 사람들이다.

그렇지만 평범한 사람에게는 아무 소용없는 말이다. 평범한 사람들은 주어진 삶에 최선을 다하면서 열심히 살아간다. 그런데 그렇게 열심히 살아도 가난에서 벗어나지 못하는 사람들이 있다. 그들은 왜 노력한 만큼 부를 이루지 못하고 가난하게 사느냐 하는 것이다. 이 문제에 대한 답은 바로 하늘에서 주어진 임무대로 살아가지 못해서라고 감히 말할 수 있다.

하늘에서 주어진 임무라는 것이 무엇이냐 하면 사람이 이 세상에 내려올 때 신한테 부여받은 임무가 있다는 것이다. 사람이 그 임무가 무엇인지도 모르거나, 과욕 때문에 사업을 하다가 실패해 헤어나지 못하기도 한다. 그래서인지 몰라도 창조주이신 신께서 능력 있는 사람을 통해 이 세상을 창조한 프로그램인 음양오행(陰陽五行)을 사람들에게 알려준 것이다. 사주에서 원하는 직업이 바로 하늘이 내려준 임무다.

그런데 사람들은 사주를 믿기보다는 불신하고, 잘 나갈 때는 더 믿지 않는 경향이 짙다. 그리고 과학을 배우면서 자라 눈에 보이지 않는 것은 잘 믿지 않는다. 필자도 그런 사람이었다. 열심히 노력하면 이룰 수 없는 게 없다고 생각하면서 열심히 살았는데 노력하는 대로 이뤄지지도 않고 이상한 방향으로 흘러 되는 일이라고는 없으니 참 환장할 일이다.

하여튼 사람이 살려면 먹을 게 있어야 하고, 먹을 것을 살 돈이 있어야 한다. 돈이 필요하면 벌어야 하는데, 돈을 버는 방법이 여러 가지가 있다. 그 여러 가지 방법이 바로 직업이다. 어떤 직업을 선택하느냐에 따라 사주에서 흔히 말하는 대운(大運) 작용력도 달라지고, 내가 선택한 직업에 따라 돈을 잘 벌 수도 있고 못 벌 수도 있다.

이 직업을 아는 방법이 여러 가지가 있는데, 가장 중요한 것은 사주에서 원하는 직업을 선택하는 것이 가장 좋다는 것이다. 사주에서 원하는 직업을 선택해 그 길로 가면 큰 어려움 없이 한평생을 재미있게 살지만, 잘못되면 가난에서 벗어나기 어려워 힘들게 생활하게 된다.

농사를 지어야 할 사람은 농사를 지어야 하고, 기술자가 되어야 하는 사람은 기술을 배워야 하고, 권력을 쥐어야 하는 사람은 권력을 쥐는 일을 하면 되도록 이 세상이 프로그램화 되어있다. 만약에 사주에서 원하는 길에서 벗어나면 반드시 그에 따른 좋지 않은 일이 생기는 것을 많이 보았다.

특히 재물복이 없는데도 사업을 하면 크게 성공할 거라고 착각하고 사업을 한 사람 중에서 성공한 경우는 거의 본 적이 없다. 간혹 있어도 그런 사람들은 사업을 한 것이 아니라 남들이 잘 모르는 특수한 일을 해서 그런대로 생활하는 사람으로 극히 드물다.

사주가 좋다는 것은 재물복이 있다는 것이고, 사주가 좋지 않다는 것은 재물복이 없음에도 사업을 하는 사람들이다. 재물복이 없으면 무조건 직장인이 되어야 한다. 직장인이 되지 않고 사업을 하면 나중에 반드시 후회할 일이 생긴다. 재물복이 없어도 일시적으로 돈을 벌지는 모르지만 악운을 만나면 반드시 실패한다.

필자가 사주를 공부하면서 대운(大運)에만 치중했는데, 대운(大運) 공부를 하다보니 어떤 사주는 대운(大運)이 맞는 것 같고, 어떤 사주는 맞지 않는 것 같고 하던 차에 느낀 것이 바로 직업에 따라 대운(大運) 작용력이 달라진다는 것이다.

예를 들면 사주가 같은 두 사람이 있다고 하자. 한 사람은 사업을 하고, 한 사람은 직장에 다닌다고 가정해보자. 사업을 하는 사람이 사업에 실패하는 대운(大運)에 직장에 다니는 사람은 최고 자리에까지 오르게 된다는 사실이다. 이러한 원리를 아직도 모르는 많은 역학인들이 아직도 대운(大運)에만 매달리는 현실이 안타깝다.

사주에서 가장 중요한 것은 바로 적성에 맞는 직업이다. 우리나라 교육제도는 성적으로 진학하는데, 성적으로 가는 학과가 마음에 들리 만무하고 사주에서 원하는 직업은 더구나 아닐 것이다. 그리고 공부를 잘하면 인기 학과나 돈 많이 버는 학과를 선택해 가게 되는데 이 선택이 잘 되면 다행인데 직업 선택이 잘못되어 대기업에 취직해도 30% 정도가 이직하는 것으로 알고 있다. 공부를 잘해도 전공과목을 잘못 선택하면 그 전공과목으로 돈벌이를 할 수 없다는 것이다.

사주를 몰라도 자기 적성에 맞는 직업을 선택하는 것이 매우 중요하고, 성적대로 원하지 않는 과목을 선택하는 것도 문제라면 문제다. 성적대로 진학했다가 중도에 포기하는 학생도 많이 보았지만, 대학교를 나와서인지 자존심인지 기능인 사주인데도 기능인이 되려고 하지 않고 사무직 취직시험을 쳐도 합격이 잘 되지 않는다.

취직하기가 하늘에 별따기라고 하는 현 시점에 성적이 좋지 않으면 하루라도 빨리 기술을 배우는 게 낫지 않을까 생각해본다. 대학교에 꼭 가야 할 이유가 없으면 말이다.

이런 폐단을 없애는 데 조금이라도 도움이 되었으면 하는 바람으로 쓴 책이 『스스로 공부하는 방법과 천부적 적성』이고, 그후에 직업론을 참고했으면 하는 바람으로 쓴 책이 『참역학은 이렇게 쉬운 것이다─완결편』이다.

이 두 권이 바로 운명을 제대로 갈 수 있는 지침서다. 지금 현 시대에는 공부를 못하면 할만한 직업이 별로 없다. 그래서 대학에 가려고 하는데 그런 생각도 없이 대학교를 그냥 가는 사람도 있다. 남이 가니까 나도 가야 한다는 심정으로 말이다.

그래서 사주는 태어나면 바로 보는 것이 가장 좋을 수밖에 없다.

그래야만 그 아이의 모든 것을 알 수 있으니 아이를 제대로 성장하는데 많은 도움을 받을 수 있기 때문이다. 부모들이 조금만 더 자녀에게 관심을 갖는다면 자녀의 재능을 알아볼 수 있을 텐데 부모들도 먹고살기 위해 돈버는 일에 마음을 더 쓰다보니 자녀들에게 관심을 가질 마음의 여유가 없을 수도 있다.

그래도 자녀를 위하는 마음이 조금이라도 있다면 자녀에게 관심을 갖고 지켜봐야 할 것이다. 사주에서 가장 중요한 것은 바로 직업이라는 것을 명심하고 또 명심해야 한다. 참고 삼아 『스스로 공부하게 하는 방법과 천부적 적성』 목차를 올려본다.

1. 이 세상에는 공짜가 절대로 없다는 것이 최고의 동기부여다
2. 6년간만 목숨을 걸고
3. 자녀들의 미래 청사진을 보여주어야 한다
4. 자녀는 부모의 거울이다
5. 기초 공부를 확실하게 해야 한다
6. 스스로 공부하는 습관 길러주는 방법
7. 적성을 외면하는 것은 자신의 행복을 버리는 지름길이다
8. 음식을 골고루 섭취해야 뇌가 발달하고 건강하다
9. 꿈과 목표를 잃어버린 아이들
10. 아침에 공부 잘되는 사람과 오후에 공부가 잘되는 사람이 따로 있다
11. 진로 선택은 빠르면 빠를수록 좋다
12. 적성검사를 하지 않고 재능이나 적성을 알아보는 방법

13. 직업에 따른 적성검사

14. 이 세상에 귀하지 않은 존재는 없다

15. 이 세상을 움직이는 사람은 전체의 20%다

『스스로 공부하게 하는 방법과 천부적 적성』 중에서 중요한 것만 인용해보겠다.

이 세상에는 절대 공짜가 없다는 것이 최고의 동기부여다. 동기부여란 사람을 비롯해 모든 생물체로 하여금 스스로 행동을 하도록 만드는 것을 말하며, 자신이 원하는 무엇인가를 얻기 위한 목적 의식이 강하게 일어나도록 하므로 목적을 달성하기 위한 행동을 스스로 하도록 하는 메시지다. 동기를 갖도록 하는 메시지 내용에 따라 동기부여 반응이 다를 것이다. 다시 말하면 어떠한 반응을 원하느냐에 따라 동기부여를 주는 메시지가 달라진다는 것이다.

서커스에서 재주를 부리는 동물을 많이 보았을 것이다. 그중에서도 불을 무서워하는 호랑이가 자기 몸 하나만 겨우 빠져나갈 수 있어 보이는 둥근 가시철망이 불타고 있음에도 그 속을 통과하는 것을 보았을 것이다.

호랑이가 불을 무서워하지 않고 불타는 가시철망을 통과할 수 있는 것은 조련사가 그렇게 훈련시켰기 때문이다. 말을 알아듣지 못하는 호랑이를 훈련시킨다는 것은 어렵고도 어려운 일이다. 더군다나 호랑이가 조련사를 해칠 수도 있으니 위험 부담도 있다.

그러나 호랑이 생존에 필요한 먹이와 칭찬을 메시지로 동기부여를 하여 호랑이를 훈련시키는 것이다. 그렇게 훈련한 결과가 바로 호랑이가 관객들에게 보여주는 여러 가지 재주다.

맹수의 왕인 호랑이가 조련사의 말이나 행동에 따라 움직이게 만드는 것은 바로 맛있는 먹이와 손으로 쓰다듬으며 주는 칭찬뿐이다. 이 두 가지로 호랑이만이 아니라 엄청난 무게를 가진 코끼리, 무서운 이빨을 가진 악어나 하마, 원숭이, 돌고래 등 수많은 동물을 훈련시켜 조련사의 말과 행동에 따라 관객들에게 온갖 재주를 보여주게 만드는 것이다.

이렇게 많은 동물을 음식과 칭찬으로만 움직인다는 것이 믿어지지 않을 것이다. 그러나 사실임을 부정할 수도 없다. 물론 체벌을 가하기도 하고 채찍으로 겁을 주기도 하지만 동물들을 조련사의 말이나 행동에 따라 움직이게 만드는 것은 음식과 칭찬 둘뿐이다.

여기서 음식은 동물을 조련사의 말에 복종하게 만드는 동기고, 그 동기를 계속해서 유발하도록 하는 것이 바로 칭찬이다. 여기서 보여주는 동기의 메시지는 동물을 조련사의 말에 복종해 재주를 관객들에게 보여주도록 하는 것이다.

조련사가 시키는 대로 하면 맛있는 음식을 주는 것을 반복하다 보면 어느 사이에 동물은 자기가 조련사의 말에 따라 움직이지 않으면 얻어먹지 못한다는 것을 알게 되고, 자연스럽게 조련사의 말에 따라 움직이는 것이다. 게다가 보너스로 조련사가 쓰다듬어 주면서 칭찬을 아끼지 않으니 더욱더 조련사의 말을 잘 듣는 것이다.

제대로 메시지가 담긴 동기를 부여해 말 못하는 동물도 사람이 원하는 대로 움직이게 하는데 하물며 만물의 영장인 사람은 동물보다는 훨씬 더 쉽게 동기를 줄 수 있고, 본인이 알아서 행동하게 만들 수 있을 것이다. 동물은 생각이 없고 사람은 생각이 있다는 차이가 있겠지만 그야말로 생각의 차이라고 본다.

사람도 지도자에 따라 그 능력이 나타나고 평가되는 경우가 많다. 우리나라가 2002년 이전에 5회나 월드컵에 출전했지만 단 한번도 이기지 못했다. 특히 1986년 멕시코 월드컵 이후에는 4회 연속 출전했으면서도 말이다.

그러던 우리나라가 2002년 월드컵에서 4강에 오른 것은 기적이다. 그러나 그것은 기적이 아니었다. 우리나라 축구 감독을 맡은 히딩크라는 명감독이 있었기에 4강이라는 고지까지 올라갈 수 있었던 것이다.

우리나라가 4강까지 올라갈 수 있었던 것은 히딩크라는 명감독이 우리 선수들이 저마다 갖고 있는 재능과 적성을 제대로 분석하고 지도했기에 가능했다고 말해도 부정할 사람은 아마도 없을 것이다.

한때는 히딩크 감독의 지도 방법을 배워야 한다는 신드롬이 생기지 않았던가. 히딩크가 우리나라 축구감독을 맡으면서 한 말이 있다. 우리나라 축구선수들은 충분한 가능성이 있다고 믿었고, 그는 그 믿음을 실제로 월드컵 4강이라는 신화로 보여준 것이다.

우리 아이들도 충분한 재능과 가능성을 갖고 있다. 다만 부모들은 아직 그 가능성을 모르고 부모들 욕심만 낼 뿐이다. 그리고 아이들의 가능성을 우리는 믿어야 하며 그 믿음을 갖고 꾸준하게 아이들의 재능과 적성을 알고자 하는 많은 노력이 필요하다. 그 노력을 아끼지 말아야 할 것이며 아이들을 위해 최선을 다해야 한다.

사람한테 먹는 음식을 갖고 동기부여를 할 수는 없을 것이다. 다른 방법을 찾아야 한다. 물론 음식도 전혀 도움이 되지 않는 것은 아니다. 아이들이 열심히 공부하고 나면 그 보상으로 맛있는 간식을 주는 것은 아주 좋은 동기부여의 한 방법인 것은 사실이기에 말이다. 동기부여를 찾는 일은 다음으로 미루고, 왜 동기부여를 해야 하는가를 먼저 생각해보기로 하자.

해방 이후 6·25전쟁을 겪던 시절에는 자녀 교육보다 먹고사는 게 더 급했다. 그래서 자녀 일에 관심을 보일 수 있는 일이 별로 없었으나 지금은 경제적으로 안정되고 생활수준이 좋아지고 인구도 많이 늘어났다.

새로운 기업과 일자리가 생기지만, 늘어나는 일자리 숫자보다 취업하려는 사람이 더 많아지니 자연스럽게 경쟁률이 높아질 수밖에 없으니 머리를 싸매고 좋은 학교에 가려고 안간힘을 쓰는 것이다.

사정이 이러하니 부모들의 영원한 숙제며 최고 관심사는 어떻게 하면 내 아이를 좋은 학교에 들여보내고 사회적으로 성공시킬 것인가 하는 것이다.

사회생활을 시작하려고 준비하는 아이에게는 일생을 좌우하는 매우 중요한 일이며, 필히 해야만 하는 것이 공부다. 유치원에서부터 시작해 대학교까지 일반적인 과정이다. 아이를 위해서 기러기 아빠도 마다하지 않는 사람이 점점 늘어나는 추세다.

여기서 끝나지 않는다. 대학교를 졸업하고 나면 취업에 매달려야 하고, 일부는 대학원에 가거나 유학을 가기도 한다. 이 모든 것이 모두 부모의 뒷바라지가 있어야 가능한 일들이다.

공부를 시작하려는 아이들이나 현재 공부하는 아이들에게 동기부여를 하는 것은 이미 성인이 된 사람에게 동기부여하는 것과는 그 의미가 다르다. 이미 성인이 된 사람에게 부여하는 동기는 현재 상황에 따라 그 동기가 달라질 것이며, 하는 일이나 직업에 따라 동기부여를 하는 방법이 다를 것이다.

그렇지만 사회생활을 하려고 준비하는 아이들은 목적이 일률적이다. 열심히 공부해 좋은 직장에 들어가서 돈을 많이 버는 일이다. 목적이 같으니 동기부여 방법도 동일하다. 다만 현재 상황은 제각기 다르니 현재 상황을 참고해서 동기부여를 해야 할 것이다.

아이들을 지도하는 선생님이나 부모가 아이들을 위해 최선을 다해 지도한다고 해도 아이들이 선생님이나 부모의 강요에 의해 마지못해 공부한다면 보나마나 그 성과는 아주 미미할 것이다.

무슨 일이든 자기가 하고 싶어서 하는 일은 가벼운 마음으로 신나게 일을 하니 일의 능률은 엄청나게 좋아지겠지만 자기가 하기 싫은 일을 하면 자기도 모르게 짜증나고 스트레스만 받으니 일이 손에 제대로 잡힐 리가 없고 일의 능률은 떨어질 수밖에 없다.

자기가 하는 일에 신명나는 사람은 기분이 좋으니 건강할 것이고, 스트레스만 받는 사람은 질병에 걸릴 확률이 높아지니 하는 일이 마음에 드느냐 들지 않느냐에 따라 건강까지 좌우하게 된다.

이렇게 스스로 일을 알아서 기분 좋게 하는 사람과 하기 싫은 일을 억지로 하는 사람과는 일의 능률면에서나 심적인 부담과 건강에까지 엄청나게 차이가 난다는 것을 모르는 사람은 없을 것이다. 그러나 사람이다보니 하기 싫은 일을 해야 할 때도 있다.

그중에서도 가장 중요한 것이 바로 자기 자신을 개발하고 발전시키는 공부다. 그런데 공부하지 않으면 안 되는 아이들은 그 정도가 더 심하다. 한참 뛰어놀아야 할 아이에게 공부하라고 강요하니 아이들은 하기 싫은 공부를 억지로 하니 그 심적 부담과 스트레스로 오히려 아이들의 심성과 건강을 망칠 수도 있다.

그러나 스스로 공부할 여건이 조성되어 스스로 알아서 기분 좋게 한다면 심적 부담은 물론 스트레스도 받지 않을 것이며, 성적이 좋아지면 기분도 한없이 좋아질 것이다. 아이들에게 심적 부담과 스트레스를 줄 것인가, 기분 좋게 스스로 공부하게 할 것인가는 부모의 생각과 노력에 달려 있다. 부모들이 아이들에게 어떻게 공부하도록 할 것인가에 따라 자녀의 일생이 결정되는 것이다.

어느 부모가 자녀를 나쁜 길로 가라고 하겠냐만 부모 자신도 모르게 자녀들을 고통의 구렁텅이로 밀어넣을 수도 있다는 것이다. 자녀를 훌륭한 인재로 키우려면 부모도 자녀가 공부하는 기간 만큼은 자녀와 함께 노력해야 한다고 생각한다.

결코 쉬운 일은 아니지만 부모와의 인연으로 이 세상에 온 아이가 아닌가. 이 세상에서 믿고 의지할 사람은 부모밖에 없다. 믿고 의지하는 부모가 아이들을 외면하면 아이들은 갈 곳이 없어지고 만다. 아이들이 스스로 공부할 수 있는 동기의 메시지를 연구하고 연구해 아이들에게 전달해 아이 스스로 열심히 공부하도록 최선을 다해 도와주어야 한다.

자녀의 성적을 올리는 데 가장 기본이 되며 가장 중요한 것이 바로 자녀 스스로 공부하는 것이며, 자녀들이 스스로 공부할 수 있도록 하는 메시지를 아이들에게 전달해 아이들이 스스로 공부할 수 있는 동기를 부여하는 일이 다른 어떠한 학습 방법보다 중요하다. 남이 시켜 억지로 하는 것이 아니라 자신을 위해 스스로 공부할 때 머릿속에 쏙쏙 기억되어 학습 효과가 가장 좋다.

동기가 없는 일은 없다. 배가 고프면 밥을 먹는 것도 배가 고프다는 동기가 있기 때문이고, 잠을 자는 것도 몸이 피곤하다는 메시지를 보내니 잠을 자야한다는 동기가 생겨 잠을 청하는 것이다. 동기가 있어야만 사람은 행동하게 되어있다. 그런데 그 동기를 어떻게 강한 메시지로 보내느냐가 중요하다.

특히 공부를 하는 목적만 있어서도 안 될 것이고, 돈 많이 벌고 행복하게 살고 싶다는 욕망만 있어도 안 될 것이다. 동기를 불러일으킬 수 있는 메시지가 강력해서만 되는 것이 아니다. 구체적이고 자세하게 전달해야 한다. 그래야 그 말들이 동기가 되어 스스로 공부하고 싶은 욕망이 가슴속 저 밑바닥에서부터 솟아날 것이다.

하지만 어린아이들이 스스로 공부 필요성을 깨닫기란 그리 쉬운 일이 아니다. 살아있는 모든 생명체는 육체를 피곤하게 만드는 것보다 우선 자신이 재미있게 노는 것을 즐기고, 편안한 것을 즐기기 때문에 한창 뛰어놀아야 할 아이들에게 출세해야 한다, 좋은 직장을 가져야 한다, 행복하게 잘 살아야 한다 등의 이유가 마음에 와닿지 않는다.

결국 부모가 도울 일은 동기부여와 함께 긍정적인 생각과 확고한 자존심을 갖게 하는 것뿐이지 부모가 대신 공부를 해줄 수는 없는 일이다. 부모나 교육을 지도하는 사람들이 구체적이고 확고한 메시지를 아이들에게 전달해 아이 스스로 자기 자신에게 동기를 부여해 스스로 공부해야겠다는 강력한 욕구가 솟아나도록 해야 아이의 학습능력이 오를 것이고, 아이는 스스로 생각하고 결정하는 능력을 갖게 될 것이다.

동기부여란 성취하리라는 믿음과 기대에서 생기는 욕구라고 할 수 있으며, 강력하게 일어나는 성취 욕구가 그 사람으로 하여금 행동하게 만드는 동력이 되는 것이다. 구체적이고 확고한 메시지를 아이들에게 전달해 동기부여가 아무리 잘 되어도 실천하지 않으면 동기부여가 오히려 불안감을 조성할 수도 있다. 아무리 작은 일이라도 행하지 않으면 이룰 수 없듯이 생각만 해봐야 머리만 아프지 아무 도움이 되지 못한다. 노력한 대가는 반드시 있으며, 노력하지 않고 얻는 것은 아무것도 없다.

우리가 살아가는 이 세상에는 공짜란 절대 없다. 아침에 먹는 밥이나 반찬도 그만한 돈을 지불하고 얻은 것이며, 지금 입은 옷도 그만한 대가를 지불하고 입은 것이다. 지금 살고 있는 집, 재미있는 책, 간식, 컴퓨터, 책상, 자동차, 신발 등 돈이나 노동력을 지불하지 않고 얻은 것은 하나도 없다. 심지어는 우리가 숨쉬는 공기가 공짜인 것 같지만 절대 공짜가 아니다.

사람은 음식과 공기를 얻어 존재하며 살아가면서 이 대자연의 변화에 한몫하고 있다. 음식은 섭취한 후에 소화기관을 통해 소화를 시킨 후 필요한 영양소만 섭취하고 나머지는 밖으로 내보낸다. 바깥으로 나온 음식 찌꺼기는 아주 좋은 퇴비가 되어 다른 생명체가 살아가는 데 도움을 준다. 그리고 사람은 공기 속에 있는 산소를 들이마시고 탄산가스를 내놓는다.

그런데 사람이 만든 탄산가스를 필요로 하는 매개체가 반드시 있으며, 탄산가스를 마셔야 생명을 이어가는 매개체는 탄산가스를 마시고 산소를 내놓는다. 그러므로 공짜라고 생각하는 공기도 절대 공짜가 아니며, 사람은 탄산가스를 만들어 내놓는 대가를 지불해 산소를 들이마실 권리를 갖게 되는 것이다.

이와 같이 우리는 아무 대가없이 무엇을 얻지 못하며, 아무것도 받지 않고 무엇을 그냥 주지도 않는다. 이러한 교환원리를 전적으로 인정하지 않거나 믿지 않고 공정한 교환을 전제로 하지 않는 한 우리는 강한 동기부여 시도를 성공시킬 수 없을지도 모른다.

동기부여를 성공시키려면 아이에게 이 세상에는 공짜가 없음을 철저히 인식시켜야 할 것이며, 내가 반드시 뭔가를 주어야 내가 원하는 것을 얻는다는 것을 확고하게 심어줘야 할 것이다. 그래야만이 동기부여가 확실하게 이루어짐을 명심해야 한다.

심지어 부모들이 아이에게 베푸는 것도 절대 공짜가 아니라는 것도 확실하게 인식시켜야 한다. 부모도 그들의 부모에게 받은 것을 자녀에게 돌려주는 것이며, 자녀도 부모한테 지금 받는 모든 것을 세월이 흘러 자녀들이 성장해 가정을 이루고 자녀를 두면 그들의 자녀에게 돌려주게 된다는 것을 알려줘야 한다. 이러한 자연적인 순환과정을 알게 해줘 이 세상에는 절대 공짜는 없다는 것을 아이 스스로 깨닫게 해야 한다.

이러한 것을 알게 되면 세상을 바라보는 시선이 달라질 것이다. 아주 작고 미미한 일 같지만 아이에게는 가슴에 와닿는 얘기며, 사람이 살아가는 전 과정을 완벽하게 이해하게 될 것이며, 자신의 미래에 대한 생각을 일깨워 주는 동기가 될 것이다. 동기부여에 대한 말은 아무리 강조해도 지나치지 않는다. 동기를 확실하게 일으킬 수 있는 메시지를 아이에게 전달할 방법을 연구하고 또 연구해야 한다.

자녀는 부모의 거울

여자들은 잘 모르겠지만 군대를 갔다온 사람들은 다 안다. 쫄병시절 고참한테 호되게 당할 때는 나는 고참이 되어도 절대 후배 병사에게 체벌을 가하지 않을 것이라고 기합을 받을 때마다 속으로 다짐하고 또 다짐한다.

그러나 막상 고참이 되면 그 맹세와 자신이 당했던 기억이 어디론가 사라지고 후배 병사가 잘못한 것만 눈에 들어와 고참들이 하던 방법으로 아니 더 심하게 체벌하는 것을 경험한다. 그러면서 하는 말이 있다. 말로만 해서는 도저히 명령을 따르게 할 수 없다고.

그래도 필자는 사병들에게 체벌 한번 가하지 않고 군대생활을 재미있게 했다. 필자는 일반 병으로 입영했지만 단기 하사에 차출되어 34주간 교육받고 하사관으로 임관해 사병으로서 군대생활은 하지 않고 하사관으로서 26개월쯤을 2개 소대 내무반장으로 근무하다가 만기 전역했다.

그 26개월 동안 우리 소대원은 물론 중대원한테도 한 번도 체벌을 가한 적이 없다. 그러지 않고도 얼마든지 명령을 수행하게 했던 것이다. 필자가 설득력이 있어서도 아니고, 명령에 잘 따르는 병사들만 있어서도 아니었다. 이유는 간단하다.

비슷한 나이에 똑같이 입영통지서를 받고 병역의무를 다하기 위해 고생하며 군대생활을 하는데 상급자라는 이유 하나로 병사들한테 체벌을 하고 싶지 않은 마음에서다. 체벌을 하지 않고도 병사들은 명령에 잘 따랐으며, 그들도 필자도 병역의무를 즐겁게 마치고 사회에 돌아올 수 있었다. 함께 고생한다는 필자의 생각이 병사들에게 알게 모르게 전달되어 병사들과 필자가 소통하지 않았나 생각한다.

꼭 체벌만이 사람을 움직이게 하는 것은 아니다. 칭찬해 주고 격려해 주고, 모르는 것은 자세히 설명해서 이해를 돕고, 다른 사생활은 세심하게 관심을 가져 서로 잘 융화했던 것이다. 군대 이야기지만 군대 구성원도 사람이니 사회나 다를 게 없다. 아이들도 마찬가지라고 생각한다. 체벌만이 유일한 방법은 아니라는 것이다.

다시 말하면 자신이 경험해보지 않으면 상대방의 심정을 이해하기 어렵다는 것이다. 자식일 때는 부모 마음을 모르다가 부모가 된 후에야 그 마음을 알게 되는 것과 같은 것이다. 그렇다고 해서 자신의 부모가 한 방법을 고스란히 자식에게 하면 안 된다.

쫄병시절에 받던 고통을 고참이 되어 조금이라도 생각할 여유가 있다면 후배 병사에게 심한 체벌보다는 모르는 것을 가르쳐주고 지도하는 멋진 고참이 될 수 있듯이, 부모도 자기가 어릴 때 겪은 수많은 일을 조금이라도 기억해 볼 수만 있다면 부모가 아이에게 하는 행동이 달라질 것이다.

부모의 한마디 한마디가 아이에게 기쁨을 줄 수도 있고, 아픔을 줄 수도 있음을 항상 염두에 두고 아이를 대해야 한다. 절대 사랑하는 내 아이에게는 부모가 겪은 아픈 기억들이 반복되어 아이의 마음에 상처가 되지 않도록 최선을 다해 노력하고, 사랑하는 부모가 되어야 한다.

부모들은 아무 생각없이 "얜 누굴 닮아 이렇게 공부를 못하는 거야!" 한다. 이는 아이들이 부모한테 가장 듣기 싫은 말에서 9위를 한 것이다.

그런데 정말 웃기는 말 아닌가. 부모가 낳았으니 당연히 부모의 유전인자를 갖고 있을 터인데 넌센스 중에서도 넌센스다. 이 말의 의미는 뻔하다. 자기를 합리화하려고 하는 말 아닌가. 그러니 자기는 못하는 것이 없는데 배우자인 아내나 남편은 그렇지 못하다는 말이다.

그러니 내 아이는 나를 닮지 않고 상대 배우자를 닮았다는 것이다. 상대 배우자도 부부의 한 사람이고, 바로 내가 좋아하고 사랑해서 선택한 사람인데도 부부 사이에 태어난 아이에게 생각없이 기분내키는 대로 함부로 말하는 것이다.

그러면 내가 선택한 배우자가 바보라고 아이에게 말하는 것과 다를 바가 없다. 아이가 하는 행동이 마음에 들면 나를 닮은 것이고, 아이 행동이 마음에 들지 않으면 상대 배우자를 닮았다는 것이다.

이 무슨 해괴망측한 말인가. 어차피 유전자 반반이 합성되어 이 세상에 태어난 아이인데 양쪽 부모를 모두 닮을 수밖에 없는 거 아니던가. 부모의 성격을 닮았는데 그 닮은 성격이 어디 멀리 가겠는가. 콩 심은 데 콩나고 팥 심은 데 팥이 나오는 것은 당연한 것인데, 어찌 내 자식이 나를 닮지 않았다고 입만 열면 서슴지 않고 해대는지 모르겠다. 그 말에 아이는 상처를 입는데도 말이다.

먼저 부모 생각부터 바꿔야 한다. 부모 생각이 바뀌지 않으면 자녀 생각을 바꾸기는 매우 어렵다. 물론 스스로 알아서 하면 얼마나 좋겠냐마는 스스로 알아서 하는 아이가 과연 몇 명이나 되겠는가.

부모도 사람인지라 때로는 인내심이 한계에 이르러 넌 안돼, 넌 도대체 누굴 닮아 그 모양이니 등 아이에게 상처를 주는 말과 행동을 할 때도 있다. 그러나 남을 배려하고 사랑하며 인내하는 자녀로 성장하기를 원한다면 부모가 먼저 성숙해야 한다.

옛날 옛날 한 옛날에 언챙이 아버지가 살았다. 이 언챙이 아버지는 말을 할 때마다 발음이 새서 '바람풍'을 '바담풍'이라고 했다. 그 아버지한테 말을 배운 아들이야 그 아버지가 발음하는 대로 '바담풍'이라고 할 수밖에 없다.

그런데도 그 언챙이 아버지는 아들의 뒤통수를 치면서 "야~ 이놈아 나는 바담풍이라고 해도 너는 바담풍이라고 해야지" 하니 아들이 하는 말이 "에이~ 아버지! 아버지도 똑같이 앞말도 바담풍, 뒷말도 바담풍이라고 하면서 무슨 말을 고치라고 그러세요" 하니 "야~ 이놈아! 무슨 말이 그렇게 많아. 애비가 바담풍이라고 고치라면 고치지."

귀는 잘 들리는데 발음은 제대로 되지 않는 언챙이 아버지의 답답한 심정은 이해되지만, 그렇다고 그 말을 따라하는 아들한테 고치라고 다구치니 도대체 무엇을 고치라는 것인지 아들은 알 수 없을 것이다. 자신이 발음을 똑바로 하지 못하는 것을 탓하지 않고 아들의 말이 바담풍으로만 들리니 아들의 발음이 틀렸다고 할 수밖에 없는 답답한 노릇이다. 우리 부모들도 이와 같지 않을까 생각해본다.

다음과 같은 행동도 바담풍과 다를 바가 없지 않을까. 아이에게는 지각하면 안 된다면서 늦잠 자느라 이리 뛰고 저리 뛰는 아버지나 엄마, 아이에게는 정리정돈 잘하라면서 부모 책상은 온통 흐트러져 있고, 아이에게는 컴퓨터 게임하지 하지 말라면서 고스톱이나 포카에 매달리는 부모, 아이에게는 텔레비전 보지 말라면서 아이들 공부방까지 들리는 텔레비전 소리, 아이에게는 매일 일기 쓰라면서 가계부는 아예 적지 않거나 일주일 이상 밀려 있고, 아이에게는 매일 책 읽으라면서 아예 책을 읽지 않거나 며칠째 읽지 않고 쌓여있는 신문.

난 바담풍이라 해도 넌 바람풍이라고 하라는 언챙이 아버지와 같은 입장에서 하는 일이 아니라 무의식적으로 하는 부모 행동이다. 언챙이 아버지는 어쩔 수 없이 그러지만 위 부모들의 행동은 아이를 진정으로 아끼는 부모가 하는 행동은 아니라고 본다. 그러나 그런 행동을 하면서 어떻게 아이에게 난 바담풍이라 해도 넌 바람풍이라고 해야 한다는 말을 할 수 있겠는가.

자녀는 부모의 거울이다. 부모의 행동을 그대로 보고 배우는 자녀가 부모 행동을 그대로 따라하는 것은 당연하다. 부모 행동을 보지 않아도 따라할 텐데 유전자까지 고스란히 물려받고, 부모와 항상 함께 생활하면서 가까이서 보고 배우니 더 정확하게 부모 행동을 그대로 따라할 수밖에 없다.

그런데 부모들은 잘못했다고 꾸짖기만 하면서 "넌 누구를 닮아 그러니!" 하니 이 또한 답답한 노릇이다. 바담풍을 바람풍으로 발음하라는 언챙이 아버지와 다를 게 없다.

자녀를 둔 부모들은 각성해야 하고, 자신이 자라고 공부한 과정을 솔직하게 아이에게 얘기해 줘야 한다. 부모들은 흔히 아버지가 학교 다닐 때는… 엄마가 학교다닐 때는… 하면서 자신이 공부하고 살아온 과정을 미화한다.

그렇지만 아이들은 부모의 그 말을 결코 믿지 않는다. 엄마 아빠가 뻔한 거짓말을 한다는 것을 잘 안다. 그런데도 얼굴에 철판을 깔았는지 아이가 공부를 못하거나 잘못된 행동을 할 때마다 한결같이 우리가 학교에 다닐 때는 너희처럼 그러지는 않았다고 서슴없이 거짓말을 한다.

그러면서 "너는 도대체 누굴 닮아 그렇게 공부를 못하니!" 하고 아이 가슴에 대못을 박는 막말을 해댄다. 자신은 거짓말을 밥먹듯이 하면서 아이에게는 공부 잘하라고 강요에 강요를 더한다.

부모들이여! 당신들이 학교다닐 때 공부를 잘했다는 뻔한 거짓말을 듣는 아이들이 공부를 열심히 하겠는가. 실제로 당신들이 학교에 다닐 때 부모한테 들은 잔소리를 생각해보라! 부모 잔소리를 듣고 열심히 공부했던가. 스트레스를 많이 받았던가. 공부를 열심히 한 사람은 별로 없을 것이고, 스트레스만 엄청나게 받았을 것이다.

그런데도 부모들은 공부하라는 말로 일관해 아이에게 스트레스만 잔뜩 쌓이게 만들어 공부하고 싶은 생각을 몽땅 날려버리는 것이다. 잔소리를 하면 절대로 공부가 안 되고 오히려 스트레스만 받게 되면 자신도 모르게 공부하지 않으려는 반발심이 더 강하게 일어난다는 것을 부모들은 알아야 한다.

아이들은 부모가 걸어온 길을 그대로 답습하는 것이니 부모가 살아온 길을 진솔하게 얘기해 줘야 한다. 그러면 아이는 부모가 공부한 과정과 지금 상황 등을 알게 되어 "아~ 아버지와 엄마가 그렇게 공부를 했고, 그래서 지금은 이렇게 사시는구나" 하고 아버지와 엄마의 삶을 이해한다면 아이 마음은 부모 마음과 소통하게 될 것이니 서로 대화가 통하고 아이는 자연스럽게 스스로 공부하는 마음을 가질 것이다.

왜냐하면 부모가 어떻게 공부했으며, 그 결과가 지금 모습이니 아이들은 공부가 얼마나 중요한가를 깨달을 것이며, 자신이 열심히 공부하지 않으면 어떤 결과를 낳는다는 것을 생생하게 실감할 수 있을 것이니 지금의 아버지나 엄마보다 더 보람되고 알찬 삶을 살아가기 위해 노력할 것이다.

꾸밈없이 진솔하게 얘기해줘야지 조금이라도 거짓을 보탠다면 얘기하지 않는 것보다 못할 것이다. 성적표 같은 것이 있으면 더 많은 자극을 줄 수 있을 것이다. 어느 부모가 자식한테 자신이 열심히 공부하지 않은 것을 말하고 싶겠는가.

그렇지만 사랑하는 자식의 장래를 생각한다면 반드시 얘기해줘야 할 것이다. 어릴 때 열심히 공부하지 않은 것을 부끄러워할 필요는 없다. 당시에는 나이가 어려 노는 것을 더 좋아한 죄밖에 더 있는가. 놀기 좋아하는 것은 어린아이에게 당연한 일이다.

다만 그 결과가 오늘날 이렇게 나타났다는 것을 아이에게 보여주려는 것이니 결코 부끄러워할 일은 아니다. 더구나 내 아이의 미래를 위해서는 말이다.

부모의 꿈과 희망도 곁들여 얘기하는 것이 좋다. 이러이러한 꿈이 있었다는 얘기와 그 꿈을 이루었으면 꿈을 이룰 수 있었던 얘기를,

이룰 수 없었으면 이룰 수 없었던 과정을 진솔하게 얘기해야 한다. 그래야만 자녀도 그 말을 길잡이 삼아 자신의 꿈과 희망을 키워나갈 것이다.

그렇다고 너희 할아버지와 할머니가 공부를 제대로 시켜주지 못해서 공부를 못 했다는 말을 해서는 안 될 것이다. 어떤 핑계나 이유도 결국은 자신이 열심히하지 않았다는 것을 합리화시키려는 것임을 아이들은 느끼므로 절대 누구 때문에 공부를 못했다는 말은 하지 않아야 할 것이다.

모두 아버지나 엄마가 열심히 공부하지 않았기 때문에 혹은 열심히했기 때문에 현재에 이를 수 있었음을 솔직하게 얘기해줘야 한다. 그러면 아이와 공감대를 형성하고, 아이는 아버지와 엄마의 마음을 이해하려고 노력하고 부모와 가까워지려고 할 것이다.

자식을 위해서라면 목숨도 아끼지 않는 것이 부모 마음 아니던가. 그런 마음가짐으로 아이에게 다가간다면 아이도 부모 마음을 헤아리고 어떻게 하면 부모를 기쁘게 해드릴 수 있을까를 궁리할 것이다. 진솔한 생각과 마음으로 아이에게 다가간다면 아이에게 엄청난 변화를 불러일으킬 것이 틀림없다.

내 밥그릇을 알아야

신이 이 세상을 창조한 프로그램인 사주를 가장 잘 활용하는 방법은 내 밥그릇을 먼저 아는 것이다. 내 밥그릇은 종지기인데 거기에

다 많은 것을 담고 싶은 것이 사람이다. 작은 종지기에 담아봐야 얼마나 담을 수 있겠는가.

그런데도 자꾸만 담으려고 악을 쓴다. 그렇게 악을 쓰면서 꾸우꾹 눌러담다 보면 작은 종지기가 금이 가거나 깨질 수 있다. 금이 가는 것은 건강에 이상이 생긴다는 것이고, 깨진다는 것은 바로 죽음을 의미하는 것이다. 사람이 살아가려면 먹어야 하고, 먹는 것을 구하려면 돈이 있어야 한다. 그래서 사람들은 돈의 노예가 되기도 하는 것이다.

돈의 노예가 되지 않으려 해도 돈이 없으면 생존할 수 없으니 돈 앞에 무릎을 꿇을 수밖에 없는 것이 사람이다. 영화나 드라마를 보라. 재벌집에서 일하는 사람이나 회사에서 일하는 사람이 사장한테 굽실거리는 것도 그 사람이 재벌이나 사장보다 못나서가 아니다.

오직 돈 때문에 고개숙이고 돈이나 권력이 있는 사람이 시키면 시키는 대로 할 수밖에 없는 것이 바로 사회고 자연의 순리다. 제아무리 무서운 호랑이나 사자도 먹이를 주는 조련사에게는 달려들지 않는다. 힘이 약해서가 아니라 먹이를 얻어먹기 위해서다.

돈버는 일이 얼마나 힘든가를 모르는 사람은 없으리라. 그래도 내가 살고 가족을 먹여살리려면 나 자신을 버려야 하고, 고개를 숙일 수밖에 없다. 세상의 모든 사건은 대개 돈 때문에 생기고, 이는 과욕으로 빚어진 것이다.

최고 권력을 쥔 사람이나 아주 작은 권력을 쥔 사람이나 돈을 주면 좋아한다. 돈 주는데 싫다는 사람은 없다. 돈을 모르는 아이도 돈을 주면 좋아하고, 맛있는 음식과 바꾸자고 해도 절대 바꾸지 않고 움켜쥐고 놓지 않는다. 돈이 없으면 죽는 줄 아는 것이다.

돈이 아무리 중요하며 없어서는 안 되는 것이지만, 욕심을 내면 반드시 사고가 생긴다. 그런 사고를 막으려면 내 그릇부터 알아야 한다. 내 밥그릇에 알맞게 채워야지 욕심을 내면 건강에 해롭거나 목숨을 잃을 수도 있고, 평생 쌓아올린 공든 탑이 무너지고 어둡고 컴컴한 감옥에서 영원히 살게 될 수도 있다.

자기 그릇을 아는 방법은 간단하다. 앞에서 쓴 이야기 중에 돈이 많아서 죽은 사람의 사주처럼 돈만 끌어앉고 살지 말아야 하고, 돈복이 있는지 없는지를 알아야 한다. 돈복이 없으면 욕심내지 말고 열심히 일하면서 즐겁게 살면 된다.

그리고 돈복이 많다고 해도 욕심이 과하면 탈이 나게 되어있다. 돈복이 많아도 적당하게 채워야 한다. 죽고 사는 것은 하늘에 달렸다고 하지만, 내가 실수하면 하늘도 용서하지 않을 것이니 젊은 나이에 죽을 수도 있다.

그 죽음이란 게 자살이다. 자살하면 모든 것이 해결될 것 같지만, 저 세상으로 가면 이승보다 더한 신의 벌이 기다리고 있다. 목숨을 부모한테 받았다고 착각하는 사람도 있고, 목숨이 내 것인 양 착각하고 마음대로 목숨을 끊는 사람이 있다. 목숨은 절대 내 것이 아니다. 누군가한테 부여받은 것인데 내 것인 줄 알고 자살하다가는 이 세상보다 더 심한 고통이 기다린다는 것을 알아야 한다.

목숨을 준 신이 절대 가만두지 않을 것이기 때문이다. 고통이나 아픔, 슬픔은 세월이 지나면 어떤 식으로든 해결되니 지금 당장의 고통 때문에 헤매지 말기 바란다.

그런 고통에 시달리지 않으려면 내가 이 세상에 올 때 갖고 온 밥그릇을 반드시 알아야 하며, 그 밥그릇대로 살아가면 평생을 행복하게 살 수 있다. 나만 행복한 것이 아니라 나와 연관된 사람 모두 행복해질 수 있다. 제발 자기 밥그릇대로 살기를 바란다.

잘못 선택하면 인생 조진다

흘러간 물은 물레방아를 돌릴 수 없듯이 한번 간 세월은 다시 돌아오지 않는다. 세월만 돌아오지 않는 것이 아니다. 젊음도 돌아오지 않는다. 잘못 선택해 다른 선택을 하려고 하면 이미 세월은 흘러 나이가 많아졌으니 받아주는 곳이 거의 없다.

그러면 그때부터 헤매기 시작한다. 신이 사람에게 준 가장 큰 선물은 사주이고, 그 다음이 선택권이다. 그 선택에 따라 운명이 달라지게 프로그램이 설계되어 있다. 선택할 것은 많다. 직업이나 배우자 등 선택해야 하는 순간이 수없이 많으며, 지금 이 순간에도 결정해야 할 일이 생길 것이다.

내가 선택할 수 없는 것은 부모와 타고난 사주다. 그 외에는 내가 선택할 수 있다. 그 선택에 따라 내 운명이 결정된다는 것을 모르고 그냥 선택해야 하기 때문에 함부로 선택해 평생을 고통의 늪 속에서 허우적대며 사는 것이다. 봉건시대에는 공부를 열심히하지 않아도 살 수 있는 방법이 있었지만, 현 시대에는 학력과 자격증 제도가 있어 공부하지 않으면 선택 범위가 좁아질 수밖에 없다.

학력이나 자격증을 취득하려면 열심히 공부해야 하는데, 자녀에게 관심이 많고 애착이 많은 부모를 만나면 공부할 여건이나 환경을 만들어줘 공부하기가 편안하고 열심히 할 수 있지만, 그렇지 않고 경제적으로 어려운 부모를 만나면 스스로 공부해야 하는데 공부하는 것을 좋아하는 사람은 없다고 보면 정확할 것이다.

그렇게 공부하지 않으면 결국은 사주에서 원하는 직업으로 갈 수도 없을 뿐더러, 내가 할 수 있는 일이 별로 없으니 선택 폭이 좁아질 수밖에 없다.

그래서 경제 능력이 있거나 경제 능력이 없어도 자녀에게 관심을 갖고 훌륭하게 키우려고 노력하는 부모를 만나는 것은 하늘이 준 축복이다. 그렇지만 경제 능력도 없고 자녀를 훌륭하게 키울 여건이 안되는 부모를 만나면 공부와 거리가 멀어질 수밖에 없다.

앞에서도 말했지만 부모는 내가 선택할 수 있는 게 아니다. 전생의 업에 따라 부모를 만나는 건지, 아니면 신이 그런 부모를 만나게 하는 건지는 알 수 없지만, 어떤 부모를 만나든 그건 본인 몫이다.

경제력 있는 부모를 만나도 공부하지 않는 사람이 있고, 경제력 없는 부모를 만나도 열심히 공부해 사주에서 원하는 직업을 선택하는 사람도 있다. 어쨌든 열심히 공부하지 않으면 선택 폭이 좁아진다는 것을 자녀를 둔 부모들은 알아야 한다.

내 자녀에게 관심을 갖고 자녀가 태어날 때 갖고 온 능력이 무엇인지 눈여겨 보고 개발시켜 주어야 할 것이며, 공부도 열심히할 수 있도록 환경을 만들어주어야 할 것이다.

부모 밑에서 자라면서 나이가 들어가면 정신적으로 성장하기 때문에 정신 연령에 따라 본인이 선택해야 할 순간이 다가오고 본인이 선택을 잘 해야 하는데 그 정신 연령이 될 때까지 부모가 자녀에게 가르쳐주는 모든 것이 자녀가 자기 길을 선택하는데 결정적인 역할을 한다. 그런 선택에 앞서 자녀의 적성이나 성격, 재능 등을 사주를 통해 미리 알면 많은 도움이 될 것이다.

물론 태어나 바로 사주를 보면 내 자녀의 공부하는 방법과 시간대, 잠을 어느 방향으로 자면 건강이나 학업에 도움이 되는가를 알수 있으며, 자녀의 사주에서 부족한 음양오행(陰陽五行)을 이름이나 방향 또는 인위적인 방법으로 채워줄 수도 있다. 지금 말한 사항은 아주 중요한 것이다. 그래서 필자가 『스스로 공부하는 방법과 천부적 적성』이라는 책을 썼다.

내 아이를 보석으로 만드는 것은 나

사주에서 가장 중요한 것이 생존에 필요한 것을 부모를 보고 배워야 하는 것이다. 그 다음에는 가정을 꾸리고 살아갈 때 필요한 의식주를 해결하려면 돈을 벌어야 한다.

그리고 그 돈을 벌려면 내가 잘 하는 일을 해야 하는데 그 일을 잘 할 수 있도록 도움을 주는 사람 역시 부모다. 부모가 자녀를 관심 있게 잘 지켜보면 그 아이의 장점과 단점을 알 수 있고, 장점은 살려주고 단점을 고쳐주면서 세상 살아가는 방법을 가르쳐야 한다.

그런데 큰 고생을 하지 않고도 돈을 많이 벌려면 가장 쉬운 방법이 공부다. 공부보다 더 쉽게 돈을 잘 버는 방법이 없다. 그러니 부모들은 자녀의 공부를 위해 죽을 고생을 하면서 돈을 벌러다닌다.

그렇게 고생을 해가면서 아이 공부를 시켜도 공부가 잘 되지 않는 아이가 분명히 있다. 공부를 싫어하는 아이도 있을 것이고, 놀기만 좋아하는 아이도 있을 것이다. 이런 아이도 타고난 재능이 반드시 있다. 신이 사람을 이 세상에 내려보낼 때는 살아갈 능력을 주어 내려보낸다. 부모가 해야 하는 일이 바로 그 능력을 활용할 수 있도록 도와주는 것이다.

그런데 일부 부모들은 자신이 이루진 못한 꿈을 자녀를 통해 이루려고 한다. 자녀는 또 다른 하나의 새로운 개체이며 새로운 존재다. 부모와는 전혀 다른 인체구조를 갖고 있다. 그러므로 그 나름대로 할 일이 따로 있는데도 부모들은 자녀의 의견이나 생각은 무시하고 본인의 생각대로 자녀를 키우려고 한다.

이러한 생각은 자녀를 고통의 늪 속으로 밀어넣는 것과 다를 바 없다. 이것은 절대로 아니다. 부모가 자녀에게 해줄 수 있는 것은 자녀가 원하는 일을 할 수 있도록 도와주는 일이다. 상담하면서 이런 부모들 때문에 실패한 뒤 고생하는 사람들을 많이 만난다.

자기가 잘 할 수 있는 일보다 돈을 많이 버는 직업을 찾아 대기업에 들어갔다가 적성에 맞지 않아 30% 정도가 퇴사하는 것을 보아도 사주에서 원하는 적성대로 가는 것이 얼마나 중요한지를 알 수 있다.

상담하다 보면 대운(大運)에서 공부를 잘 하지 않을 운으로 흘러도 열심히 공부해서 확실한 직업을 갖고 살아가는 사람을 가끔 만난다. 그런 사람의 부모를 보면 성격이 확실하며 자녀의 교육에 많은 시간을 투자한 사람들이다.

공부를 하기 싫어하는 대운(大運)을 지나는 학생은 대개 공부하기 싫어하고, 공부하라고 하면 공부 잘 못해도 돈 잘 벌 수 있다고 말한다. 그래도 공부를 시켜야만 하는 것이 현실이니 공부를 잘 할 수 있도록 환경을 만들어주어야 하는 것이 부모의 임무다.

그 임무를 게을리 하거나 무시하면 자녀의 미래는 불투명해지고 행복한 인생을 산다고 보장할 수 없다. 아이가 태어나 공부를 마칠 때까지 기간은 24~25년 정도인데, 실제 공부하는 시기는 초등학교 고학년부터 대학교 입학 때까지다. 이 기간이 그 사람의 일생을 좌우한다.

이 기간에 죽어라 공부하는 사람은 나머지 인생을 편안하게 살겠지만, 이 기간 동안 공부하기 싫어 책을 멀리한 사람은 편안하게 살아간다는 보장은 없다.

과거 봉건시대에는 한자 공부만 열심히하면 출세할 기회가 많았지만, 지금 시대는 공부하지 않으면 각종 시험에 응시할 수 없고, 제대로 된 직장에 취직하기도 어렵다. 인구는 늘고 직장 수는 한정되어 있으니 열심히 공부하지 않으면 좋은 직장에 들어갈 수 없다.

돈 많이 받는 좋은 직장에 들어가려면 목숨 걸고 열심히 공부해야 한다. 돈을 많이 주는 직장이 많으면 공부하지 않아도 일할 기회가 있겠지만, 직장 수가 적고 일할 사람이 많으면 실력이 약한 사람은 실력이 좋은 사람들에게 밀릴 수밖에 없다. 이왕이면 다홍치마라고 공부 많이하고 실력 있는 사람을 쓰려고 하지, 공부도 제대로 하지 않은 사람을 누가 월급을 많이 주면서 쓰려고 하겠는가.

내 자녀들은 부모를 믿고 이 세상에 온 존재다. 그러니 부모는 아무것도 모르는 내 자녀가 이 세상을 살아가는 방법을 모두 가르쳐야 하는 것이다.

정말 중요하고도 중요한 일인데 일부 부모들은 돈을 버는 데만 급급해 공부는 아이가 스스로 알아서 하기를 바란다. 공부하기 좋아하는 사람은 이 세상에 없으니 스스로 알아서 공부하리라고 믿으면 안 된다.

동물은 태어날 때부터 노는 것을 좋아하지 구속받는 것을 절대 좋아하지 않는다. 이런 아이에게 공부하라고만 하고 그냥 두면 공부가 될 리 없다. 내가 피곤하고 힘들어도 더 노력해야 내 자녀가 행복하게 살아갈 터전을 마련해 줄 수 있다.

부모를 잘 만나는 것이 복 중에 최고 복이지만 내가 부모를 선택할 수 없듯이, 부모도 자녀를 선택할 수 없다. 열심히 공부하는 자녀를 만나면 좋겠지만 그런 기대는 하지 않는 게 좋다. 어떤 인연으로 서로 만났는지는 모르지만, 부모는 부모 역할을 확실하게 해야 한다. 그래야 내 자녀의 미래가 밝아질 수 있다.

필자가 사주를 접하면서 사주가 똑같은데 왜 똑같이 살아가지 않는가에 중점을 두고 공부하다 보니 어느 날 직업에 따라서 대운(大運)의 작용력이 달라진다는 것을 알았다.

그후 사람이 살아가는 데 가장 중요한 것이 직업이며, 그 직업에 따라 대운(大運) 작용력이 달라진다는 것을 깨달았고, 직업도 사주에서 원하는 적성대로 선택해야 한다는 것을 알았다.

그래서 자라나는 아이의 사주를 하루라도 빨리 보아야 하고, 그 아이의 적성과 공부하는 방법, 공부하는 시간 등을 집중적으로 분석해서 쓴 책이 바로 『스스로 공부하는 방법과 천부적 적성』이라는 책이다.

사주를 수십년 공부한 사람도 사주의 정의를 필자만큼 내리지는 못할 것이다. 왜냐하면 선생에게 배운대로 생각하고 연구하기 때문이다. 그래서 사주를 공부하는 사람은 보통 선생을 3명 이상 바꾸는 경우가 많다.

이런 현상이 생기는 것은 처음에 배우는 선생이 사주를 가장 잘 아는 줄 알고 배웠는데, 막상 실전에 들어가 보면 아니올씨다이니 다른 선생을 만나 배우게 된다. 이렇게 선생을 여럿 바꿔가면서 배우게 되는데 그래봐야 거기서 거기다.

그리고 사주를 가르치는 선생들이 한결같이 어렵게 가르친다. 왜 그러는지 모르겠다. 필자는 위와 같이 배우지 않고 500여 곳의 철학관에서 녹음기 들고 다니면서 배웠고, 그 500여 명의 선생들과 시중에 나와있는 역학 책이란 역학 책은 모두 설렵했으니 필자가 공부하던 때까지 학문을 모두 공부했으니 그때까지의 사주를 집대성하게 된 것이다. 그래서 사주를 접근하는 방법부터 다르고, 사주를 분석하는 방법도 다르다.

만약에 필자도 어느 선생에게 배웠다면 오늘날 사주를 버리고 다른 길을 갔을 것이다. 왜냐하면 용신격국(用神格局)이 맞지 않으니 사주가 맞지 않는다는 결론을 내고 필자의 성격상 맞지 않는 것을 붙들고 있지는 않았을 것이다. 다음의 한 예를 들어보기로 한다. 용신격국(用神格局)이 얼마나 어려운가를… 어렵기만 하고 적중률은 자기들 입으로 70%라고 하니 그 말이 맞을 것이다.

어느 학문이든 처음 가르쳐주는 선생이 누구냐에 따라 공부가 달라진다. 특히 사주는 더 그렇다. 그러니 사주를 배우려면 첫 선생을 누구를 만나느냐가 정말 중요하다. 산 정상에 무엇이 있는지 처음 올라가는 사람은 알 수 없듯이, 사주를 처음 시작하는 사람은 사주를 전혀 모르기 때문에 그 선생의 학문 수준을 알 수 없다. 그래서 선생을 여러 명 만나게 되는 것이다.

필자가 부산에 있을 때(역학 공부하던 시절) 일이다. 동래지하철역에서 명륜동 집으로 가는데 보이지 않던 철학관 간판이 보여 들어가 봤다. 철학관이 새로 생기면 궁금해서 꼭 방문해 보던 시절이었다. 간판을 보니 2층인데 올라가 문을 열려고 하니 잠겨있어 문을 두드려도 열어주지 않는다. 분명히 인기척은 있는 것 같아 계속 두드리니 살며시 열리면서 중년 남자가 얼굴을 빼꼼히 내민다.

필자가 술객(역학인끼리 그렇게 부름)이라 하니 "예" 하면서 빨리 들어오라고 해서 들어가니 바로 문을 잠가버린다. 필자가 왜 문을 잠그냐고 물으니 손님이 올까봐라고 한다. 필자가 "아니~ 손님이 들어와야 상담할 거 아닙니까?" 하니 "손님이 오는 것이 두려우며 무슨 말을 해야 하는지도 모르겠고 상담을 해도 맞지 않아 공부를 더 하려고 합니다" 한다.

몇 년 공부했냐고 물으니 5년 되었다고 하는데, 필자는 그때 사주를 접한지 2년밖에 되지 않았을 때였다. 5년을 배워도 제대로 알 수 없는 것이 어쩌면 당연한 것인지도 모른다. 왜냐하면 용신격국(用神

格局)이라는 학문은 아무리 파고들어도 답이 없는 이론이어서다. 그런 학문을 배웠으니 그럴 수밖에 없는 것이다.

그러니 죽을 때까지 공부해도 알 수 없는 것이 용신격국(用神格局)이다. 그런데 필자의 학문은 이와 전혀 다르다. 사주는 어려운 학문이 절대 아니다. 사주를 구성하는 음양오행(陰陽五行)은 십간(十干) 10자와 십이지(十二支) 12자다.

이 십간(十干) 십이지(十二支) 22글자, 즉 이 십간(十干), 십이지(十二支) 22글자의 오행(五行)만 제대로 분석하면 되는 게 사주다. 그런데 무엇이 어렵단 말인가. 쉽고도 쉽고 학문이다. 다만 본인 사주에 역학을 잘 이해하는 오행(五行)이 있어야 역학을 쉽게 이해하고 분석할 수 있다.

필자가 접근한 방법이 달랐고, 사주에 미치다시피 했고, 다른 사람들은 사주를 배워 돈을 벌려고 하니 선생이 가르쳐주는 대로 맞히는 공부를 했지만 필자는 그와 달리 우연히 사주를 접하고 그 사주가 맞으니 사주가 왜 맞는가에 의문을 갖고 분석하고 연구했다. 사주에 얼마나 빠졌으면 꿈속에서까지 사주를 풀었다. 선생이 가르쳐주는 대로 공부하는 사람과 사주가 왜 맞느냐에 초점을 두고 사주가 맞는 이유를 찾는 사람은 분명 다르다.

그래서 사주가 왜 맞느냐를 찾았다. 그것이 바로 사주에서 원하는 적성대로 직업을 선택하지 않으면 그 대가로 그 사람을 고통스럽게 살아가도록 사주가 프로그램화 되어있다는 것이다. 이러한 원리를 발견하는 데 그렇게 오랜 세월이 걸리지는 않았다. 그 다음에 발견한 것이 바로 음양오행(陰陽五行)을 형상화한 물상의 특성이 사람에게 그대로 나타난다는 것이었다.

다시 말하면 역학 책에서 갑(甲)은 큰 나무라고 표현하는데, 갑(甲)을 큰 나무라고 한 이유가 분명하게 있을 것이라고 생각하게 되었고, 어느 날 그것을 확실히 알게 되었다. 역학 책에서 십간(十干)의 특성을 어느 정도 암기했는데, 어느 날 지리산에 놀러갔다가 골짜기 개울가에서 바위를 뚫고 올라온 소나무를 보고 번개처럼 스치는 생각이 있었다.

그래 바로 저거야. 저게 바로 큰 나무고, 사주에서 말하는 갑목(甲木)이 아닌가. 큰 소리로 웃었다. 평소에는 무심코 보았던 자연 현상이 사주를 배우면서 자연스럽게 필자에게 다가온 것이다.

그후 본격적으로 십간(十干)과 십이지(十二支)를 자연과 접목시키기 시작했고, 놀라운 사실을 또 발견했다. 그것은 바로 십이지(十二支)에서 형상화한 동물들의 특성이 사람에게 그대로 나타난다는 사실이었다. 참으로 신기하고도 신기한 일이다. 이런 내용들을 『참역학은 이렇게 쉬운 것이다』에 발표했는데 많은 사람에게 감사하다는 전화를 받았다.

어떻게 그런 발견을 하게 되었는지 고맙다고 했다. 역학 책에서 이야기하는 성격을 배우고 암기하려면 분량이 너무 많다. 그렇지만 동물의 특성만 제대로 알면 그 사람의 성격이 거의 나타나니 얼마나 쉬운가 말이다. 이러한 발견들로 사주라는 학문을 확실하게 정립했던 것이다. 그래서 사주에서 가장 중요한 것이 바로 사주에서 원하는 적성대로 직업을 선택하는 것이다.

고전 학문들을 보면 이론이 엄청나게 복잡하다. 필자는 고전 학문은 들여다보지 않고 근세에 와서 실제 상담하고 경험한 역학인들이 집필한 책으로만 공부했다. 아마도 고전 역학 책으로 공부했다면 중간에 포기했을 것이다.

왜냐하면 너무 난해하기 때문이다. 고전은 그저 참고만 하면 되고, 음양오행(陰陽五行)이 어떻게 생겼다는 등의 이론을 굳이 배울 필요가 없다. 시간이 아까우니 고전을 하루라도 빨리 덮어버려야 사주를 제대로 공부할 수 있다.

한 분야에 미쳐야 성공한다

남자라면 대개 당구를 배우는데 초기에는 당구의 매력에 푹 빠진다. 어느 날인가부터는 밥그릇도 당구공으로 보이고, 심지어는 사람의 머리도 당구공으로 보여 사람의 머리로 쓰리쿠션을 돌린다. 이때가 당구에 완전히 빠진 시기다. 사람의 뇌는 어느 한 분야에 집중하면 그 분야에 푹 빠져 자신도 모르게 그 분야를 연구하게 된다.

필자가 군대에 가기 전에 우연히 우리 동네에 바둑붐이 불었다. 만나는 사람마다 바둑 이야기고, 바둑판이 있는 곳에서는 대국이 벌어졌다. 필자도 처음에는 바둑이 뭔지도 모르고 그냥 구경만 하다가 어느 날 바둑을 한 번 두었는데, 25개를 접고 두었는데도 필자의 돌이 전멸한 것이 아닌가.

허기사 그 자리에서 기초만 배우고 두었으니 다 죽을 수밖에 없었다. 은근히 화가 났다. 아무리 그래도 그렇지 몰살하지는 말아야지

하는 생각이 들자 지기 싫어하는 자존심이 슬슬 일어나 바둑을 배우지 않을 수 없었다.

바둑을 가르쳐주는 곳이 없어 필자보다 조금 더 잘 두는 친구한테 포석부터 배우면서 바둑 책을 사서 공부하기 시작했다. 이 시기에도 잠을 자려고 하면 천정에 온통 바둑돌로 가득했다.

그렇게 매일 바둑을 둔 기간이 1년 정도 되는데 군대생활할 때 아마 2급과의 대국에서도 이길 정도로 실력이 막강했다. 그후로는 거의 두지 않았지만 지금도 8급 정도는 되리라고 본다. 바둑에 미쳤던 시기에 재미있는 에피소드가 있다.

필자의 집에 세들어 사는 육군 중사가 있었다. 필자의 고향은 현재 3사관학교 바로 옆이며 어릴 때 기상나팔소리와 함께 행군의 아침을 듣고 자랐다. 그래서 지금도 가끔 행군의 아침이 귓가에 맴돌기도 한다.

이 장 중사가 필자보다 바둑을 조금 더 잘 뒀다. 그런데 바둑을 여러 번 같이 두다보니 필자가 더 세졌다. 처음에는 필자가 흑돌을 잡고 바둑돌을 다섯 개 정도 접고 두었는데, 접는 돌 숫자가 하나씩 줄더니 어느 날 필자가 백을 잡고, 장 중사가 흑돌을 잡았다.

이 사람 흑돌을 네 개까지 놓고 두는 접바둑이 되니 약이 오르기 시작했는지 퇴근하면 밤이 가는 줄 모르고 대국을 했는데 이제는 필자가 슬슬 재미가 없어지기 시작했다. 그래서 그가 퇴근하기 전에 저녁을 먹고 집 밖으로 나와버렸다.

그에게 잡히면 밤새도록 바둑을 두어야 하니 곤욕스러워 도망갈 수밖에 없었던 것이다. 그에게는 딸 하나와 그 아래에 아들이 있었던 것으로 기억한다. 혹 이 글을 보면 연락 한번 하시기 바란다.

앞서 좋아하는 일보다 잘 하는 일을 하는 것이 좋다고 했다. 좋아하는 일은 내가 푹 빠져 미칠 수도 있지만, 잘 하는 일은 미치기가 좀 그렇다. 그래도 잘 하는 일을 하는 게 사주에서 원하는 일이고, 좋아하는 일은 취미로 즐기면 된다.

그런데 사람의 뇌는 참 묘하다. 내가 하는 일에 푹 빠져야 한다고 생각하고 열심히하면 자신도 모르게 푹 빠진다는 것이다. 필자가 사주를 공부할 때도 그랬다. 항상 왜?라는 의문을 달고다니면서 그 왜를 찾아 헤매다 보니 그 왜에 대한 답을 얻었다.

이와 마찬가지로 자기가 잘 하는 일에 푹 빠지면 그 분야에서 최고가 되는 것은 당연지사다. 무슨 일이든 미쳐야 성공할 수 있다. 미치지 않고는 최고를 기대하기 어렵다. 미쳐야 하는 기간이 그렇게 길지는 않을 것이다.

필자가 사주를 완벽하게 정립하는 데 걸린 기간은 3년 정도다. 용신격국(用神格局)으로 공부를 했다면 평생 걸려도 이룰 수 없는 것을 3년이라는 짧은 기간에 완성한 것이다.

물론 이렇게 짧은 기간에 학문을 완성할 수 있었던 것은 필자의 사주에 그런 오행(五行)이 있어서고, 그 다음은 필자는 한 가지 일에 집중하는 버릇이 있다. 그래서인지 사주를 연구하던 시절에도 잘 풀리지 않는 사주가 있으면 풀 때까지 다른 사주는 눈에 들어오지 않았으니 말이다.

이렇게 집중력이 있어서인데 집중력이 부족한 사람들도 명상이나 마인드컨트롤을 활용하면 얼마든지 집중력을 키울 수 있다. 어차피

내가 하는 일인데 더 미쳐보는 것도 재미있을 것이라는 생각이 든
다. 이 글을 읽는 분들도 한번 미쳐보면 어떨까. 그 대가로 나중에
웃을 날이 반드시 많을 것이다.

순간의 선택이 평생을 좌우한다

사람이 살아가는 과정을 보면 선택의 연속이다. 아침에 일어나서
부터 시작해 하루 종일 선택해야 한다. 신이 사람에게 사주라는 학
문을 알려준 것은 기준을 알고 선택하라고 한 것 같다.

이 선택이 잘못되면 인생이 엉망진창이 될 수도 있다. 선택 중에서
도 가장 중요한 것은 바로 직업이고, 그 다음이 배우자이고, 그 다음
이 동업자다.

직장생활을 해야 할 사람이 사업을 하면 반드시 어려움이 따르고,
궁합이 맞지 않는데도 그놈의 사랑 때문에 강행하면 일생을 두고
후회한다. 또 사업 파트너나 종업원을 잘못 두어도 실패할 수 있다.
이렇게 선택을 잘 해야 내 삶을 풍요롭게 만들어 갈 수 있는 것이다.
이러한 선택을 하는 데 필요한 것이 바로 사주다.

사주를 모르는 사람들은 본능적인 감각으로 선택하거나 전문가나
주변 사람의 도움을 받을 수도 있고, 내가 더 철저하게 그 일을 분석
해 선택할 수도 있다.

이러한 선택 중에서 중요한 배우자를 선택하는 데 그냥 인연이 다
가오는 대로 사람을 만나 결혼하는 사람들이 있는데 대개 실패하는

것을 많이 본다. 그렇다면 내 인생을 가장 빛나게 만들어 줄 배우자는 어떻게 만나면 좋은지를 알아보자.

맨 먼저 겉모양만 보지 말고 능력을 보아야 한다. 결혼에 실패하는 사람 대부분은 겉모양만 보고 사랑에 빠진 사람들이다. 이런 예를 들기는 좀 그렇지만 바람둥이 여자들이 시집가서 잘 사는 것을 주변에서 볼 수 있을 것이다.

유교적인 측면에서 생각하면 절대 바람을 피우면 안 되는데, 이들은 결혼할 때 좋은 사람을 만나 결혼하는 것이 아니라 사람을 많이 만나보아 어떤 사람이 좋은지를 알기 때문에 가장 능력 있고 좋은 사람을 선택해 결혼하기 때문에 실패하지 않고 잘 사는 것이다. 한마디로 남자를 안다는 것이다. 그러니 실패할래야 할 수가 없다.

옷을 하나 사려고 해도 이곳저곳 모두 둘러보고 마음에 드는 게 없으면 전문점을 찾아 또 알아본다. 그래도 없으면 그날은 쇼핑을 접고 다음날에 또 쇼핑을 간다.

이와 마찬가지로 배우자를 잘 만나려면 많은 사람을 만나봐야 한다. 그래야 그중에서 가장 능력 있고 좋은 사람을 만날 수 있다. 가만히 있으면 사주에서 들어오는 첫 번째 인연과 결혼하기 쉽다.

오래전 아들 배우자가 무슨 띠가 될지 묻는 엄마가 있었다. 그래서 인연법을 적용해보니 이 아들보다 세 살 많은 여자가 들어오게 되어 있었다. 그렇게 말했더니 이 엄마가 설마요… 했는데 나중에 들으니 3년 연상과 결혼했다고 한다.

이것이 인연법인데 이 인연이라는 것이 첫 번째부터 시작해 끝이 없다. 내 인연에 따라서 열 번째 인연과 결혼할 수도 있고, 백 번째 인연과 결혼할 수도 있다. 중간 인연들은 생략할 수도 있는 것이다.

필자가 상담하다 보면 전혀 인연이 아닌 사람끼리 부부가 되어 잘 사는 사람들을 가끔 만나기에 인연에 대한 공부를 다시 생각해보니 가만히 앉아 인연을 기다려서는 안 된다는 생각이 들어 그 다음부터는 인연법을 무시하고 보지 않았다.

옷을 하나 살 때나 물건을 구입할 때 그냥 처음 본 물건을 사는 사람은 거의 없을 것이다. 그런데 가장 중요한 배우자를 선택하는 일은 왜 그렇게 쉽게 생각하는지 모르겠다. 결혼하지 않은 젊은 사람은 사람을 많이 만나보고 그중에서 마음에 쏙 드는 능력있고 멋있는 사람을 찾아 아름답고 행복한 삶을 살기 바란다.

인과관계가 중요하며 만남 자체가 궁합

사람이 살아가려면 사람을 만나야 한다. 자연의 순리가 그렇고, 사회 구조가 그렇다. 사람과 사람의 만남은 서로 생각이 잘 맞는지가 매우 중요하다. 내가 어떤 사람을 만났는데 그 사람이 아군인지 적군인지를 먼저 파악해야 한다는 것이다. 적군이면 바로 죽여야 내가 살아남고, 아군이라고 해도 나를 도와주는 아군인지 나를 밀어내고 내 자리를 차지할 사람인지를 알아야 대처할 수 있다.

사람 마음은 들여다볼 수도 없고, 행동이나 겉모습만 보고 알기도 어렵다. 사기꾼은 한없이 친절하고 온순해 보이며, 법 없이도 살 사람처럼 보인다. 사람과 사람 사이에는 눈에 보이지 않는 기(氣)가 흐르는데, 그 기(氣)가 맞는지 맞지 않는지를 알 수 있는 프로그램이 바로 기(氣)과학인 사주다. 그것을 우리는 궁합이라고 한다.

일반적으로 궁합이라 하면 부부간에만 있는 것으로 알고 결혼 전이나 후에 많이 보는데, 동업자나 친구, 연인 사이 궁합은 물어보는 경우가 거의 없다. 사건이나 사고 원인은 모두 가까운 사람에게서 일어난다. 나를 모르는 사람이 나한테 사기를 치고 싶어도 할 수 없는 것이다.

현재 일어나는 시끄러운(박근혜 대통령 탄핵) 사건도 가장 가까운 사람이 언론에 제보하면서 시작되었다. 몇 개월째 온 나라가 시끄럽고 촛불집회다 뭐다 하면서 방송에서도 온통 그 이야기뿐이다. 모르는 사람은 이런 사실을 유포하고 싶어도 할 수 없다.

우리는 가까운 사람이 반드시 사고나 사건을 일으키는 것을 알면서도 잘 믿지 않는다. 그리고 모르는 사람은 내가 그를 모르니, 그 사람을 일단 믿지 않으니 그 사람에게 사기를 당할 일이 없는데 모르는 사람도 자주 만나다보면 가까워지는 것이다.

그렇게 가까워지면 나한테 사기를 치는 것이다. 그러므로 궁합이 매우 중요하다. 이렇게 중요한 궁합을 잘 모르고 눈에 보이는 모습만 보고 상대를 파악하고 만난다. 그러다가 당하고 나면 그때서야 후회한다.

그렇다고 만나는 사람마다 모두 궁합을 볼 수는 없다. 물론 보면 좋겠지만 궁합을 보는 비용도 만만치가 않고, 궁합을 제대로 보는 철학관을 찾기도 어렵다. 그래서 일반인도 알 수 있는 간단한 방법을 카카오 스토리채널에 올려두었는데 이곳에도 옮겨보겠다.

1) 일간(日干)과 일간(日干)이 좋은 궁합

음양오행(陰陽五行)의 가장 기본인 상생(相生)하는 궁합이 가장 좋다. 서로 상생이라고 말은 하지만 실제적으로는 어느 한 오행(五行)이 다른 오행(五行)을 도와주는 것을 말한다. 서로 상생(相生)하는 원리가 바로 사주학의 기본이다.

나무(木)는 물(水)을 만나면 좋고, 물(水)은 쇠인 금(金)을 만나면 좋고, 금(金)은 자기를 만들어주는 흙(土)을 만나면 좋고, 흙(土)은 자기를 그릇으로 만들어주는 불(火)을 만나면 좋고, 불(火)은 자기한테 기름이 되어 활활 타오르게 하는 나무(木)를 만나면 좋다.

이러한 궁합은 만나면 서로 잘 통하고 의견 조율도 잘 되며 도움을 주는 오행(五行)이 항상 그 사람을 위해 도와주고 싶은 생각이 들어 상대방을 잘 챙긴다. 자기가 하기 싫어도 어느 날 보면 또 상대방을 챙기는 자신을 본다.

이것이 바로 궁합이다. 반대로 만나도 궁합이 좋으며 서로 마음이 통한다. 다만 아이를 지도할 때 엄마가 도와주는 오행(五行)이면 아이는 엄마 말을 잘 듣는다.

그러나 이와 반대로 자녀가 물(水) 오행(五行)이 되고, 부모가 불(火) 오행(五行)이 되면 부모 말을 듣지 않으며 겉으로는 부모이기 때문에 듣는 척만 하는 것이지 실상은 잘 듣지 않는다. 이런 현상이 생기는 것은 자녀의 의사와 별개의 것으로 가장 자연스러운 현상이며 이러한 궁합이 되면 자녀에게 강요하는 것보다는 권유하는 것이 좋다.

그런데 공부라는 게 권유해서 될 일이 아니므로 가능하면 이러한 궁합의 부모는 아이에게 공부하라는 말보다는 칭찬과 격려를 해주는 것이 자녀가 공부를 잘 할 수 있게 하는 방법이다.

2) 일간(日干)과 일간(日干)이 안 좋은 궁합

앞 글에서 예를 든 부모와 자녀간 궁합처럼 부부간에 남편이 불(火) 오행(五行)이고 아내가 물(水) 오행(五行)이 되면 아내 자신은

남편에게 잘 하고 싶은데 물의 기운을 갖고 있는 생각들이 자기도 모르게 튀어나와 불(火)인 남편을 무시하고 남편이 하는 일이 못마땅하게 느껴져 자연히 말다툼이나 싸움을 하고, 심하면 이혼이라는 절차를 밟게 된다.

실제로 그런 부부들을 상담하면 상기와 같은 현상이 반드시 생긴다는 것을 알 수 있다. 필자는 그런 궁합의 남녀가 결혼하려고 날을 잡으러 오면 택일을 해주지 않는 것은 물론 두 팔 걷어붙이고 말린다. 힘들게 살 것이 뻔한데 고지식한 필자가 택일을 해줄 리가 없다. 궁합이 좋지 않은 사람들에게 택일을 해주는 것은 화약을 짊어지고 불 속으로 들어가는 사람을 말리지 않는 것과 같기 때문이다.

1. 갑목(甲木)과 무토(戊土)

갑목(甲木)인 큰 나무는 흙에서 태어나고 자란다. 큰 나무는 무토(戊土)인 큰 산에서 많이 자라며 큰 산을 좋아한다. 큰 나무 입장에서는 내가 생존하고 살아야 하니 큰 산이 필요하겠지만, 큰 산 입장에서 보면 큰 나무에 눌려 정신이 흐트러지고 몸이 아플 수도 있다. 실제로 부부간에 이렇게 만나면 무토(戊土)는 죽을 맛이 될 것이다.

2. 갑목(甲木)과 경금(庚金)

경금(庚金)은 제련하기 전 무쇠덩어리 그 자체인데 이 무쇠덩어리가 갑목(甲木)인 큰 나무를 위에서 찍어누르는 형상이니 큰 나무인 갑목(甲木)은 그야말로 죽을 맛이다. 이렇게 만난 부부는 살아도 살지 않는 것과 같다. 특히 아내가 경금(庚金)이고 남편이 갑목(甲木)

이면 그 작용력은 더 심하다.

3. 갑목(甲木)과 신금(辛金)

갑목(甲木)이 신금(辛金)을 만나면 정신질환에 시달릴 수 있다. 갑목(甲木)과 신금(辛金)이 만나는 것을 목곤쇄편(木棍碎片)이라 하며, 큰 나무에 비수나 화살이 꽂혀 있는 것과 같다.

또 다른 역학 책에서는 작은 칼이 큰 나무에 흠집만 내는 형상이라고도 했다. 큰 나무에 비수 같은 것이 꽂혀있다고 생각해보면 갑목(甲木)의 고통을 짐작할 것이다. 남편이 갑목(甲木)이고 아내가 신금(辛金)이면 그 작용력이 조금 약하다. 왜냐하면 남편은 일단 집 밖으로 나와 활동하기 때문인데, 아내가 갑목(甲木)이고 남편이 신금(辛金)이면 그 작용력은 확실하다. 이러한 궁합이면 만나지 않는 것이 좋다.

4. 을목(乙木)과 기토(己土)

을목(乙木)은 작은 나무이고, 기토(己土)는 기름진 땅으로 화분의 흙이나 작은 논밭을 말한다. 갑목(甲木)과 무토(戊土) 사이처럼 역시 나무는 흙에 뿌리를 내리고 생명을 유지한다. 그렇지만 작은 흙인 기토(己土)는 봉사만 하지 자신은 스트레스를 받는다. 그래서 을목(乙木)은 기토(己土)를 보기만 하면 뿌리를 내리려 하기 때문에 기토(己土)는 죽을 맛이다. 사주를 풀이할 때는 서로 필요할 때가 있겠지만 궁합에서는 절대 아니다.

5. 을목(乙木)과 신금(辛金)

을목(乙木)은 작은 나무이고, 신금(辛金)은 날카로운 비수요 나뭇가지를 자르는 가위여서 을목(乙木)과 신금(辛金)은 절대 만나서는 안 되는 악운이라고 역학 책에 쓰여있을 텐데, 을목(乙木)과 신금(辛金)은 특이한 관계다. 물론 신금(辛金) 때문에 을목(乙木)이 피곤하고 상처를 입는 것을 확실하지만, 유능한 을목(乙木)은 오히려 신금(辛金)을 활용한다.

왜냐하면 신금(辛金)이 을목(乙木)을 우습게 보고 방심하는 사이에 재주가 뛰어난 을목(乙木)이 신금(辛金)을 살살 달래 이용하는 것이다. 그런 능력이 없는 을목(乙木) 일간(日干)은 신금(辛金)을 만나지 않는 게 좋다.

6. 병화(丙火)와 계수(癸水)

병화(丙火)는 하늘에 떠있는 태양이고, 계수(癸水)는 작은 시냇물이며 이슬비인데, 이 계수(癸水)의 다른 특징은 병화(丙火) 태양을 보면 먹구름으로 변한다는 것이다. 태양이 빛을 내리고 하면 먹구름이 막아버리는 형상이 바로 병화(丙火)와 계수(癸水)의 궁합이다.

실제로 이러한 궁합을 종종 만나는데 동업자로 만나면 안 되고, 부부로도 만나면 안 된다. 실제로 이런 부부를 상담한 적이 있는데, 남편 사주를 보니 준재벌에 가까운 사주로 구성되어 있는데 두 부부의 궁합이 바로 병화(丙火)와 계수(癸水)의 궁합이다.

필자가 "이 사람 아침 일찍 나갔다가 저녁 늦게 들어오지요? 돈은 걱정없이 살 정도로 벌어오지만 큰 돈은 못 벌지요?" 하니 그렇다고 한다. 그래서 "이 사람은 준재벌에 가까운 사주인데, 부인과 궁합이 좋지 않아 조금 전에 말한 것처럼 살고 있으니 제가 하는 말을 이해하고 이 사람을 생각한다면 이혼해 주시는 게 좋을 듯 합니다" 했더니, 본인도 그런 이야기를 듣고 확인차 온 것이라면서 이혼하겠다고 했다. 아무리 좋은 사주를 갖고 이 세상에 왔다고 해도 배우자를 잘못 만나면 평범하게 살아가고, 배우자를 잘 만나면 본인 사주보다 더 잘 살 수도 있다는 것을 상담을 통해 알 수 있다.

7. 병화(丙火)와 임수(壬水)

병화(丙火)는 하늘에 떠있는 태양이지만 큰 불로 보기도 한다. 십간론(十干論)에서는 강물인 임수(壬水)가 하늘에 떠있는 병화(丙火) 태양을 어떻게 할 수 없다고 했지만, 병화(丙火)를 큰 불로 보면 큰 강물인 임수(壬水)가 그 불을 끌 수도 있다. 실제로 상담해 보면 병화(丙火)와 임수(壬水)가 부부로 만나면 많은 어려움이 생기는 것을 알 수 있다.

8. 정화(丁火)와 계수(癸水)

정화(丁火)는 작은 불이고 불씨다. 계수(癸水)는 이슬비라고 했으니 작은 불씨에 이슬비가 내리니 결국에는 꺼지고 말 것이다. 그러니 최악의 궁합이라고 할 수 있다.

9. 무토(戊土)와 임수(壬水)

무토(戊土)는 큰 산이나 댐으로 보는데, 임수(壬水)는 큰 강물이지만 큰 댐이 막으면 흘러갈 수 없어 갇혀버리는 신세가 된다. 이도 결코 좋은 만남이라고 할 수 없다.

10. 기토(己土)와 계수(癸水)

기토(己土)와 계수(癸水)도 무토(戊土)와 임수(壬水) 같은 형상이니 이 역시 만나서는 안 되는 사이다.

11. 경금(庚金)과 병화(丙火)

병화(丙火)는 큰 불로도 본다고 했으니 큰 무쇠덩어리인 경금(庚金)이 견딜 수 없어 흘러내린다. 그리고 병화(丙火)가 경금(庚金)을 보면 병화(丙火)는 태양으로 변하고 경금(庚金)은 이슬이 되어 태양이 떠오르면 이슬은 말라버리고 만다. 그런 형상이 생기면 죽음이 될 수도 있으므로 절대 만나면 안 되는 사이다.

12. 신금(辛金)과 정화(丁火)

정화(丁火)는 작은 불이며 불씨지만 금(金)을 보면 용광로로 변해 그 금(今)을 녹여버린다. 그래서 신금(辛金)이 정화(丁火)를 만나면 녹아내리는데 이미 만들어진 신금(辛金)이 쓸모없는 다른 물체로 변하니 절대 만나서는 안 되는 사이다.

13. 임수(壬水)와 기토(己土)

임수(壬水)는 맑은 강물인데 기토(己土)인 흙을 그 강물 위에 뿌리면 물은 흙탕물이 되고 만다. 맑은 물이 흙탕물이 되어 쓸모없는 물이 되고, 기토(己土)가 임수(壬水)를 만나면 작은 흙이 큰 강물에 떠내려 가니 만나서는 안 되는 사이다.

이렇게 만나면 상대를 제압하는 오행(五行)은 편한데 당하는 오행(五行)은 피곤하다. 특히 부부간에 아내가 남편을 제압하는 오행(五行)이면 남편 말을 아내가 무시하는 경향이 짙고, 부모와 자녀 사이에 자녀가 부모를 제압하는 오행(五行)이면 자녀가 부모의 말을 어릴 때는 들을지 몰라도 성장하면 무시하는 경향이 짙다는 것을 참고하기 바란다.

참고로 필자의 아들이 기토(己土)이고 필자가 계수(癸水)인데 이 문디가 필자 앞에서 "아버지 말은 안 듣습니다" 한다. 사주를 모르는 사람 같으면 나무랄 텐데, 기토(己土)의 성격대로 자기가 하고 싶은 대로 살게 그냥 잊고 살아간다.

궁합에서 부모와 자식간에 살이 끼어있으면 같이 살기 어렵다. 그런 부모와 자녀를 종종 만난다. 그럴 때면 서로 멀리 떨어져 살며 간섭하지 않는 것이 좋다고 해도 부모가 자꾸 자녀들에게 연락하고 잔소리를 하는 것을 보면 묘한 생각이 들기도 한다.

특히 모자간에는 그 작용력이 더 심하다. 내 뱃속에서 열 달이나 키운 자식인데도 그렇게 미울 수가 없으니 환장할 일이 아닌가. 엄마는 아들과 살고 싶어 참으려 하는데도 서로 보기만 해도 말다툼이 일어나니 미치고 환장할 일이다.

사주 구성은 눈으로 보면 음양오행(陰陽五行)이라는 글자일 뿐이지만, 그 글자가 모두 기(氣)이며 사물도 되고, 몸의 장기에도 해당하고, 가까운 사람도 되고, 제삼자도 되고, 가장 중요한 조상도 된다.

어떻게 생각하면 복잡해 보이지만 그렇지는 않다. 사주를 볼 때 종합적으로 봐야 한다는 것일 뿐이다.

궁합에서 살이 있으면 아무리 마음을 다스려도 그건 내 마음일 뿐이고, 살에 해당하는 조상(무의식 세계)이 마음을 다스리지 못해서 그런 생각과 행동을 하게 만든다. 살아있는 나야 마음을 다스리지만 눈에 보이지 않는 조상의 마음을 어떻게 다스릴 수 있겠는가. 그러니 자신도 모르게 상대를 보면 신경질나는 것이며, 나도 모르게 상대방을 미워하는 것이다.

사람이 살면서 만나지 않으면 안 되는 것이 사람이니 사람을 만나는 모든 인연은 바로 궁합에서 비롯된다. 궁합이나 성격을 조금만 알아도 살아가는 데 많은 도움이 될 것이다. 천간(天干)끼리의 궁합이나 천간(天干)에 대한 성격, 지지(地支)에 대한 성격 등도 많은 도움이 될 것이다. 그 도움이 작은 것 같지만 그 후유증은 엄청남을 알아야 한다.

어느 방송국에서 설문조사를 했는데, 결혼 전에는 궁합을 믿는 사람이 33% 정도이고, 재혼할 때는 67%가 믿는다고 한다. 이 말은 결혼해서 살아보니 역시 궁합이 중요함을 알고 첫 결혼에는 궁합을 무시해 실패했어도 이번에는 실패하지 않으려고 보는 것이다. 궁합이 나쁜 부부가 살면서 겪는 고통이 본인들로 끝나는 것이 아니다. 양가 부모 형제와 부부 사이에 태어난 자녀에게까지 고통을 안겨준다.

궁합은 절대적이다. 이혼하는 사람은 대개 궁합이나 배우자 성격을 무시한 결과이며, 사랑이라는 유혹에 빠져 결혼하고 이혼이라는 절차를 밟고 고통스럽게 살아가는 사람이 제법 많다. 2014년 기준으로 하루에 316쌍이 이혼했다고 한다. 물론 궁합이 좋다고 이혼하지 않는다는 보장은 없으나 줄일 수는 있다. 궁합도 좋고 서로 성격도 이해할 수 있는 상태에서 결혼하면 백년해로할 수 있을 것이다.

목숨 걸고 사랑한 연인이라도 흘리는 눈물은 길어야 몇 년이겠지만, 잘못된 결혼으로 흘리는 눈물은 적어도 40년은 흘려야 한다. 나만 생각하지 말고 태어날 자녀의 아픔과 고통을 생각하는 마음이 매우 중요하다.

그리고 궁합만 믿어서도 안 된다. 왜냐하면 궁합이 좋다는 것은 서로 의견 조율이 잘 된다는 것인데, 본인 성격을 다스리지 못하면 궁합도 무용지물이 될 수 있다. 자기가 하고 싶은 대로 하는 사주가 간혹 있다. 그런 사람들은 자기가 하고 싶은 대로 하지 못하면 숨이 막힌다. 먼저 자신부터 다스리는 게 중요하다.

경제적으로 풍족한 사람도 이혼하는 첫 번째 이유는 성격 차이다. 말 그대로 성격 차이도 있고 섹스 차이도 있을 것이다. 사주를 연구하는 입장에서 보면 틀림없이 궁합이 맞지 않았을 것이다. 궁합이 맞지 않으면 서로 견해 차이가 커 부부간에 의견 조율이 잘 되지도 않고 성생활도 잘 맞지 않는다.

연인 궁합을 경험해보면 연인 사이일 때는 섹스가 환상적이지만 막상 결혼하고 나면 그런 현상이 반대가 되는 것을 많이 본다. 성격도 마찬가지다. 연인일 때는 서로 의견이 잘 맞는데 막상 결혼하고 나면 견해 차이가 크고 아무것도 아닌 사소한 일로 다투고 괜히 상대방이 미워진다.

이것이 바로 궁합이다. 연인 궁합들은 만나면 첫눈에 잘 반하고,

가족들의 반대에도 목숨을 걸고 결혼한다. 필자가 "부모 형제가 말릴 때 그만두었으면 지금 이혼이라는 것을 앞에 두고 고민하지 않아도 될 터인데 왜 그랬냐"라고 물으면 "그때는 그 사람이 없으면 죽을 것 같아서요"라고 답한다.

이것이 바로 연인 궁합 후유증이다. 그러면 필자는 "당신 부부의 인연으로 이 세상에 온 아이들은 죄가 없으니 부모로서 책임을 다해야 하지 않겠냐"고 하면서 돌려보내기도 하는데, 이제는 시대가 바뀌어 이혼을 권할 때가 있다.

아이들은 부모의 인연으로 이 세상에 온다. 믿을 수 있는 사람은 오직 부모밖에 없는데 부모가 이혼하면 결손 가정이 되고, 아이들은 제대로 자라지 못할 수 있다. 물론 궁합이 좋지 않아도 살아가는 부부들도 있지만, 행복한 가정은 아닐 것이다. 사람이 살아가는 데 가장 중요한 것이 바로 궁합임을 알고 살아가는데 도움이 되길 바란다.

일부일처제와 자연의 법칙

일부일처제는 신이 만든 것이 아니라 사람이 만든 규칙이니, 그 규칙을 너무 남용해 배우자가 마치 내 소유물인 것처럼 생각하지 말자는 것이다. 일 대 일로 만나 죽을 때까지 산다는 것은 행복인지 모르지만, 결코 행복한 것만은 아닌 것 같다.

필자의 생각 같아서는 일 년에 한 번씩 바꿔가면서 살면 가장 좋을 것 같다는 생각도 든다. 그런 것을 생각해보면 모계사회가 오히려 더 합리적이고 자연스러운 만남이지 않았나 하는 생각을 해본다.

상담을 하다보면 바람을 피워야 할 사람이 가끔 있다. 배우자나 본인의 사주가 바람을 피워야 할 사주일 경우 바람을 피우지 않으면 안 된다고 여러 번 글을 쓴 적이 있다. 꼭 바람을 피워야 된다는 것은 아니지만, 마음을 털어놓고 이야기할 수 있는 이성 친구가 반드시 필요하다. 만약에 이성 친구가 없으면 편안한 가정생활을 기대하기 어렵다.

사주 구성이 이런 사람이 이성 친구가 있으면 가정은 평화를 유지하게 된다. 그 이유는 잘 모르지만 당사자들의 말을 들어보면 나는 이성 친구가 있는데 배우자는 없는 것 같으니 미안해서 잘해준다고 하는 사람이 많다.

배우자의 사주 구성으로 인하여 내가 이성 친구가 생기는 사주이면 더욱더 배우자를 아껴야 하는데도 배우자를 의심의 눈으로 보는 사람도 간혹 있다. 이건 무슨 심뽀인지 모르겠다. 나는 즐길 것 다 즐기고 상대는 즐기면 안 되고 마치 내 소유물처럼 생각하는 사람도 있다는 것이다.

이건 불공평하다. 내가 맛있는 음식을 먹으면 상대방도 맛있는 음식을 먹을 기회를 주는 것이 가장 합리적이다. 필자가 말하는 것은 이런 욕심을 갖지 말자는 것이다.

한 번 정도는 생각해보자. 내 반쪽이 과연 나를 만나 행복한지 말이다. 한 번뿐인 인생 신나게 살아야 하지 않겠는가. 가정이라는 울타리 속에서 일생을 살아간다는 것은 생각만 해도 끔찍하다. 100세를 산다는 시대에 말이다.

서로 아끼고 배려하면서 살아가면 또 다를 수 있다. 나를 배려하고 사랑하는 사람이 바로 내 배우자라면 굳이 다른 이성을 찾을 필요가 없을 것이다. 열심히 내 배우자를 아끼고 사랑하자. 이 한목숨 다 바쳐서.

이혼은 과감하게

여자들이 경제활동을 한다고 하지만 아직은 남편이 가장이고 경제를 책임지면서 살아가는 시대다. 그래서 생활 주도권은 남편한테 있는데, 남편들이 간혹 이혼을 상담하러 오는 경우가 종종 있다.

이러한 부부들 궁합을 보면 아내가 소비성이 짙거나 아내가 남편을 무시하는 궁합이고, 아이들은 나이가 어리니 이혼을 권하지도 못하는 사정이 딱한 부부도 간혹 있다. 이혼하고 아이를 남편이 혼자 키우려니 어렵고, 부탁할 만한 곳도 없고 또 교육문제도 엄마에게 맡길 수 없는 상황인데도 이혼하지 못하는 남편들이 있다는 것이다.

필자가 아무리 머리를 짜내도 답이 없다. 이혼하지 않으면 안 되는데 이혼하고 나면 아이 문제 때문에 이혼하지 못하는 경우가 간혹 있다. 그 해답은 본인이 결단을 내려야 하는데 참으로 답답하고 막막할 뿐이다. 물론 결혼하기 전에 궁합이라도 한번 보았으면 좋으련만 궁합을 보지 않은 부부가 가장 많고 궁합을 봤는데 그 철학관에서 좋다고 해서 결혼한 부부도 종종 있다.

시작이 잘못되면 그 자리에서 멈춰야 한다. 저 앞에 절벽이 있다는 것을 알면서도 멈추지 않는 바보는 없다. 이 말은 결혼이라는 시작이 잘못되면 이혼이라는 절차를 밟아야 한다. 잘못된 결혼인 줄 알면 바로 이혼해야 한다. 그것이 가장 바람직한 이혼이다.

아이가 생기기 전에 잘못된 결혼이란 것을 알면 더 좋을 것이다. 아이가 태어나면 책임감 때문에 이혼을 망설이고, 아이는 아이대로 정신적으로 시달리고, 부모는 부모대로 고통받는 것이다.

연애시절에 단 한번이라도 말다툼을 하거나 의견 조율이 안 된 사이는 무조건 결혼하면 안 된다고 생각한다. 연애시절에는 애타게 보고 싶고 아끼는 마음만 있어야 하는데도 작은 다툼이라도 생긴다면 결혼 후에는 그 정도로 끝나지 않고 큰 싸움이 된다.

이혼하려는 사람들 이야기를 들어보면 연애시절에 조금이라도 다툼이 있던 이들이 대부분이다. 그때는 크게 생각하지 않았는데 살아보니 그때 그만두지 못한 것이 후회된다고 한다.

그래서 필자가 궁합을 볼 때 필히 물어보는 것이 연애시절에 다툰 적이 있냐는 것이다. 만약 그런 일이 있었다면 궁합이 좋아도 결혼하지 말라고 권한다. 궁합이 아무리 좋아도 성격이 맞지 않으면 백년해로하기 힘들다.

상담하다 간혹 이혼을 권하는 경우도 있다. 특히 아이가 없는 부부에게는 권하기도 한다. 그런 경우는 지극히 드물지만 말이다. 왜냐하면 이미 부부 사이는 금이 가고 결혼생활을 하기 어려운 부부들이기 때문이다.

결혼이 잘못되었으면 아이가 태어나기 전에 하루라도 빨리 이혼하는 것이 정답이라고 생각한다. 작은 미련 때문에 이혼을 망설이다가 덜컥 임신해 아이가 태어나면 그때부터 고난의 결혼생활이 시작되기 때문이다. 잘못 끼운 단추는 빨리 바로 끼워야 한다. 결혼은 내 일생만 좌우하는 게 아니다. 가족과 아이 모두 상처를 입기 때문에 올바른 판단과 빠른 결정을 해야 한다.

작은 미련에 가슴 아파하지 말고 아니다 싶으면 바로 이혼하라고 권한다. 이혼을 미루다가 아이가 태어나면 그 아이 인생도 생각해봐야 할 것이다. 아무것도 모르고 이 세상에 오는 아이가 무슨 죄가 있는가. 이 결혼은 아니다 하는 생각이 들면 아이가 태어나기 전에 하루라도 빨리 이혼하라.

근래에는 황혼이혼이 급속히 늘어나는 추세다. 황혼이혼이 느는 이유는 간단하다. 황혼이혼을 하는 세대는 과거의 세대로 한번 결혼하면 아무리 힘들고 어려워도 평생 같이 살아야 한다고 교육받은 세대이고, 자식을 위해서는 이 한 몸은 죽어도 좋다고 생각하는 세대의 부모들이다. 그래도 시대가 변하니 그 마음도 변하는 모양이다.

이러한 경우에는 과감하게 이혼하는 것이 맞다. 이웃이나 자식 눈치를 볼 이유가 없다. 내 인생은 내 것이라는 노래가 있듯이 내 인생은 내 것이니 내가 하고 싶은대로 하면서 살아가는 것이 가장 좋다. 나이가 들어서까지 배우자 때문에 고통스런 삶을 살 이유가 없다. 과거의 우리 부모들은 오직 자식만을 위해 희생했는데, 그런 시대는 이미 오래전에 사라졌다.

그렇지만 아직도 자식을 위해 열심히 사는 젊은 부부도 많다. 그렇지만 이 부부들은 자식을 교육하면서도 노후 준비도 할 것이다. 그런데 황혼이혼을 하려는 부모들은 노후가 염려된다. 오직 자식만을 위해 살아온 세대라서다.

자식을 위해 평생을 살아오신 부모에게는 그에 상당하는 보상이 따라야 할 텐데 하는 생각을 해보지만 그렇게 자란 자식들도 자기 자식 뒷바라지하는 데 돈이 너무 많이 들어가니 부모한테 효도할 여유가 없을 것이다. 그래도 부모 없이 내가 이 세상에 올 수 없었으며 부모들이 애지중지 키워주신 은덕을 생각하면 자식보다 우선해야 하지 않을까 하는 생각도 해본다.

관성이 많은 여자는 여러 번 결혼한다?

여자에게 관성(官星)은 남자이면서 남편에 해당하는 오행(五行)이므로 사주에 관성(官星)이 많다는 것은 남자가 많다는 뜻이고, 남자가 많으니 당연히 결혼을 여러 번 하는 게 맞다. 봉건시대 사주 이론대로라면 말이다.

그러나 시대가 변했다. 여자가 경제활동을 할 수 있는 영역이 넓어지고, 사람들 생각도 많이 변했다. 이제는 10년 전 말을 해도 고리타분하게 들리는 시대다. 그런 시대에 맞게 사주를 봐야지 봉건시대 발상으로 사주를 풀이하는 것이 역학계의 현실이다. 과거 학문으로 판단해서 하는 말에 마음 상하는 사람이 많고, 고통의 늪 속으로 빨려들어 가는 사람도 많다.

관성(官星)이란 여자에게는 남자이기도 하지만 명예운이기도 하다. 근래에는 직장생활을 하지 않는 여자가 오히려 드문 시대인데 관성(官星)이 많으면 많을수록 직장 상사한테 인정받고 승진도 잘 한다. 그런데 관성(官星)이 없거나 약한 여자가 직장생활을 하면 아무리 실력이 있어도 인정받기 어렵고 승진도 잘 안 되어 퇴직하는 사람도 간혹 있다.

관성(官星)이 많다고 결혼을 여러 번 한다는 말을 함부로 하는 시대는 이미 지난 지 오래다. 사주라는 것을 모르고 상담하는 사람이 그런 말을 마구 해대는 것이지, 사주를 제대로 이해하고 풀이하는 사람은 함부로 그런 말을 하지 않는다. 오히려 그 관성(官星)을 활용하는 방법을 알려준다. 그런 사람이야말로 역학인이라고 칭송받아 마땅하다.

지금은 오히려 관성(官星)이 있어야 하는 시대다. 물론 관성(官星)이 있는 위치에 따라다르겠지만, 관성(官星)이 있어야 출세도 하고 성공도 하는 시대다. 관성(官星)이 많아 여러 번 결혼할 것이라고 하는 철학관이 있더라도 걱정하지 말라. 오히려 출세와 성공하는 데 도움이 된다고 생각하라.

부자 남편을 만나고 싶으면 마음을 비워라

남자에게 재성(財星)이란 돈과 여자에 해당한다. 이 말을 다시 해보면 돈이 많다는 것은 여자가 많다는 결론이 나온다. 여기서 여자와 남자의 본질을 알아야 한다.

여자는 자연의 습성상 남자의 씨를 받아 10개월 동안 자궁에서 키워 아이를 출생하게 되어있어 여자를 밭으로 볼 수 있으며, 여자는 내 밭에 우성 종자를 받으려고 능력있는 사람이나 돈이 많은 사람 씨를 받아 그 사람의 아이를 낳으려고 하는 본능적인 습성이 몸에 베어있는 반면, 남자는 종족 번식을 위해 여자인 밭만 보면 그 밭이 모래사막이든 옥토든 좋고 나쁨을 가리지 않고 무조건 씨를 뿌리려는 본능적인 습성이 있다.

이러한 본능은 가장 자연스러운 것이며 창조주의 섭리다. 모계사회에서 여자들은 우성 남자를 만나기만 하면 그 사람의 씨를 받는다. 그래서 오랜 옛날에는 모계사회였고, 모계사회가 가장 자연스러운 자연의 흐름이며 섭리인데, 이러한 자연스러운 흐름을 남자들이 일부일처제라는 제도를 만들어 한 여자에게서만 내 아이를 낳도록 법을 만들었기 때문에 여자들은 결혼하면 일부일처 제도에 묶여 살아가야만 하는 것이다.

일부일처 제도를 남자들이 만든 것은 사람 수가 늘어나고 남자들이 재산을 모으게 되는데 이 모은 재산을 그냥 두고 죽으려니 아까운 생각이 든다. 그래서 내 자녀에게 내가 모은 재산을 주고 싶은데 어느 여자한테서 낳은 아이가 내 아이인지를 알 수 있는 방법이 과거 모계사회에서는 없다.

그래서 생각해낸 것이 바로 한 여자를 내가 독차지해서 내가 그 여자에게서 자녀를 낳게 되면 내 아이인 것이 확실하므로 그 아이에게 재산을 물려주기 위해 만든 인류 최초의 악법 중에 악법이 일부일처제인 것이다.

이 일부일처제란 법이 만들어져 자연스러운 만남은 일부일처제의 법에 묶여 간통이라는 누명을 쓰게 되고 심지어 서양에서는 여자는 남자의 갈비뼈로 만든 사람이라며 마치 남자의 물건처럼 자기의 아내를 상품화하기도 했다.

이 일부일처제 때문에 여자들의 운명은 그야말로 가시밭길이 되고 만다. 다른 남자를 만나야 하는 사주를 가진 여자가 다른 남자를 만나다가 들통나면 간통죄로 처벌받든지 죽임을 당하기도 했던 것이다.

문화가 발달하고 여자의 인격을 존중하게 되면서 여자들이 받는 대우가 조금은 나아졌지만 아직도 일부일처제라는 악법으로 고통받고 있는 것이다.

여자들도 이 일부일처제에 정신적으로 물들어 한 남자만 바라보고 사는 것을 당연하게 여겨서인지 자기 남편이 다른 여자와 놀아나는 꼴을 못보는 것이다. 돈 잘 버는 남자를 원하면서도 그 남자가 다른 여자를 만나는 것을 가만히 바라보지 않으려는 심뽀는 고쳐야 한다.

남자에게는 돈과 여자가 같은 오행(五行)이라고 했다. 돈이 많으면 여자가 많은 것은 당연한 이치이고, 돈 많은 남자는 능력있으니 또 여자들이 그 돈을 보고 따를 수밖에 없는 것이 음양오행(陰陽五行)의 법칙이다. 돈 잘 버는 남자도 원하고, 바람도 피우지 않는 남자를 원하는 바보가 되지 말기를 이 자리를 빌려 말하고 싶다. 돈이 많으면 자연스럽게 여자가 따른다는 것을 인정해야 그 집안이 조용하고 내가 행복해질 수 있다는 것을 여자들은 알아야 한다.

바람을 피워야 할 사람은 피워야만 한다

사주란 정말 묘하다. 특히 인연이 그렇다. 필자가 다른 것은 몰라도 그 사람이 연인이 있어야 하는 사주인지, 그 연인은 현재 다른 연인이 있는지는 정확하게 본다.

심지어는 어느 한 남자의 사주에서 여친은 남편이 있고, 그 남편은 또 여친이 있고, 그 여친도 남편이 있고, 그 남편이 또 여친이 있는 사주를 본 적이 있다. 참으로 묘한 일이다. 사주가 아무리 창조주의 프로그램이라고 해도 이렇게 만들기는 정말 어렵다. 그런데 실제로 그런 일이 사람의 사주에 있는 대로 생긴다.

이성 친구가 있어야 할 사람이 이성 친구를 사귀지 않으면 정상적인 가정을 꾸리기 어렵다. 무슨 영문이지 알 수 없지만 대개 이혼이라는 수순을 밝는다.

신 입장에서 본다면 너는 다른 사람과도 만나야 하는데 만나지 않으니 그 가정을 흔드는 게 아닌가 하고 말이다. 이성 친구가 있어야 하는 사람에게는 필히 권한다. 이성 친구를 만나라고 말이다. 그래야 행복한 가정을 꾸릴 수 있어서다.

일부일처제라는 테두리 속에서 가정을 꾸리다보니 그런 현상이 생기는 것이다. 마음 편하게 인연따라 이 사람도 만나고 저 사람도 만나면 좋은데, 사회 질서를 문란하게 만들기 때문에 부득불 일부일처제를 고수할 수밖에 없는 게 현실이다. 가정을 이루고 정상적으로 살아가는 사람에게 그런 작용력이 일어나는 것은 본인의 사주에서 나타날 때도 있지만, 남편이나 부인 사주에서 나타나는 사람도 있다.

만약 남편 사주에서 아내가 이성 친구를 만나게 되어있으면 그 아내는 이성 친구가 있어야 가정이 조용하다. 마찬가지로 남편 사주에서는 이성 친구가 없는데 아내 사주에서 남편이 이성 친구가 있으면 남편은 이성 친구가 있어야 가정이 화목하다. 남편이나 아내나 상대방이 바람을 피우는데 너무 예민할 필요가 없다. 타고나기를 그렇게 타고났는데 어떻게 하란 말인가.

필자의 기억에 남아있는 여자가 하나 있는데, 본인 사주에는 남자가 없었다. 그런데 남편 사주를 보면 내 아내는 온 천지에 남자뿐이다. 그러니 이 여자 온갖 남자를 다 만나는데 전화번호가 하루가 멀다하고 바뀐다. 그래도 남편은 이 아내를 믿는다. 철저하게 말이다.

그래서 필자가 "남편 덕분에 남자들을 만나니 남편한테 더 잘 하시오" 했다. 이런 작용이 일어나는 것이 바로 사주다. 사람이면 누구를 막론하고 사주라는 테두리에서 벗어날 수 없음을 알고 잘 활용해야 한다.

간통죄도 없어진 마당에 바람피우면 어떻고, 아니면 어떤가. 편안한 가정을 원한다면 절대 상대방을 의심하지 말고 그냥 믿으면서 살아야 내가 편하다는 것을 명심해야 할 것이다. 묘한 것이 또 하나 있다. 바람을 피워야 할 사람은 대개 들통나지 않고, 만약 들통이 나더라도 대개 상대방이 이해하고 넘어간다. 그런데 근래에는 카톡으로 문자를 주고받다가 들통나는 경우가 많다.

그런데 바람을 피우면 안 되는 사주로 태어난 사람이 지나가는 세운(世運)에서 바람을 피우다, 그 세운(世運)이 지나갔는데도 계속 바람을 피우면 반드시 들통난다는 것을 명심해야 한다. 믿거나 말거나 묘한 일이다. 필자와 상담할 때 배우자의 바람을 묻는 경우가 있는데, 필자는 절대 그런 일은 없다고 하면서 의심하지도 말고 뒤를 캐려고 하지도 말라고 한다.

왜냐하면 알아봐야 도움되는 것은 하나도 없다. 그런데 막말을 하는 사주쟁이가 많다. 마치 자기가 잘 맞히는 것처럼 당신 남편 바람났네, 당신 아내 바람났네 하는 소리를 마구 해댄다. 그래서 깨진 가정이 많을 것이다. 모르면 약이요 알면 병이라는 말이 있듯이 알려고 애쓸 필요가 없다.

이러한 사주를 활용하는 방법은 이미 앞에서 제시했다. 사주란 것은 짜여진 각본대로 살아가는 것이 아니라, 다가오는 대운(大運)이나 세운(世運)을 어떻게 활용할까를 연구하고 발전시켜야 하고, 그런 상담을 할 수 있어야 한다.

그런데 이보다 더 신기한 사주도 있다. 특히 남자 사주에서 여자 친구가 있어야 돈벌이가 잘 되는 사주가 있다. 그런데 이 여친과 헤어지고 난 후 사업이 쫄딱 망하는 사주도 보았다. 그것도 필자와 가장 가까운 40년지기 친구가 그렇게 당했다.

이러한 사주도 잘 활용하려면 여자 친구가 반드시 있어야 사업이 더 번창하고, 그 여자 친구가 이 사업을 도와주면 더 좋을 것이다.

3장.
사주 공부, 아주 쉽다

사주는 간단하다

사주를 정확하게 해석하려면 먼저 자연과 사주에 있는 음양오행 (陰陽五行)을 동일 선상에서 보아야 한다. 사주를 글자로만 보면 제대로 풀 수 없다. 사주는 음양오행(陰陽五行)의 변화일 뿐이지 틀에 짜여진 학문이 아니다. 사주를 업으로 하려는 사람들은 사주가 기 (氣)과학이라는 것과 창조주의 프로그램이라는 것을 항상 염두에 두면서 사주를 해석해야 한다.

사주를 학문으로 보고 자연은 자연 그대로 본다면 사주에서 영원히 답을 찾을 수 없다. 똑같은 사주를 가진 사람은 똑같은 삶을 살아가게 된다는 것이 용신격국론(用神格局論)이다. 단순하게 살던 시대에는 적중률이 높았는지 모르지만 복잡한 현 시대와는 동떨어진 이론으로 적중률이 낮다. 적중률이 100%가 아니면 사주를 업으로 하면 안 된다는 게 필자의 생각이다.

앞에서도 밝혔듯이 사주에서 가장 중요한 것은 그 사주에서 원하는 직업을 선택하는 것이다. 사주에서 제일 먼저 공부해야 할 부분이 바로 직업이다. 직업이 가장 중요하기 때문에 직업을 공부해야 하는 것이며, 용신(用神)이나 격국(格局)은 배울 필요가 없다. 직업을 먼저 배우고 나면 아이 사주를 분석해야 한다. 아이의 성격, 부모와의 궁합, 공부하는 방법, 공부가 잘 되는 시간 등을 분석하는 공부가 필요하다.

그 다음에는 직업에 따라 대운(大運)을 활용하는 방법을 연구해야 하고, 신수 연구도 많이 해야 한다. 신수는 정말 중요하다. 해마다 일어나는 사고나 사건, 승진, 시험운, 사업운 등을 연구해야 한다.

사주에서 들어오는 사건이나 사고를 모르면 그대로 당한다. 얼마 전 지난해에는 아들을 잃고 금년에는 아내마저 저 세상으로 보낸 사람이 상담하러 왔다. 사주를 한번도 본 적이 없는데, 갑자기 아들과 아내가 저 세상으로 가버렸으니 기가 차기도 하고 황당하다고나 할까. 그래서 답답한 마음에 도대체 무슨 연유로 두 사람이 저 세상으로 갔을까 하는 의문을 갖고 사주라도 보면 조금이라도 그 원인을 알 수 있을까 하고 찾아왔다고 한다.

그래서 상담하게 되었는데 사주를 보니 지난해에는 아들이 저 세상으로 가야 하는 세운(世運)으로 흘렀고, 금년에는 아내가 저 세상으로 갈 수도 있는 세운(世運)인데 사주에서 오는 운대로 당한 것이었다. 이렇게 일어나는 일을 미리 알면 방법이 없지는 않지만, 사람들이 잘 믿지 않는 경향이 짙다. 그래서 사주를 자세히 설명해 주면서 그런 이야기들을 했는데, 그래도 그런 운이 있어 그렇게 되었다는 것을 아니 답답한 마음이 좀 가라앉는다고 하면서 돌아갔다. 그러니까 신수 연구를 철저히 해야 하며 상담하러 온 사람에게 알려줘야 한다. 아는 것과 모르는 것의 차이는 엄청나게 크다.

미리 알면 피할 방법도 있지 않겠는가. 특히 교통사고나 성범죄 사건 같은 것을 막을 수도 있다. 신수 연구를 많이 해야지 신강사주(身强四柱)라서 무슨 오행(五行)이 필요하고, 신약사주(身弱四柱)라서 무슨 오행(五行)이 필요하고가 아니다.

사주를 공부할 때 육친관계 공부도 많이 해야 하고, 세운(世運)에 따라 변하는 자연의 흐름도 알아야 한다. 사주를 선생에게 배운 사람들 이야기를 들어보면 맨 처음에는 육십갑자부터 외우라고 한다고 한다. 어디에 써먹으려고 그러는지 모르겠다. 필자는 아직도 육십갑자를 손가락으로 집지 않고 외우라고 하면 못한다.

하여튼 용신격국(用神格局)을 운운하는 선생에게는 절대 사주를 배우지 말라고 부탁한다. 사주는 일 년 만 제대로 공부하면 말 그대도 통달할 수 있는 학문인데, 그놈의 용신(用神)과 격국(格局)에 매달리다 보면 평생을 공부해도 모른다고 하는 것이 정답이다. 사주는 아무리 복잡해봐야 십간(十干) 10글자와 지지(地支) 12글자의 조합이다.

이 십간(十干) 십이지(十二支)를 제대로 알면 사주풀이는 쉬워진다. 사주를 모르더라도 십간(十干)이나 십이지(十二支)의 특성을 알면 도움이 될 것이므로 그 특성들을 알아보기로 하겠다. 인터넷에서 검색하면 내 사주를 알 수 있으니, 얼마든지 자신이나 가족의 성격

을 알 수 있고, 그 성격을 잘 맞춰주면 가정에는 항상 웃음꽃이 만
발하리라고 생각한다. 필자는 그런 생각을 해본다. 사주라는 학문
은 아주 쉬우니 일반인들도 배워 활용하면 살아가는 데 많은 도움
이 될 것이라고.

십간(十干)의 특성

1) 갑목(甲木)의 특성

갑목(甲木)은 큰 나무를 말하는데, 어느 사주쟁이가 방송에 나와
갑(甲)은 큰 나무를 의미하는 게 아니라, 갑(甲)의 성질과 비슷한 것
을 찾다보니 큰 나무와 갑(甲)의 성질이 비슷해서 갑(甲)을 큰 나무
라고 한다고 했다.

이 사람은 다른 분야에서 제법 이름깨나 있는 사람이지만 천만의
말씀이다. 창조주가 이 세상을 창조할 때 자연을 처음으로 만들고
그후에 사람을 만들면서 그 자연의 성질을 그대로 사람에게 옮겨놓
은 것이다. 그래서 갑(甲)은 확실하게 큰 나무이며 그 특성은 다음과
같다.

• 큰 나무가 쭉쭉 뻗어나가는 모습에서 추진력이 강함을 알 수 있
  고, 바위를 뚫고 올라온다는 것은 강한 생명력을 지녔다는 것을
  알 수 있다.

- 갑목(甲木)은 사람이 옮겨주지 않으면 그 자리에서 자라고 죽는다. 그래서 갑목(甲木)은 이동하는 것을 별로 좋아하지 않고 한자리에 오래 머무르려는 기질이 매우 강하다.
- 큰 나무는 높이 높이 키가 크므로 세상이 눈 아래에 보이니 자기 외에는 높은 사람이 없어 보여 자기가 최고라고 생각한다.
- 갑목(甲木)은 여름에는 시원한 그늘을 만들어주고, 겨울에는 땔감이 되어 따뜻하게 해주며, 온갖 벌레나 새들이 와서 집을 짓고 살아도 불만없이 잘 포용하며 함께 동거동락한다. 그래서 갑목(甲木)은 기본적인 덕목을 갖추고 인자하며 포용력도 있다.
- 큰 나무는 집단을 이루어도 부딪히거나 얽혀 사는 경우는 거의 없다. 그래서인지 갑목(甲木)은 혼자 있는 것을 좋아하는 고독형일 수 있다. 물론 사주 구성에 따라 조금은 다른 생각을 가질 수도 있지만 대부분 그렇다.

이 정도만 알아도 갑목(甲木)의 특성을 제대로 알았다고 생각하지만, 개개인의 생각이 다르듯이 갑목(甲木)을 보는 시각이 다를 수 있기 때문에 어디서나 큰 나무를 만나면 유심히 관찰해야 갑목(甲木)을 이해하는 데 도움이 될 것이다.

2) 을목(乙木)의 특성

을목은 작은 나무, 화초, 넝쿨나무 등을 의미한다. 작은 나무나 화초일 때는 연약해 보이지만 넝쿨나무일 때는 강하다. 이러한 을목

(乙木)의 특성이 모두 일간(日干)이 을목(乙木)인 사람에게 나타나는 데 끈질긴 생명력은 십간(十干) 중에서 최고라고 본다.

을목(乙木) 일간(日干)으로 태어난 사람은 실패해도 크게 흔들리지 않고 다시 시작하는 경우가 많고, 을목(乙木)의 특성은 끈질긴 생명력 하나만 알아도 된다. 포기하지 않는 끈질긴 생존력이 바로 을목(乙木)의 본 모습이다. 을목(乙木)은 혼자서는 무슨 일이든 하기 어렵다. 그래서 항상 도움의 손길을 기다리지 않고 스스로 만들어간다. 누군가 옆에 있어야 무언가를 할 수 있는 존재이니 남에게 의지하지 않고는 할 수 있는 일이 별로 없을 것이다.

- 남에게 의지하는 의타심이 강하다.
- 혼자서는 할 수 있는 게 별로 없다.
- 연약한 것 같아도 강하고, 사물을 이용하는 데는 천재적이다.
- 사람이나 물건을 버릴 때는 미련없이 버린다.
- 북극에서도 냉장고를 팔 사람이다.

3) 병화(丙火)의 특성

병화(丙火)는 하늘에 떠있는 태양으로도 보고, 활활 타오르는 불길로도 본다.

- 마음에 담아두는 것 없이 하고 싶은 말은 해야 속이 시원한 다혈질이다.

- 남한테 해로운 말을 잘 하지 못하고, 사기성이 거의 없다고 봐도 과언이 아니다. 그러나 사주가 너무 약하면 생존하려고 거짓말도 할 수 있다.
- 불은 순식간에 타오르듯이 성격은 급한데, 주변 오행(五行)에 따라 조금 다를 수도 있다.
- 불은 화려하고 아름다우므로 화려한 것을 좋아하고, 그쪽 방면에 재능이 뛰어나다.
- 사람이 살아가는 데 없어서는 안 될 태양이니 사주에 꼭 필요한 것이 바로 불이다. 불이 없으면 몸이 냉해져 질병에 걸리기 쉽고, 여자는 임신이 잘 안 되는데 임신해도 유산하기 쉽다.

4) 정화(丁火)의 특성

정화(丁火)는 다음과 같으니 개인별로 더 연구해보기 바란다.

- 정화(丁火)는 작은 불, 달, 별, 촛불, 반딧불 등으로 표현한다.
- 달과 별이 아름답듯이 정화(丁火) 일간(日干)은 대부분 호감이 가는 얼굴이다.
- 정화(丁火)는 불씨로 마음 한구석에는 불을 크게 일으키려는 기질이 매우 강하다.
- 정화(丁火)도 하고 싶은 말은 잘 숨기지 못하는 특성이 있으나, 사주가 너무 약하면 생존하기 위해 거짓말을 할 수도 있다.

5) 무토(戊土)의 특성

무토(戊土)는 큰 산, 댐, 넓은 들판을 나타낸다.

- 믿음직한 면이 많고 말을 아끼는 편이다.
- 마음이 태산처럼 크고 넓으며 너그럽다.
- 자기가 한 말에 책임을 지며 약속을 잘 지키는 편이다.
- 산은 아름답기도 하지만 절벽도 있어 이중적인 성격을 지니기도 한다.
- 좀처럼 화를 내지 않지만 한번 성질이 나면 탱크처럼 밀어붙이기도 한다.
- 말술을 먹을 수도 있다.
- 사기성은 없지만 통이 크고 배포가 있어 해먹으면 크게 해먹는다.

6) 기토(己土)의 특성

- 기토(己土)는 작은 흙으로 옥토라고도 하고, 화분의 흙이라고도 한다. 가장 작은 흙은 먼지다. 사주는 극과 극을 모두 봐야 정확하게 알 수 있다.
- 땅은 씨앗을 뿌린대로 거둔다고 하듯이 거짓을 모른다.
- 자기 생각이 항상 옳다고 판단하고 행동한다.
- 인정이 많아 돈거래를 하면 받기가 어렵다.
- 남의 부탁을 거절하지 못하며, 부지런하고 열심히 살아가는 사람

이 많은데 간혹 게으른 사람도 있다.

7) 경금(庚金)의 특성

경금(庚金)은 제련하기 전 무쇠덩어리다.

- 쇠는 강하므로 자신을 강하게 보이려는 경향이 짙다.
- 경금(庚金)은 역학 책에 의리에 죽고 의리에 산다고 나와있다.
- 경금(庚金)은 성품이 강직하다.
- 경금(庚金)은 언제 용광로에 들어갈지 모르니 항상 불안하다.
- 잘난 체하는 경향과 자기 과시욕이 매우 강하다.

8) 신금(辛金)의 특성

이미 용광로에 들어갔다 나와 제련사가 두들기고 달구면서 만든 제련한 금으로 보석이나 칼 등 쇠로 만든 모든 제품을 말한다.

- 자기는 무쇠덩어리가 아니라 모든 고통을 겪으면서 만들어진 제품이기 때문에 완벽하다고 생각하며, 자기처럼 완벽하지 않은 사람은 별로 좋아하지 않는다.
- 신금(辛金)은 칼이나 비수에도 해당하니 성격이날카롭기도 하다.
- 자기가 한 일도 자기 마음에 들지 않으면 안 되는 성격이다.
- 이미 완성한 제품이므로 더 기대할 게 없어 생각이 단순할 수 있

는 반면, 까다로운 점도 있다.

9) 임수(壬水)의 특성

임수(壬水)는 큰 강물이면서 호수의 물이기도 하다. 임수(壬水)의 특성은 다음과 같은데 보는 관점에 따라 작용력이 다를 수 있으니 연구하기 바란다.

- 한마디로 통과 포부가 크다.
- 웅변술은 없어도 설득력이 좋다.
- 마음이 맑고 깨끗하나 그 마음을 알 수 없을 때도 있다.
- 사교성이 있어 대인관계가 매우 좋다.

10) 계수(癸水)의 특성

계수(癸水)는 작은 개울물이면서 이슬비로 보기도 한다.

- 계수(癸水)는 단비라 만물을 축축하게 적시면서 생명체에 도움을 준다. 그래서 베풀려는 생각이 많다.(참고로 필자가 계수(癸水)이 고 중국에서 역학가로 이름을 떨친 소강절도 계수(癸水)라고 함)
- 계수(癸水)는 두뇌가 명석하다.
- 계수(癸水) 학생은 머리만 믿고 공부를 게을리 하기 쉽다.
- 계수(癸水)는 낭만적이며 복잡한 것을 좋아하지 않는다.

- 성품이 온화하다. 학생은 규칙적으로 공부하는 습관을 길러줘야 학년이 올라갈수록 뒤처지지 않는다.
- 융통성이 있고 대인관계가 매우 좋으나 내성적이 되기 쉽다.

십이지(十二支)의 특성

천간(天干)의 특성을 알았으니 이번에는 지지(地支)의 특성을 알아보자. 사주에서 천간(天干)과 지지(地支)의 특성만 알아도 가족의 성격 정도는 알 수 있으니 큰 도움이 될 것이다.

1) 쥐(子)의 성격

- 조용한 곳을 좋아한다.
- 촉각이 고도로 발달해 모든 활동을 촉감에 의존한다.
- 청각이 매우 발달되어 있다.
- 수기를 많이 갖고 타고난 사람은 남의 비위를 잘 맞춘다.
- 본능적으로 위험을 미리 감지한다.
- 근면하며 언제나 분주히 움직이고 일을 하나하나 만들어간다.
- 입맛이 다채로우며 식성은 잡식성이다.
- 대인관계를 중요하게 여기며, 상대방도 호감을 갖고 좋은 관계를 유지한다.
- 자신의 체험으로 지나치게 자신감에 차있어 주위 사람들과 멀어

질 수 있다.

- 여성은 현모양처로 남편의 교제 관계에 내조를 잘 한다.
- 질투와 욕심이 있고, 혼자서만 편하려는 이기심이 있다.
- 영감이 발달되어 있다.
- 현재보다 미래를 생각하기 때문에 재물에 대한 애착이 강하고 인색하다.
- 심성이 착하고 부지런하다.
- 명랑하고 낙천적이며 아무리 어려운 환경에 놓여도 대범하게 생각하고, 부지런히 생존할 방법을 모색한다.
- 대기업이나 공직자로 근무하면 별 볼 일 없어 보여도 열심히 노력해 인정받는다.
- 호기심이 많아 궁금한 것이 생기면 들여다보고 만져보고 물어봐야 직성이 풀리고, 지혜로우며 영리하다.
- 의심이 많고 공격적이며 기회주의자다.
- 내성적이며 항상 긴장하고 불안한 마음이 있다.
- 실속없이 잘 돌아다닌다.
- 식성이 까다로운 편이다.
- 검소하다.
- 타산적인 성격 때문에 남에게 잘 해주고도 원망을 듣거나 구설수에 잘 오른다.
- 남을 좋아할 때는 한없이 좋아하다가도 한번 틀어지면 냉정하게 돌아서는 성격이라 대인관계에 의심이 많고 계산이 빨라 불리한 것은 일찍 포기하는 스타일이다.

- 모든 일에 권태를 잘 느끼며, 직업이나 사업 종류를 자주 바꾸기도 한다.
- 사교심과 애교가 있고 눈치가 빠르다.
- 작은 일에는 잘 놀라지만 큰 일에는 오히려 대범하다.
- 집안 일에는 미숙하지만 바깥 일은 잘 한다.
- 가족애가 깊고, 가족을 위해서는 생명도 불사한다.
- 호기심이 많아 궁금한 것은 그냥 지나치지 못한다.
- 언제나 바쁘고 혼자 있어도 지루함을 모른다.
- 한번 목표를 정하면 끝까지 밀고나가지만 목표를 쉽게 바꾸기도 한다.
- 질투심이 매우 강하다.
- 영감이 매우 좋다.
- 재물 욕심이 매우 강하다.
- 약하니 겁과 의심이 많고, 항상 퇴로를 여러 개 만들어놓는다.
- 남 앞에 나서는 것을 싫어하고, 혼자 조용히 모든 일을 처리한다.

2) 소(丑)의 성격

- 근면하고 부지런하다.
- 좀처럼 화를 내지 않지만 화를 내면 무섭다.
- 참을성과 책임감이 있다.
- 정직하며 사기성이 없다.
- 이지적이며 사색적이다.

- 무뚝뚝하고 차갑다.
- 항상 하는 일이 많다.
- 나보다 남을 먼저 생각한다.
- 시작하면 끝장을 본다.
- 남이 알아주든 말든 묵묵히 자기 일을 한다.
- 인내력이 강하며 내성적이다.
- 고지식해서 이용당하는 경우가 많다.
- 매사에 느리지만 여유가 있다.
- 사람을 잘 사귀지는 않지만 한번 사귀면 오래간다.
- 사람을 처음 만나면 말을 잘 하지 않고 관찰하는 스타일이다.

3) 호랑이(寅)의 성격

- 독립, 모험, 투쟁 심리가 있다.
- 삶에 대한 무한한 욕망이 있고 현실적이다.
- 활달하고 강직하며 자존심이 강하다.
- 남에게 지기 싫어하며 고집이 세다.
- 처음 보는 사람에게 거리감을 두는 편이라 거만하다는 오해를 받기도 하는데 사귀어 보면 순하고 다정하며 인정이 많다.
- 자포자기를 잘 하고 게으른 편이다.
- 세속적인 출세나 안전보다는 방황하는 성격이다.
- 남한테 공격을 잘 하며 자기만 생각하는 이기주의자다.
- 고독하고 고독해 페인이 되기도 하고, 자살을 하기도 하고, 큰 스

님이 되기도 한다.

- 자기만 편안하면 그만이라는 생각을 한다.
- 통이 크며 용감하고, 책임감이 강하며 배짱이 있다.
- 성격이 급하며 감상적인 추억에 잘 빠진다.
- 성격이 괴팍하고 까다롭다.
- 남에게 지기 싫어하고 항상 우두머리가 되려고 한다.
- 신념이 강하며 의리가 있다.
- 일관성이 있고 힘이 강하다.
- 반항적이며 거칠다.
- 사려가 깊지 못하고 싸움꾼이다.
- 고집이 세고 이기적이다.
- 의심이 많고 지나치게 신중하다.
- 소견이 좁고 삶이 너무 치열하다.
- 남에게 어려운 일이 생기면 자기 일처럼 돕는다.
- 처음 보는 사람에게는 거리감을 두어 거만하다는 말을 듣기도 한다.
- 순하고 다정하며 인정이 많다.
- 항상 고독하고 외롭다고 느끼며 불교적이다.
- 염세주의자이며 자포자기를 잘 한다.
- 이기주의자로 적을 많이 만드는 편이다.
- 감상적인 추억에 잘 빠진다.
- 괴팍하고 까다롭다.
- 자기 배가 부르면 안일함에 빠지고, 자기가 배가 고파야 돈을 벌 궁리를 하는 스타일이다.

4) 토끼(卯)의 성격

- 온순한 것 같으면서도 포악한 면이 있다.
- 나약하고 잘 망설인다.
- 화를 잘 내며 예측하기 어렵다.
- 변덕스럽고 주관적이다.
- 손해를 안 보려고 한다.
- 마음이 불안해 항상 산만하며 걱정을 많이 한다.
- 명랑하고 쾌활하며 애교가 있다.
- 두뇌 회전이 빨라 판단력과 결단력이 좋으나, 성급하게 움직여 실패를 많이 한다.
- 논리적으로 명확하며 분명하지 않은 것을 싫어한다.
- 인내심이 강하나 뒷심이 약하다.
- 청빈한 선비형이다.
- 도전적이며 이론이 질서 정연하다.
- 후퇴할 줄 몰라 손해보는 일이 많다.
- 학문, 예술, 창작 분야에는 매우 좋으나 사업을 하면 함정에 잘 빠지는 경향이 있다.
- 성격이 급하고, 싸울 때는 끝장을 볼 듯이 설쳐댄다.
- 추진력이 대단히 좋다.
- 가만히 있지 못하고 자꾸 움직이려고 한다.

5) 용(辰)의 성격

- 정력적이며 강인하다.
- 현실 감각이 둔하고, 집착하지 않으며 공상적이다.
- 자신감이 지나쳐 오만하게 보이기도 한다.
- 온화하고 싹싹하며 애교가 많은 편이다.
- 필요에 따라 적절한 거짓말을 하기도 한다.
- 양보할 줄 모르고 타산적이다.
- 질투와 허영심이 많다.
- 잠재적인 능력은 뛰어나지만 이상과 꿈이 너무 크다.
- 처세술이 뛰어나고 감정도 풍부하다.
- 냉정할 때는 무자비할 정도다.

6) 뱀(巳)의 성격

- 차분하며 현명하다.
- 우아하며 인기가 있다.
- 결단력과 분별력이 있다.
- 소유욕과 질투심이 많다.
- 인색하며 차갑다.
- 적의를 갖고 있다.
- 재주가 많고 두뇌가 명석하다.
- 변덕이 심하고 권태를 잘 느끼며 비밀이 많다.

- 저돌적이며 공격적이다.
- 혼자 있는 것을 좋아해 은둔생활에 빠지기도 한다.
- 현실을 피하려고 하며 방황을 많이 한다.
- 이성을 잘 유혹하며 허영심이 많다.
- 섬세하고 지혜가 있으며 총명하다.
- 남을 믿지 않는 편이다.
- 필요없는 근심걱정이 많다.
- 사회에 잘 적응하는 것 같아도 잘 못하는 편이다.

7) 말(午)의 성격

- 행동이 빠르고 정확하다.
- 매사에 변화가 많고 남을 잘 믿지 않는다.
- 현실 적응력이 뛰어나다.
- 통이 크고 실리를 추구하며 공명심이 많다.
- 사려가 깊지 못하고 화를 잘 낸다.
- 명랑하고 쾌활하다.
- 비밀이 없는 솔직한 성격이다.
- 낭비와 허영심이 많다.
- 사교적이며 재치가 있다.
- 청산유수처럼 말을 잘 한다.

8) 양(未)의 성격

- 온순하고 침착하다.
- 친절하고 이해심이 많다.
- 진실하며 품위가 있다.
- 인내심이 강해 어려운 환경도 잘 극복한다.
- 소심하며 책임감이 없다.
- 의지가 약하며 비관적이다.
- 항상 망설인다.
- 연민에 잘 빠진다.
- 거만하며 자존심이 매우 강하다.
- 감정을 함부로 드러내지 않는다.
- 학구적인 사색에 잘 빠지며 간섭받기를 싫어한다.
- 타인에게 좋고 싫음을 잘 나타내지 않는다.
- 물을 싫어한다.
- 전망이 좋은 곳을 좋아한다.

9) 원숭이(申)의 성격

- 머리가 영리하고 재주가 많다.
- 약삭빠른 면이 있다.
- 풍류와 낭만을 지닌 로맨티스트로 유머감각이 뛰어나다.
- 사교적이며 언변이 좋아 인기가 많다.

- 자신의 재주를 너무 믿고 방심하다 실패하기도 한다.
- 자신감이 있으며 사회적이다.
- 다재다능하다.
- 관찰력이 있으며 독창적이다.
- 교활하며 잘난 체를 잘 한다.
- 비판적이며 질투심이 많다.
- 참을성이 없고 허영심이 많다.
- 의심받을 일을 잘 한다.
- 자존심과 고집이 세며 고지식한 편이다.
- 마음이 좁고 의심이 많다.
- 방황하는 성격으로 항상 외롭고 고독하며 근심걱정이 많다.
- 남보다 부지런하고 몸을 아끼지 않는 노력파다.
- 버릇이 없고 자기가 생각한 대로 밀고나간다.
- 필요에 따라 임기응변이 뛰어나다.
- 단체성과 사회성이 뛰어나다.
- 자식 사랑이 매우 깊다.
- 사기성이 많고 언변이 뛰어나다.
- 염치없는 행동을 밥먹듯이 한다.

10) 닭(酉)의 성격

- 마음이 청순하고 깨끗하다.
- 성격이 예민해 신경과민으로 고생하기도 한다.

- 고집이 세고 성질이 급하다.
- 똑똑하고 꼼꼼하나 직선적이며 급하다.
- 거짓을 모르며 상상력이 뛰어나다.
- 자신의 삶에서는 매우 성실하다.
- 몽상가이며 독선적이다.
- 바른말을 잘하며 사려가 깊지 않다.
- 성격이 활발하고 처세술이 주도면밀하며 대인관계가 좋다.
- 순발력과 손재주가 있고 탐구심이 많다.
- 마음에 들지 않으면 물건이든 사람이든 밀어내는 성격이다.
- 흑백논리를 갖고 있다.
- 필요 이상으로 생각이 많다.
- 생각이 단순해 잘 잊어버리고 같은 실수를 반복하기도 한다.

11) 개(戌)의 성격

- 밝고 명랑하며 사교성이 뛰어나다.
- 예술감각이 뛰어나다.
- 자기만의 시간을 갖기 좋아한다.
- 인내력이 매우 강하다.
- 헌신적이며 봉사하는 성격이다.
- 지략이 풍부하며 책임감이 강하다.
- 강인하며 열정적이다.
- 경계심이 많으며 싸우기를 좋아한다.

- 두뇌가 총명하고 지혜가 있으며 눈치가 빠른 편이다.
- 마음이 순수하고 솔직해 남을 잘 믿는 편이다.
- 임기응변에 능하며 말하기를 좋아한다.
- 자립심이 무척 강하다.
- 잔인할 때는 한없이 잔인하다.
- 남에게 좋은 일을 해주고도 욕을 먹기도 한다.

12) 돼지(亥)의 성격

- 자신만만하고 침착하며 자상하다.
- 용기가 있고 인기가 있다.
- 항상 부지런하고 발랄하다.
- 사교적이고 관대하며 이해심이 많다.
- 적의를 숨기지 못한다.
- 순진하며 항상 무방비 상태라 잘 속는다.
- 자존심과 고집이 세다.
- 욕심이 없는 것 같아도 많다.
- 슬픔에 잘 빠진다.
- 관능에 빠지기 쉽다.
- 뻔뻔하다.
- 유혹에 약하다.
- 거절할 줄 모른다.
- 정직하고 솔직하며 단순하다.

- 순진하며 어리석은 면이 있다.
- 주어진 일은 최선을 다하는 스타일이다.
- 서두르지 않고 여유롭게 일을 처리하는 성격이다.
- 말을 적게 하므로 거만하다는 오해를 사기도 한다.
- 지혜롭고 인정이 많고, 다재다능한 재주꾼이다.
- 단체성에는 잘 맞지 않고 독창적이고 능동적인 일을 좋아한다.
- 예의가 바르고 점잖다.
- 남에게 믿음과 존경을 받을 수 있으나 솔직한 관계로 실속이 없다.
- 타인에게 이용을 잘 당한다.
- 남자다운 근성이 있다.
- 주위는 더럽더라도 자기 몸은 깨끗하게 한다.
- 호기심이 많다.

　　십간(十干)이나 십이지(十二支) 동물의 특성이 전체적으로 나타나는 경우도 있지만, 대부분 일부 성격이 주로 나타난다. 가족의 십이지(十二支) 특성을 알면 자녀 교육이나 상대에 대한 배려심 등이 생겨 가족이나 대인 관계가 매우 좋아질 수 있다.

100% 사주 분석은 이렇게

　　사주의 기본 요소는 모두 자연계에 있는 나무, 불, 흙, 쇠, 물과 여러 동물로 이루어져 있다. 나무는 木으로 쓰고, 불은 火로 쓰고, 흙은 土로 쓰고, 쇠는 金으로 쓰고, 물은 水로 쓴다. 이 오행(五行)은 하늘의 기(氣)를 갖고 있으며 천간(天干)이라 하고, 지지(地支) 위에 표시한다.

동물은 쥐, 소, 호랑이, 토끼, 용, 뱀, 말, 양, 원숭이, 닭, 개, 돼지로 땅의 기(氣)를 갖고 있으며, 각각의 동물 특성이 사람에게 그대로 나타난다. 하늘의 기(氣)를 가진 오행(五行)의 특성도 그 사람에게 그대로 나타난다. 그 이유는 알 수 없으며 알 필요도 없다. 그 작용력만 알고 활용하면 된다. 앞으로 여러분이 살아가면서 가장 필요한 것이 바로 천간(天干)과 지지(地支)에 있는 특성을 이해하고 활용하는 것이다.

사주를 알려면 먼저 자연계 변화를 알아야 한다. 자연계 현상을 제대로 이해하지 못하면 글자로만 사주를 보게 되니 사주를 통계학이라고 하는 오류를 범하게 된다. 사주는 절대 통계학이 아니다. 기(氣)과학이며 오차가 없다.

물론 사주를 분석하는 사람에 따라다르고, 사람이 살아가는 데 세심한 부분까지는 맞지 않을 수도 있지만 큰 테두리는 정확하게 맞고, 그 사주의 울타리 안에서 벗어날 수는 없다. 다만 사주에서 일어나는 작용을 미리 알아 사건이나 사고가 일어나지 않게 하는 방법을 활용하면 막을 수도 있다.

예를 들면 자동차로 포장도로를 열심히 달리는데 그 차가 달려가는 앞길에 절벽이 있는 것을 아는 것과 모르는 것과의 차이는 엄청나다. 사람들이 흔히 하는 말이 신수를 볼 때 사고가 일어난다고 했는데 일어나지 않았다 하면서 사주가 맞지 않는다고 하는 경우가 있다. 이는 하나는 알고 둘은 몰라서 하는 말이다. 신수를 볼 때 이미 금년에 사고가 난다는 것을 알았으니 의식적으로 그 사고를 조심했거나, 아니면 무의식적으로 조심해서 사고가 일어나지 않은 것이지 사주가 맞지 않아서가 아니다.

다시 말하면 자동차를 운전하는 운전기사가 저 앞에 절벽이 있다는 것을 알면 아무래도 조심할 것이니 그 절벽을 피해갈 수도 있다. 그러나 자동차를 운전하는 운전기사가 자기가 가는 앞길에 절벽이 있는 것을 모른다면 그냥 달릴 테니 자동차가 그 절벽으로 떨어지는 것은 당연한 일이다.

알고 모르고는 엄청난 차이를 가져온다. 지금까지도 사주를 공부하는 사람은 모두 용신격국(用神格局)을 위주로 공부한다. 앞에서도 말했지만 용신(用神)으로 보면 잘 맞아야 70%다. 그러면 운이 좋으면 잘 맞고 운이 나쁘면 잘 맞지 않을 수도 있다는 것이고, 사주를 분석하고 상담하는 사람이 잘못 판단하면 사업이나 결혼이나 실패할 수도 있다는 것이다. 사주를 100% 분석하려면 용신격국(用神格局) 이론부터 배제해야 한다. 70%밖에 적중하지 않는 학문에 매달려 세월을 낭비할 필요가 없다.

조금만 생각이 바뀌는 사람이라면 사주를 공부하는 방법은 간단하다. 십간(十干) 십이지(十二支)만 정확하게 분석해도 내 운이 좋고 나쁨을 알 수 있다. 옛말에 이런 말이 있다. "부자 따라다니면 떡고물이 떨어진다." 맞는 말이다. 사주도 이와 마찬가지로 가장 힘이 있는 오행(五行)을 알고, 그 오행(五行)에 기대야 한다.

사주를 분석하는 방법도 우리가 살아가는 방법과 별반 다르지 않다. 힘있는 사람 옆에 있어야 조금이라도 도움이 되는 것이다. 사주에서 가장 힘있는 오행(五行)에 의지하다가 나에게 힘을 실어주는 오행(五行)을 만나면 힘있는 오행(五行)을 배신하고, 마치 힘있는 것처럼 행동하다가 실패한다. 힘있는 오행(五行)한테 기댈 때 힘있는 오행(五行)을 도와주는 오행(五行)을 만나면 하는 일이 잘 된다. 무슨 말인지 잘 이해하지 못할 수도 있다.

간단하게 예를 들면 초등학교에 다니는 갑동이가 자기는 힘이 약해 힘있는 친구들을 따라다녔다. 어느 날 친척 형이 집에 놀러오면 그 형을 믿고 어깨에 힘을 주고 으시댄다. 그러면 힘있는 친구들이 그냥 놔둘 리가 없다. 수단과 방법을 가리지 않고 갑동이를 작살낸다. 그 작살나는 것이 바로 사업이나 하는 일의 실패를 의미한다.

사주는 사회생활과 똑같으므로 이러한 원리를 알아야 사주를 제대로 분석할 수 있다. 사주에 있는 음양오행(陰陽五行)을 그냥 글자로만 보면 안 된다는 것이다. 그 오행(五行) 하나하나를 자연과 대비시켜 분석해야 한다.

그렇게 분석하면 사주를 100% 해석할 수 있다. 그런데 일반인이 사주를 배워 활용하기에는 역부족인 것만은 사실이다. 앞에서 말한 천간(天干)과 십이지(十二支)의 성격 분석만으로도 사주를 활용할 가치는 매우 크다.

그리고 궁합도 천간(天干)의 궁합만으로도 많은 도움을 받을 수 있다. 이 책을 읽는 분들은 사주쟁이한테 속지 않는 방법만 알아도 실패할 확률은 엄청나게 줄어들 것이다. 사주는 확률을 갖고 말한다. 확률이 높으냐 낮으냐지, 된다 안 된다가 아니다. 확률이 낮으면 내가 더 노력해야 하는 것이지, 확률이 낮다고 포기하면 안 된다. 그런 의미로 사주를 활용해야 한다.

그래도 사주를 꼭 배우고 싶다면 필자가 쓴 『참역학은 이렇게 쉬운 것이다--완결편』까지 열심히 공부하면 자신의 사주는 확실하게 볼 것이다. 여기서 사주를 강의하려는 것은 아니라는 점을 고려해 주기 바란다.

지지(地支)의 동물과 건강

무릎이 좋지 않다는 것은 많이 돌아다닌다는 뜻이다. 십이지(十二支) 동물 중에서 많이 돌아다니면서 무릎에 무리가 가는 것은 말(午), 소(丑), 양(未), 돼지(亥)다.

이중에서 지지(地支)에 한 동물만 있어도 무릎을 잘 관리하지 않으면 무릎에 이상이 생길 수 있다. 두 마리 이상이 있으면 그 작용력은 더 크고, 지지(地支)에 한 동물만 있고 화(火)가 많으면 무릎 관절에 열이 많아 연골이 녹아내릴 수도 있다.

이러한 동물이 지지(地支)에 있는 사람은 무릎을 과도하게 사용하는 일이나, 오랫동안 서서 하는 일은 피해야 하고, 뼈나 연골에 좋은 음식을 많이 먹어야 하고, 운동으로 무릎 근육을 강하게 만들어 무릎을 보호해야 한다.

지지(地支)에 소(丑)가 있으면 콧병이 생길 수 있는데 대개 비염이 있다. 그 원인은 알 수 없으나 코뚜레를 하고 있어서 아닌가 추정해

본다. 또 허리가 좋지 않을 수 있으니 허리를 튼튼하게 해줘야 한다. 왜 허리가 약한지는 모르지만 소는 허리가 길고 밭에서 하루 종일 일하기 때문이라고 추정해 본다.

또 무릎 관절에 이상이 생겨 고생을 많이 한다. 이 또한 원인을 알수 없으나 밭에서 온종일 쟁기를 끌거나 무거운 수레를 끌고다녀서라고 추정해 본다. 그리고 어깨도 약해 오십견도 일찍 오고, 어깨 질병으로 고생한다. 이것도 원인을 알 수 없으나 멍에를 메고 밭갈이를 해서라고 추정해 본다.

필자도 지지(地支)에 소(丑)가 있어 비염이 있고, 평소 허리와 무릎, 어깨가 좋지가 않아 평소에 철저히 관리한다. 필자만 그런 것이 아니라 지지(地支)에 소(丑)가 있는 사람과 상담하면서 코, 허리, 무릎, 어깨 건강 이야기를 해보면 어린 사람들은 비염에 많이 시달리고, 나이가 든 사람들은 무릎 관절과 허리, 어깨가 아파 고생하는 사람이 많다.

동물의 특성이 사람에게 그대로 나타나는 원인을 알 수 있는 방법은 없지만, 동물의 성격이나 신체 특성이 그 동물이 지지(地支)에 있는 사람에게 그대로 나타난다는 것은 역시 눈에 보이지 않는 존재가 사주를 통해서 그렇게 프로그램화 했다고 생각할 수밖에 없다. 이러한 원인을 아는 것보다 믿고 건강을 관리하는 것이 더 현명하지 않을까 생각한다.

소(丑)는 사람한테는 참 소중한 동물이다. 지금은 밭에서 일하거나 수레를 끄는 일은 거의 없어졌지만, 농사가 기계화되기 전에는 농부에게는 없어서는 안 될 존재였다. 살아서는 죽도록 일하고, 죽어서는 사람에게 고기를 제공한다. 그래서인지 소(丑)가 지지(地支)에 있는 사람은 순진하며 소박하고, 남한테 해로운 말을 잘 하지 못하고, 남에게 베풀려는 마음이 있으며, 소(丑)를 조상에 비유하기도 한다.

개(戌)가 지지(地支)에 있는 사람은 식사에 대한 관심이 적고, 밥을 제시간에 맞춰 먹지 않는 경향이 있다. 그리고 술(戌)은 화(火)의 창고로 불을 간직하고 있으니 그 불이 바로 위장을 튼튼하게 해준다고 믿어 위장을 잘 관리하지 않는다.

그리고 항상 위염이 따라다니는데, 위염(胃炎)에서 염(炎) 자는 바로 불꽃 염(炎)으로 위장에 불이 많다는 것이니 개(戌)가 사주에 있는 사람은 위장이 튼튼할 수도 있지만 위염을 조심해야 한다. 특히 위암에 걸리는 사람이 많다.

이러한 질병이 생기는 원인을 알 수 없지만 나름대로 추정해 보면, 개(戌)는 주인이 먹을 것을 주어야만 먹을 수 있는 동물로 배가 아무리 고파도 돼지처럼 먹이를 달라고 주인에게 어떤 행동도 하지 않고 먹이를 줄 때까지 한없이 기다린다. 그래서 개(戌)가 지지(地支)에 있는 사람은 참을성과 인내력이 매우 강하다.

그리고 음식에 대한 개념이 약해 배가 고프면 먹고, 고프지 않으면 굶는 경우가 많다. 그러니 위장이 규칙적으로 소화를 할 수 없으니 젊을 때는 큰 문제가 없지만, 나이가 들면 위장병으로 고생할 수 있으니 규칙적으로 식사하는 습관을 기르는 것이 좋다.

돼지(亥)가 지지(地支)에 있는 사람은 식욕이 매우 왕성해 이것저것 가리지 않고 잘 먹는 편이다. 그래서 돼지(亥)가 지지(地支)에 있는 사람 중에서 비만으로 고생하는 사람이 많다. 돼지(亥)는 하루

종일 먹을 것을 찾아 꿀꿀거리며 울타리 안을 돌아다닌다. 돼지(亥)의 배를 보면 아래로 축 쳐져있다. 많이 먹으니 자연히 배에 지방이 쌓이는 것이다. 그래도 돼지(亥)가 지지(地支)에 있는 사람은 지방이 잘 분해되는 편이긴 하지만, 너무 많이 먹어 미처 분해하지 못한 지방이 체내에 쌓이는 것이다.

돼지(亥)가 지지(地支)에 있는 사람은 먼저 식탐을 자제하고, 특히 기름진 음식을 줄여야 한다. 육식을 할 때는 반드시 채소와 함께 먹어야 비만을 막고, 피를 맑게 해 혈병을 방지할 수 있다. 돼지(亥)가 지지(地支)에 있는 사람은 기름기가 많은 음식을 좋아한다.

특히 튀김류를 매우 좋아하는 것을 상담을 하다보면 알 수 있다. 현대 질병은 대개 피가 탁해서 생긴다고 해도 과언은 아닐 것이다. 피가 맑고 깨끗하게 하고 정상적인 체온만 유지한다면 아주 건강하게 살아갈 수 있다고 본다.

다음 동물이 지지(地支)에 있는 사람은 육식을 해야 건강해진다. 호랑이(寅), 용(辰), 뱀(巳), 개(戌), 닭(酉), 돼지(亥)인데, 돼지(亥) 외에는 육식을 하되 그렇게 많이 하지는 않는다. 그러니 돼지(亥)가 지지(地支) 있는 사람은 지방이 잘 분해되니 다른 동물보다 육식을 좀더 해도 되지만 그 외에 다른 동물은 육식을 조금 적게 하는 것이 건강에 도움이 된다.

다음 동물은 채식을 하는 동물로, 이 동물이 지지(地支)에 있는 사람은 채식 위주로 식사하는 것이 좋다. 육류는 건강을 유지할 정도로만 먹어야지, 육류 위주로 하면 건강을 보장할 수 없다. 필자는 상기 동물들만 있는 젊은이가 채소는 먹지 않고 육식만 즐기다가 37세에 뇌졸중으로 쓰러져 사망한 사람을 상담한 적이 있다. 채식을 하는 동물이 육식을 하면 미칠 수도 있다. 광우병도 그런 경우가 아닌가 생각한다.

소(丑), 토끼(卯), 말(午), 양(未)인데 이들은 채식으로만 건강을 유지하는 동물이다. 이 동물들은 채식만 하기 때문에 동물성 지방을 분해하는 능력이 없다. 그래서 동물성 지방을 섭취하면 몸에서 지방을 분해하는 능력이 없기 때문에 동물성 지방이 체내에 쌓여 자연히 혈관이 탁해지고, 피로 인한 질병이 따르는 것이다. 소(丑), 토끼(卯), 말(午), 양(未)만 지지(地支)에 있으면 건강을 유지할 정도로만 육식을 하는 것이 가장 좋다.

다음은 잡식성 동물들인데 육식을 하되 매우 적게 먹는다. 채식 동물과 마찬가지로 생각하고 채식 위주로 식사하는 것이 가장 좋다. 잡식성 동물은 쥐(子)와 원숭이(申)다. 쥐(子)가 먹는 고기래야 멸치나 생선 정도이고, 원숭이(申)가 먹는 고기래야 나무에서 기생하는 곤충 정도다. 쥐(子)와 원숭이(申)의 식성은 잡식성이지만 고기는 그렇게 많이 먹을 기회가 적으니 채식 동물과 마찬가지도 육류는 건강을 유지할 정도로만 먹는 것이 건강에 도움이 될 것이다.

필자의 이런 이론을 보고도 설마하며, 채식 동물만 지지(地支)에 있는 사람이 어릴 때 식습관을 잘못 들여 육식만 고집한다면 반드시 후회할 일이 생길 확률이 매우 높으니 참고해서 건강한 생활을 유지하기 바란다.

사주와 신의 세계

필자는 과학시대에 사는 사람으로 신의 존재를 믿지 않았다. 사람의 심장이 멈추면 뇌가 활동하지 않아 죽은 것이며, 사람이 죽으면 그냥 허공으로 사라진다고 배우고 생각했다.

그런데 사주를 접하고 신의 존재를 의식하기 시작하면서 사주가 그냥 맞는 것이 아니라, 사주에 가족의 죽음까지도 나타나니 이 사주라는 학문은 사람의 머릿속에서 나온 것이 아니라, 눈에 보이지 않는 어떤 존재가 만든 프로그램이며 사람이나 이 세상에 존재하는 모든 존재는 이 음양오행(陰陽五行)에서 벗어날 수 없다는 생각이 사주를 공부하면 할수록 더 실감나게 떠오르면서 신을 믿을 수밖에 없게 되었다.

신은 반드시 존재하며, 신이 이 세상을 다스린다기보다는 신이 만든 음양오행(陰陽五行) 프로그램 영향을 받으면서 살아가고 있다고 확신한다. 음양오행(陰陽五行)으로 이루어진 사주가 맞지 않았다면 필자도 신의 존재를 믿지 않았을 것이다.

여기에 실제 예를 모두 들 수는 없지만, 필자의 저서 『참역학은 이렇게 쉬운 것이다─완결편』에 필자가 상담한 내용을 모두 적었으니 참고하기 바란다.

이 책의 내용 중에서 한두 가지를 제외하고는 모두 필자가 상담한 내용이다. 사주는 제대로만 풀면 그 사람의 모든 것을 알 수 있다. 정말 무서운 프로그램이다. 다만 미리 알면 피해할 수 있는 방법도 있다는 것이다. 그 방법도 프로그램화 되어있지 않을까 생각한다.

간단하게 한 예만 들어보겠다. 지금부터 14년 전쯤 철학관을 운영해도 신통치가 않을 때였다. 우연한 기회에 은으로 이불을 만드는 사람을 알게 되었고, 그것을 사서 덮어보니 효과가 엄청 좋아 전국 총판을 하게 되었다.

간단하게 소개하면 은 이불을 덮기 전에 소주를 한 병 정도 먹으면 너무 취해 더 이상 소주를 먹을 수 없었는데 은 이불을 덮고난 후부터는 두세 병은 기본이었다. 그렇게 소주를 먹고도 생맥주를 보통 3000cc 정도는 거뜬하게 마실 수 있었다.

이렇게 술을 마신 후 은 이불을 덮고 자면 온몸이 땀으로 가득하고, 은 이불도 땀으로 범벅이 되었다. 그렇게 땀을 흘리고 나면 알콜기온이 모두 땀으로 빠져나갔는지 몸이 거뜬했다. 은 이불 덕분에 기분 좋게 술을 마셨던 기억이 아직도 생생하다. 지금도 그 은 이불을 덮고 자는데 정말 몸에 좋은 최고 이불이다. 물론 그 사업은 오래 하지 못하고 접었지만 말이다.

은 이불 전국 총판을 할 때 필자 사무실에 종종 놀러오던 민 사장이라는 사람이 있었다. 그의 부인은 부산 국제시장에서 가게를 하고, 이 사람은 그 시절 한창 유행하던 네트워크 마케팅(다단계)을 했다. 그는 그때 다이아몬드 가까이까지 올라가 곧 다이아몬드가 되면 매월 수천만 원씩 평생 돈이 들어온다면서 큰 기대를 갖고 있었다. 어느 날 여러 사람이 앉아 여담 삼아 사주 이야기를 하다, 필자가 사주나 한번 보자며 그의 생년월일시를 물어보고 화이트보드에 민 사장의 사주를 적었다.

그의 사주를 보니 조상 내력이 보인다. 그래서 "민 사장은 두 번째 엄마 몸에서 태어났으며, 큰엄마와 큰엄마한테서 태어난 형이 있을 텐데, 아마도 두 사람 모두 이 세상 사람이 아닐 것이다. 민 사장 당신은 이 두 사람에게 빌고 또 빌지 않으면 하는 일이 잘 풀리지 않을 것이다'라고 하니 그가 깜짝 놀라면서 왜 그러냐고 했다.

"당신 사주에 그들의 죽음이 나타나는 것은 전생에 어떤 인연이 있었는지는 모르지만 당신이 이 세상에 와서 이 두 사람이 저 세상으로 간 것이니, 이 두 사람이 저 세상에 가서 생각해보면 너무 억울하지 않겠느냐. 그 두 사람을 위해 기도도 하고 빌어줘야 그 원혼들의 화가 풀리지 않겠느냐"고 했다.

그러나 대수롭지 않게 생각하며 다만 "사주에 큰엄마하고 형님이 돌아가신 게 나타납니까?" 하면서 신기하게 생각했다. 그후 소식을 들으니 다이아몬드로 올라가지 못하고, 그 일을 그만두었다고 한다.

내 사주에 그렇게 죽은 사람이 나타나면 나 때문에 저 세상으로 간 사람이 부모든 누구든 그들의 영혼을 위해 뭔가 해줘야 내 일이 잘 풀리고 그 영혼들도 좋은 곳으로 간다.

그런데 필자는 그런 사주를 가진 사람을 만나도 그런 말을 잘 하지 않는다. 왜냐하면 필자의 말을 믿지 않고 사주에서 들어와 그런 모양이다 하고 신기해 하고 말기 때문이다.

이 민 사장도 그렇게만 생각한 사람이었다. 그런데 입장을 바꿔 생각해보라. 내가 어느 자식이나 어느 형제, 배우자의 사주 때문에 이 세상에서 살지 못하고 저 세상으로 갔다고 생각하면 자식이든 누구든 그 사람을 원망하지 않겠는가 말이다.

이런 영혼들을 마음속으로라도 좋은 곳으로 가도록 빌어주는 것이 그 영혼들을 위해 살아있는 사람이 할 수 있는 일일 것이다. 그래야만 조금이라도 마음이 편할 수 있고, 하는 일도 잘 풀릴 것이다. 영(靈)들도 절대로 공짜로 무엇을 받지 않는다. 받은 것이 있으면 반드시 반대 급부가 있다는 것이다.

필자는 왜 그런지 모르지만 사주를 처음 접할 때부터 조상의 죽음이 눈에 잘 들어왔다. 처음에는 조상에 대한 것을 많이 보았지만 지금은 보지 않으려고 노력한다. 조상들을 봐서 말해줘도 그냥 그런 모양이다 하고 넘어가기 때문이다.

조상한테 빌지 않고도 잘 살 수 있는 방법이 있다. 그것은 바로 사주가 원하는 직업을 선택해 그 길로 가는 것이다. 그러면 평생 걱정 없이 살 수 있다. 사주에서 가장 중요한 것은 바로 창조주가 나에게 준 임무다.

그 임무가 바로 직업이고, 그 임무대로 살면 창조주가 주는 많은 혜택을 누리면서 아름답고 멋지게 살 수 있지만, 그것을 모르거나 과욕이나 게으름으로 그 임무를 외면하면 반드시 창조주의 벌이 따르게 사주가 구성되어 있다는 것을 알면 내가 걸어온 길을 내 자녀가 걷지 않게 하려면 내 자녀의 임무를 알아야 하고, 그 임무를 알기 위해서는 내 자녀를 관심있게 지켜봐야 할 것이다.

필요하면 직업을 제대로 분석할 줄 아는 역학인한테 도움을 청할 수도 있다. 사주쟁이를 찾아가면 쓸데없는 돈만 낭비하고, 오히려 자녀의 인생을 망칠 수 있음을 참고하기 바란다.

사주는 DNA의 집합체

사주를 구성하는 음양오행(陰陽五行)을 과학적으로 설명하면 DNA의 집합체이고, 동양 학문인 사주로 풀이를 하면 기(氣)의 흐름이다. 그 기(氣)들은 조상도 되고, 형제도 되고, 친구도 되고, 동료도 되고, 배우자도 되고, 자녀도 되고, 신체 각 부분과 오장육부에도 해당한다.

사주를 구성하는 음양오행(陰陽五行)은 어느 하나만 지칭하거나 그 한 가지만 의미하는 것이 아니다. 그 하나의 오행(五行)이 상기에서 밝힌 것처럼 여러 가지로 다양하게 해석할 수 있다. 그래서 필자는 사주를 종합예술이라고 본다. 이렇게 다양하게 관장하는 음양오행(陰陽五行)을 제대로 해석하려면 그 오행(五行)이 관리하는 기능을 모두 알아야 한다.

그런 생각을 한 적이 있다. 물리학자가 이 음양오행(陰陽五行)을 제대로 연구하면 노벨물리학상을 받는 것은 시간 문제라고 말이다. 수천 년 수만 년을 연구해도 이 음양오행(陰陽五行)을 따라잡을 수 없다. 그러니 차라리 음양오행(陰陽五行)으로 우주의 비밀을 알아보는 것이 시간도 절약하고 더 확실할 것이다.

이 음양오행(陰陽五行)의 변화로 나하고 인연이 된 사람 중에서 죽는 사람도 있고 잘 풀리는 사람도 있고, 나 때문에 고통받는 사람도 있을 수 있다. 창조주가 사람에게 이 음양오행(陰陽五行)을 알려준 것은 잘 활용해서 재미있게 살라고 알려준 것이지, 고통을 주려고 알려준 것은 아닐 것이다.

창조주 입장에서 보면 내가 창조한 이 우주가 영원히 없어지지 않기를 바랄 것이며, 모든 동물과 식물이 오래오래 유지하기를 바랄 것이다. 그런 의미로 사람에게 음양오행(陰陽五行)을 알려준 것이니 우리는 이를 최대한 활용하면서 한 세상 잘 살다가 다른 세상으로 가면 되는 것이다.

영혼이 있다는 것도 사주로 알 수 있고, 다음 세상이 있다는 것도 사주로 알 수 있고, 이 세상에 다시 태어난다는 것도 사주로 알 수 있다. 과학자들은 태양계 같은 우주가 10억 개가 넘는다고 한다.

근래에는 이 태양계가 다른 태양계에서 분리되었다고 하는 물리학자들도 있다. 인생사 복잡하게 생각할 게 없다. 그냥 사람에게 주어진 삶을 즐겁게 살면 신이 가장 좋아할 것이고, 다음 생에서는 더 좋은 사주를 갖고 이 세상에 올 수 있을 것이다.

필자가 아는 스님 중에 열심히 기도하는 이들이 있다. 왜 그렇게 기도하냐고 물으면 한결같이 다음 생에 좋은 사주를 갖고 태어나기 위해서라고 한다. 죽음을 두려워할 이유가 없다. 죽음은 또 다른 세상의 시작이다. 지금 사는 곳에서 떠나는 것뿐이지 별다른 의미는 없다. 그래도 사는 동안은 즐겁고 신나게 살아야 하는 것이다.

생명과 관계있는 신살

아래 신살(神殺)들을 가진 사람이 생명과 관련된 일을 직업으로 하지 않으면 잘 풀리지 않고, 육친이 아래 신살(神殺)에 해당하면 갑자기 저 세상으로 간다는 아주 무서운 살(殺)이다. 사람이 죽고 사는 것 대부분이 이 신살(神殺)의 작용력이라고 해도 과언이 아니다. 그런데 사람들은 이 신살(神殺)을 모르고, 알아도 무시해 본인을 비롯해 배우자나 가족 중에서 누군가가 죽을 수 있다는 것을 명심해야 한다.

그러나 이 신살(神殺)들이 과거 봉건시대에는 그대로 당할 수밖에 없었다. 특히 부부간에는 그 작용이 더 심했다. 결혼을 잘못해 몇 개월이나 몇 년 사이에 죽는 사람들은 대개 이 신살(神殺)의 영향 때문이다.

아직도 이 신살(神殺) 때문에 부모가 먼저 저 세상으로 가는 사람이 많다. 사주는 창조주의 프로그램이며 공기 속에 존재하기 때문에 대운(大運)이나 세운(世運)에서 이 신살(神殺)이 작용하면 신살(神殺)에 해당하는 부모 형제 중에서 누가 죽는다는 것이다.

죽지 않는 방법은 하루라도 빨리 그 자녀를 격리시키거나 조상한테 비는 것이다. 설마하고 격리시키지 않거나, 조상한테 빌지 않으면 언젠가는 당하는 것이 사주다. 사주는 절대 실수하지 않는다.

왜 신살(神殺) 영향으로 그 신살(神殺)에 해당하는 가족이 죽는지는 아직 밝혀지지 않았지만, 실제 일어나고 있다. 그 작용력이 과거 봉건시대에는 결혼한 여자는 남편만 바라보고 살았기 때문에 남편이 일찍 죽었다. 남편이 무려 7명이나 죽은 여자가 있는데 남편들 무덤이 같은 산에 있는 사진을 어릴 때 신문에서 본 기억이 있다.

하지만 현 시대에는 여자들이 사회활동을 하므로 그 작용력이 떨어지는 것을 가끔 보기는 하지만, 그래도 조심하는 것이 최선의 방법이다. 그렇다고 상대가 신살(神殺)이 있다고 결혼을 두려워할 필요는 없다. 필자가 지금까지 상담한 결과를 보면 이런 신살(神殺)이 있는 사람들은 생명과 관련된 일을 하면 피할 수 있었다.

이런 무서운 신살(神殺)을 가진 여자나 남자가 생명과 관련있는 일을 하면 무서운 살기(殺氣)가 생명을 다루는 그 순간 그 사람의 몸에서 빠져나가기 때문이다. 그렇지 않으면 신살(神殺)을 가진 사람이 생명에 지장이 있거나, 배우자나 가족 중에서 신살(神殺)의 무서운 살기를 자기도 모르게 사용한다는 것이다.

그러니까 무서운 신살(神殺)이 가진 살기를 본인의 직업에 활용해야 하는 것이 바로 신살(神殺)의 살기(殺氣)를 해결하는 방법이며, 그런 일을 하면 본인이 재물복이 좀 약해도 많은 재물을 만든다는 것이다. 이러한 실제 예는 아주 많다. 그리고 신살(神殺)을 갖고 태어나는 사람도 점점 많아지고 있다.

아래의 신살(神殺)들을 잘 활용해 어느 누구에게도 죽음이 닥치지 않도록 바라는 마음이 간절하다. 한마디 더 첨부하면 이런 신살(神殺)이 있는 사람이 생명과 관련있는 일을 하지 않고 이름까지 약하면 신살(神殺)의 무서운 살기가 바로 본인의 세포를 공격해 암이라는 질병에 많이 걸리는 것을 보았다.

이렇게 암이 걸리는 이유는 간단하다. 신살(神殺)의 무서운 살기를 바깥으로 내보내야 하는데 바깥으로 내보내지 않으니 내 몸 안에서 그 신살(神殺)이 자기의 몸이라는 것도 잊고 무서운 살기를 마구 뿜어내는 것이다. 그러니 어마어마하게 신살(神殺)의 무서운 살기들이 몸 안에서 활동하면서 자기 세포인 줄도 모르고 공격하니 그 세포들이 견디지 못하는 것이다.

이것을 작명하는 사람들이 모르고 사주가 강하면 부드러운 이름을 사용해야 한다고 하면서 부드러운 이름을 지어줘 큰 인물이 될 사람을 생명을 다루는 직업으로 가지 못하게 하기도 하고, 죽음으로 몰고가기도 한다.

1) 백호살(白虎殺)

일반적인 백호살(白虎殺)은 피를 본다는 살로, 해당하는 육신(六神)에 따라 각각 다르다. 호랑이가 많았던 시절에는 해당하는 육신(六神)이 호랑이에게 물려죽는다는 살(殺)이며, 근래에는 수술을 하거나 교통사고 등으로 피를 보는 무서운 살이다.

필자가 『참역학은 이렇게 쉬운 것이다』에서 밝혔듯이 십간(十干)과 십이지(十二支)의 특성이 사람에게 그대로 나타난다는 것이다. 이는 엄청난 발견이며, 필자는 아직도 왜 십간(十干)과 십이지(十二支)의 특성이 사람한테 나타나는지 알지 못하지만 분명한 것은 십간(十干)과 십이지(十二支)의 특성이 사람에게 그대로 나타난다는 사실만은 분명하며 변하지 않는다. 그러면 백호살(白虎殺)이란 무엇인지 알아보자.

백호살(白虎殺)이란 말 그대로 흰 호랑이가 배가 고프면 동물을 잡아먹는 본능을 말한다. 호랑이는 동물을 잡아먹고 산다. 동물을 잡아먹고 사는 호랑이의 기(氣)가 사주에 있는 사람은 호랑이의 본능적인 동물을 잡는 능력과 호랑이의 특성을 그대로 갖고 있다. 그러므로 호랑이처럼 살아야만 일생이 편안하다. 그것도 그냥 호랑이가 아니라 제왕 중에 제왕인 백호 아니던가.

그러니 반드시 호랑이 중에서도 최고의 왕처럼 살아야만 일생을 행복하게 살 것이다. 호랑이가 풀을 먹고사는 것을 본 사람이 있는가. 절대 아니다. 호랑이는 고기를 먹어야 한다. 그러면 호랑이처럼 살려면 어떻게 해야 하는가. 호랑이가 하는 일이 무엇인가. 배가 고플 때 먹잇감을 선택할 권한이 있다.

다시 말해 토끼 사냥을 하든 여우 사냥을 하든 사슴 사냥을 하든 호랑이의 권한이라는 것이다. 즉 호랑이의 입맛에 따라 사냥하는 동물이 달라진다는 것이다. 그러니 동물들의 생명을 좌지우지할 수 있다는 것이다.

동물들의 생명을 좌지우지할 수 있는 본능적인 것이 백호살(白虎殺)이 있는 사람에게 그대로 나타나니, 백호살(白虎殺)이 있는 사람은 생명을 좌지우지하는 그런 일을 해야 한다는 것이다. 이게 무슨 뚱딴지 같은 말이냐고 하겠지만 믿어야 한다. 백호살(白虎殺)이 있는 사람은 사람의 생명과 관게있는 권력자가 되어야 한다는 것이다.

만약 권력을 잡는 직업을 가지지 못하면 인생살이가 고달퍼진다. 인생살이만 고달퍼지는 것이 아니다. 자기 몸에 칼을 대는 일이 생기거나, 교통사고 등으로 반신불수가 될 수도 있다.

이유는 간단하다. 권력자가 되지 못하면 내가 권력자한테 당하기 때문이다. 그래서 후천적인 장애가 있는 사람 중에는 이러한 백호살(白虎殺)이 있는 사람이 많다.

상담하면서도 권력자가 되어야 하는데…라는 말을 꺼내기가 무섭게 몇 년 전에 교통사고로 반신불수가 되었다고 하는 경우가 허다하다. 물론 이런 경우에는 나이가 든 사람이 많다. 사주가 얼마나 무서운지 뼈저리게 느끼는 순간이다. 안타깝지만 어쩔 수 없지 않은가.

백호살(白虎殺)이 있는 사람은 어릴 때부터 권력자가 될 것이라는 생각을 하고 살아야 한다. 그렇지 않고 다른 일을 한다고 생각하고 있다가는 살아가면서 악운을 만나면 사고로 장애인이 될 수도 있다는 것을 명심해야 한다.

그러면 권력을 가진 자는 누구인가. 권력을 가진 직업으로는 판사와 검사를 비롯해 법조계 종사자, 군인, 경찰관, 의사, 유전공학 학자나 연구원, 제약회사 연구원, 미용사, 이용사, 요리사, 조경사, 꽃집, 화원, 과수원, 묘목원, 의류 재단사, 정치인, 공무원, 교사, 식육점, 식육유통, 각종 고기를 다루는 사람 등이다.

그러면 백호살(白虎殺)이 사주에 어디에 있을 때 위와 같은 현상이 생길까. 바로 일주(日柱)다. 일주(日柱)에 있으면 가장 강하고, 그 다음이 월주(月主)이고, 그 나머지는 그렇게 강하다고 보지 않는다.

특히 일주(日柱)에 백호살(白虎殺)이 있으면 반드시 피를 본다. 그 피를 보기 전에 권력자가 되어야겠다고 마음을 다져야 할 것이다. 그렇지 않으면 내가 당하든지 배우자가 당하든지 해당하는 육신(六神)이 당한다.

2) 인사신(寅巳申) 삼형살(三刑殺)

인사신(寅巳申) 삼형살(三刑殺)은 자신의 힘을 믿고 기고만장하는 살이며, 권력을 쥐어야만 하는 강한 살이다. 인사신(寅巳申) 삼형살(三刑殺)이 제대로 구성되어 있는 사람은 박정희 대통령이다. 그가 얼마나 강했는가 하면 누구든지 그의 눈을 정면으로 바라보지 못했다고 한다. 강력하게 밀어붙인 산업개발이나 유신체제가 모두 인사신(寅巳申) 삼형살(三刑殺)의 힘이라고 본다.

이 인사신(寅巳申) 삼형살(三刑殺)이 사주에 있는 사람은 권력을 쥐어야만 일생이 편안하다. 만약에 이 인사신(寅巳申) 삼형살(三刑殺)을 무시하고 다른 길로 간다면 일생을 편안하게 살 수 있다고 보장할 수 없다.

물론 인사신(寅巳申) 삼형살(三刑殺)을 무시하고 살아가는 사람도 있다. 하지만 나쁜 운을 만나면 바로 저 세상으로 가거나, 불구자가 될 것이다.

권력을 가진 직업으로는 판·검사, 법조계 종사자들, 군인, 경찰관, 의사, 유전공학 학자나 연구원, 제약회사 연구원, 미용사, 이용사, 요리사, 조경사, 꽃집, 화원, 과수원, 묘목원, 의류 재단사, 정치인, 공무원, 교사, 식육점, 식육유통, 각종 고기를 다루는 사람이다.

다음과 같은 경우에는 예외로 인사신(寅巳申) 삼형살(三刑殺)의 작용이 반감되는 경우가 많다. 인사(寅巳) 역마(驛馬)에 재성(財星)이 지살(地殺)에 해당하면 항공계 일을 많이 하는데, 인사신(寅巳申) 작용력이 반감되고, 사신(巳申) 역마(驛馬)에 재성(財星)이 지살(地殺)에 해당하면 바다와 관련된 일을 많이 하는데, 이때는 인사신(寅巳申) 작용이 반감된다.

3) 축술미(丑戌未)와 자묘(子卯) 삼형살(三刑殺)

축술미(丑戌未)와 자묘(子卯) 삼형살(三刑殺)은 그 작용력이 좀 떨어지지만 그래도 분명한 형살(刑殺)이다. 그러니 역시 권력자가 되는 것이 최선이다.

물론 권력자가 되지 않았을 때 생기는 흉함은 다른 살에 비해서 적다고 생각하지만, 어떤 측면에서 보면 그 작용력도 세상을 살아가면서 어려움을 겪게 한다는 것이다.

축술미(丑戌未) 삼형살(三刑殺)이 있는 사람이 권력을 쥐지 않으면 본인이나 육신에 해당하는 사람이 알콜과 약물, 가스 중독을 겪는데 나쁜 운을 만나면 음독자살을 하는 것을 많이 보고, 약물 중독(의사의 오진으로 인한 약물중독이나 마약중독)으로 고생하고, 가스폭발 사고 등이 일어난다. 자묘(子卯) 삼형살(三刑殺)이 있는 사람은 자기 주장이 강하다. 남의 의견을 무시하고 괜히 남을 미워하는 일이 생긴다.

4) 양인살(羊刃殺)

양인살(羊刃殺)은 칼로 양의 가죽을 벗긴다는 아주 무서운 살이다. 물론 백호살(白虎殺)보다는 조금 약해 보이지만 그 작용력은 소름이 끼칠 정도로 무섭다. 양인살(羊刃殺)도 백호살(白虎殺)과 마찬가지로 권력을 쥐는 일을 해야 한다.

그렇지 않으면 본인이나 배우자가 당한다. 물론 해당하는 육신(六

神)이 당할 수도 있다. 특히 양인살(羊刃殺)이 왕성한 사람은 그 작용력이 더욱더 강하다.

권력을 가진 직업으로는 판·검사, 법조계 종사자들, 군인, 경찰관, 의사, 유전공학 학자나 연구원, 제약회사 연구원, 미용사, 이용사, 요리사, 조경사, 꽃집, 화원, 과수원, 묘목원, 의류 재단사, 정치인, 공무원, 교사, 식육점, 식육유통, 각종 고기를 다루는 사람이다.

그러면 양인살(羊刃殺)이 사주 어디에 있을 때 이런 현상이 생길까. 일주(日柱)다. 일주(日柱)에 있으면 가장 강하고, 그 다음이 월주(月主)이고, 그 나머지는 그렇게 강하다고 보지 않는다.

5) 괴강살(魁罡殺)

사주에 괴강살(魁罡殺)이 있으면 성격이 강렬하며 횡폭하고, 권위와 위엄이 당당하고, 총명하며 용기와 결단성이 있고, 대중을 제압하는 통솔력이 매우 뛰어나다. 그러므로 괴강살(魁罡殺)도 권력자가 되지 않으면 백호살(白虎殺)이나 양인살(羊刃殺)보다는 작용력이 약하지만 결코 일반적인 직업을 선택해서는 안 된다.

왜냐하면 괴강살(魁罡殺)이 있는 사람은 운이 극과 극을 치닫기 때문에 흉하게 되면 한없이 흉하고, 좋게 되면 한없이 좋다. 다시 말하면 권력자가 되지 않으면 그런 현상이 생긴다는 것이다. 이왕이면 다홍치마라고 좋지 않다는데 굳이 일반적인 일을 해야 하겠는가. 특히 괴강살(魁罡殺)은 군인이나 경찰관, 정치인이 되는 것이 좋다.

권력을 가진 직업으로는 판·검사, 법조계 종사자들, 군인, 경찰관,

의사, 유전공학 학자나 연구원, 제약회사 연구원, 미용사, 이용사, 요리사, 조경사, 꽃집, 화원, 과수원, 묘목원, 의류 재단사, 정치인, 공무원, 교사, 식육점, 식육유통, 각종 고기를 다루는 사람이다. (필자의 저서 『참역학은 이렇게 쉬운 것이다—완결편』에서 인용)

위 신살(神殺)들을 무시하다가는 그 살기를 그대로 당한다. 필자의 사주에도 이 신살(神殺)이 있고, 피해를 본 사람이 있다. 필자가 어릴 때 죽은 형제들은 차치하고라도 필자가 사주를 알고 난 후부터는 이 신살(神殺)이 갖고 있는 무서운 살기의 무서움에 운이 좋지 않은 해에는 꼭 스님을 모시고 천도제를 지내기도 했다.

그 덕을 본 것은 15년 전쯤 아들들 운이 좋지가 않아 연초에 천도제를 지냈는데, 그해 5월 경에 작은 아들이 밤 1시쯤에 술을 먹고 시속 140km로 달리다가 주차해둔 차를 받아 전복되는 사고가 일어났다. 차에 타고 있던 사람들은 작은 아들 친구와 그 친구 여자친구였는데 세 사람 모두 다친 곳은 없었고, 벌금도 나오지 않았다. 그랬더니 작은 아들 하는 말이 "아버지 이건 기적입니다."

사주에서 들어오는 사건이나 사고는 미리 알면 막을 방법이 반드시 있다. 그런데도 사람들은 알면서도 무시하는 경향이 짙다. 절대적이라는 것을 믿어야만 조금이라도 피할 수 있을 것이다. 신살(神殺)의 무서운 살기를 걱정할 것이 아니라 좋은 방향으로 활용하면 그보다 더 좋은 기(氣)는 없다. 얼마나 좋은지는 활용해 본 사람은 알 것이다.

필자가 상담하다 보면 그런 사람을 종종 만난다. 예를 들면 식육점을 해서 돈을 많이 벌었는데 고기가 보기도 싫어지고 하기가 싫다. 그런데 고기를 보지 않는 일을 하니 사업이 잘 될 리가 없다. 그래서 필자가 본래대로 돌아가 다시 식육점을 하라고 하면 그때서야 인정하고 하던 사업을 정리하고 식육점을 하는 사람이 제법 있다. 아무리 두려운 신살(神殺)이라고 해도 잘 활용하면 오히려 좋다는 것을 알았으면 한다.

4장.
명품 이름을 지으려면

한자나 한글 획수로 이름짓는 곳은 엉터리다

수리 획수 성명학은 일제의 잔재로, 일본이 우리나라 정신을 말살시키려고 창씨개명할 때 활용하던 것이다. 1929년에 웅기건웅(熊埼健熊)이라고 하는 역학자가 주역의 81쾌를 한자 획수에 적용해 만든 것인데, 이 성명학이 웅기식 성명학이라고 하며 일본이 한국인의 황민화를 꾀하려는 일환으로 1939년 11월 10일 제령(制令) 제19호로 '조선민사령(朝鮮民事令)'을 개정했다.

그 내용은 창씨개명과 서양자 제도 신설이었다. 1940년 2월 11일부터 창씨개명을 시작하면서 이 웅기식 성명학으로 이름을 지으면 운명이 바뀌고, 모두 부자가 될 수 있다고 부추기면서 창씨개명을 유도했다. 그 결과 우리나라 사람 90% 정도가 창씨개명을 했다고 한다.

이때 창씨개명을 하는 과정에서 우리나라 사람들의 뇌리에 이 웅기식 성명학이 깊게 각인되어 현대에까지 이르렀다. 전문가라고 자칭하면서 작명하는 사람들도 모두 이 수리성명학에 매달리는 이유도 바로 일반인들에게 어필하기 쉽고, 그렇게 작명해야 사람들이 믿고 좋아하기 때문이다.

우리는 치욕스런 이런 학문, 학문이라고 하기도 좀 그렇지만 과감하게 버려야 한다. 이런 일제의 잔재를 버리지 않는 한 또 일본놈들에게 당할 수 있다. 버릴 건 버려야 발전할 수 있다.

필자가 이 수리성명학이 엉터리라는 것을 『음파메세지 (氣)성명학』(2002년)에 밝혔다. 그 책을 보고 창씨개명과 우리 이름에 대한 다큐를 계획하면서 MBC TV 제작진들이 필자한테 연락이 와서 단독으로 그 프로그램에 참여했다.

필자가 돈을 잘 벌어 유명한 것도 아니고, 철학관도 제대로 운영하지 않고 청도라는 시골에 있을 때 '우리 이름 가는 길을 묻다' 제작진들이 필자를 찾은 이유는 수리성명학에 대한 정확한 글을 썼다는 것이다.

이제는 이 수리성명학에서 벗어나야 한다. 일제의 잔재라 버려야하는 것도 있지만, 이름에 아무런 작용력도 없는 이론으로 이름을 짓다보면 좋은 이름이 나오기 어려워서다.

이름을 짓는 기준이 사주라고 본다면 사주의 기(氣)가 강하냐 약하냐에 따라 작명해야 하고, 그 다음에는 사주가 강한가 약한가에 따라 작명해야 하고, 그 다음에는 사주에 없는 오행(五行)을 참고해 작명하는 것이 옳다. 그리고 작명할 때는 그 사람의 성격도 참고해야 한다.

이렇게 수리성명학으로 작명하면 좋은 이름이 나오기 어렵다. 그 이유는 한자 획수를 맞춰야 하니 좋은 이름을 짓고 싶어도 지을 수 없다. 필자도 수리성명학으로 작명할 때 좋은 이름을 지으려고 3일이 넘게 걸린 적이 한두 번이 아니다.

지금은 신생아 이름은 그자리에서 바로 지을 수 있고, 개명하는 이름은 사주를 철저히 분석해야 하므로 3일에서 5일 정도 여유를 두고 짓는다. 이렇게 여유를 두는 이유는 사주와 이름과의 조화를 확실하게 이룰 수 있게 하기 위해서이고, 개명한 후 확실하게 새로운 운이 열려야 하기 때문이다.

한자 획수로 이름을 짓는 사람이 대다수인데 이제는 한수 더 떠 한글 획수로 짓는 사람들이 있다. 이들의 이론을 여기서 왈가왈부할 수는 없지만 이 한마디는 해야겠다.

이름에 사용하는 획수에다 사주에 있는 육친법을 적용해 부모 이름으로는 자녀들이 풀리지 않는다 하고, 자녀 이름으로는 부모가 풀리지 않는다고 한다.

이렇게 해서 가족 이름을 모두 바꾸라고 유도한다. 그 사람이 풀이하는 획수 설명이 그럴 듯하게 들리고, 부모 이름 때문에 자녀가 안 풀린다고 하면 그때부터 이름 때문에 그런가 해서 신경이 쓰이기 시작하니 가족 이름을 모두 바꿀 수밖에 없는 상황에 이른다.

이러한 경우에는 그냥 박차고 그 작명원에서 나와야 한다. 절대 수리 획수가 사람의 운명에 작용하지 않는다. 필자가 아는 어느 사주쟁이는 주민등록 번호가 나쁘니 휴대폰 번호라도 좋아야 한다면서 번호를 뽑아주고는 돈을 요구한다.

주민등록 번호나 휴대폰 번호, 차량 번호가 잘못되어 운명이 꼬인다면 세상 제대로 살아갈 사람 아무도 없다. 제발 믿지말기를 권하면서 왜 이름에 수리 획수가 아무 의미가 없는지를 하나하나 알아보자.

부르지 않으면 이름이 아니다

사랑하는 사람에게 전하고 싶은 심정으로 사랑 고백을 수도 없이 종이 위에 써내려 가도 상대방은 아무 대답이 없다. 이렇게 해서 대답할 수 있으면 사랑 고백도 매우 쉬울 텐데 절대로 상대방이 응답할 수 없다.

왜냐하면 상대방이 그 글을 봐야 무슨 의미인지 알 수 있는데 그 사람이 그 글을 볼 수 없다. 그 사람은 지금 바로 옆에 있는 것이 아니라 다른 곳에 있어서다.

물론 그 글을 우편으로 부쳐 상대방이 읽을 수 있으면 되겠지만 지금 당장은 알 수 없다. 그러면 상대방이 알게 하려면 어떻게 해야 하는가. 그 방법으로는 두 가지다.

하나는 상대방이 읽을 수 있게 해야 한다. 그래야만 그 사람이 그 글의 의미를 알고 응답할 수 있다. 또 하나는 상대방이 들을 수 있는 위치나 장소에서 소리내 읽어주는 것이다.

그러면 그 소리가 음파로 변해 상대방이 알게 되니 즉각적인 응답을 기대할 수도 있다. 그러나 이름은 다르다. 이는 사랑 고백이니 마음을 전달하려는 사람이 직접 전달하지 않아도 상대방에게 충분히 자기 생각을 전달할 수 있지만, 이름은 눈앞에 보이거나 가까이 있는 사람을 향해 부르는 것이므로 이름 주인공을 향해 이름을 부르면 곧바로 응답이 돌아와야 하는 게 바로 이름이다.

그것은 이름을 부르는 사람이 이름 주인공에게 하고 싶은 말이 있거나 대화하고 싶은 일이 있기 때문이다. 그 일이 나중에 해야 되는 일이 아니라 지금 당장 해야만 하는 일이기 때문이다.

그러니 이름을 부르기 싫다고 종이 위에 적어 보여주기도 그렇다. 간혹 부부싸움을 한 이들이 글자로 이름을 부르고 대화하는 것을 드라마나 소설이나 영화에서 보지만, 그런 경우는 극소수로 그렇게 하면서 살 수는 없다. 소리를 듣지 못하는 사람들도 글로 의사를 표현하는 것보다는 수화로 표현하면서 살아간다.

가끔 수화를 할 줄 모르는 사람을 만나면 글로 소통하지만 말이다. 이름이란 당장 그 사람이 필요해서 부르는 것이다. 만약에 이름을 부르는데 대답이 없으면 어떻겠는가. 이름 주인공에게 전달되지 않았나 해서 계속 이름을 불러댈 것이다.

이것이 바로 이름의 특수성이다. 이름을 부른다는 것은 지금 당장 그 이름의 주인이 필요해서다. 물론 이름 주인공이 없는 곳에서 부르는 경우도 있다. 그리움을 참지 못한 사람들이 허공에 대고 부르는 것이다.

물론 이때 부르는 이름이 이름 주인공에게까지 전달되지 않으니 이름 주인공은 자기 이름을 부르는지 알 수 없으니 대답할 리 없지만 그리움 하나로 애타게 부르는 것이다. 김종서의 노래처럼 대답 없는 너다. 대답 없는 이름은 아무리 불러봐도 소용없다. 이름 주인공이 알 수 없을 테니 말이다. 그래서 부르지 않는 이름은 이름이라

할 수 없다.

이름을 부르지 않는데 대답할 바보도 없을 뿐더러, 이름 주인공이 들을 수 없으니 본인을 부르는지 알 수 없기 때문이다. 그러니 부르지 않는 이름, 즉 기록만 해놓은 이름은 이름의 작용력이 있다고 할 수 없다. 이름을 부르지 않으면 이름 주인공이 대답하지 않으니 부르지 않는 이름은 이름이라 할 수 없는 것이다.

그렇다면 글자로 기록만 해놓은 것은 이름이 아니라고 한다면 주민등록에 기록되어 있는 이름은 이름이 아니냐고 반문할 것이다. 기록해놓은 이름이 이름이 아니라는 것이 아니다. 이름은 부르지 않으면 어떤 작용도 일어나지 않는다는 뜻이다. 누구에게 물어도 이름 하면 부르는 것이라고 할 것이다.

그러니 불러야만 소리가 퍼져 나가면서 파장을 일으키고, 그 소리가 귀를 통해 여러 가지 작용이 일어나는 것이다. 기쁜 소식이거나 기분 좋은 소리면 그 소리를 듣는 사람은 기분이 좋아질 것이고, 슬픈 소식을 듣는 사람은 슬퍼질 것이고, 기분 나쁜 소리를 들은 사람은 기분이 나빠질 수밖에 없을 것이다.

하루에도 수없이 불러대는 이름들, 그 이름이 그 이름 주인공에게 영향을 미치는 것은 당연한 일이다. 이름은 부르려고 짓는 것이다. 그러면 이름을 부를 때 그 이름은 음파를 일으킬 것이고, 각각의 글자가 가진 이미지가 음파가 되어 이름 주인공에게 전달되어 작용을 하게 된다. 그 이름이 어떠한 이름이냐에 따라 이름 주인공 운명이 바뀔 수 있다. 더 좋은 삶을 살려고 사람들은 좋은 이름을 원하고, 그 이름을 짓는 방법이 여러 형태로 생겨 발전해 온 것이다.

사람에게는 의식 세계와 무의식 세계가 있다. 프로이트 이론을 빌리면 의식 세계는 10%도 안 되고, 무의식 세계는 90%가 넘으며 90%가 넘는 무의식 세계가 의식 세계를 지배한다고 한다. 굳이 프로이트의 이론이 아니더라도 사주에서 보면 일간(日干)이 내 몸이며 정신이고 의식 세계다. 그 일간(日干)을 제외한 나머지 오행(五行)들이 일곱 개나 되는데 이 오행(五行)들이 바로 무의식 세계다.

의식이 있는 나는 내 이름을 좋다고 생각하는데 무의식 세계는 그것을 인식하지 못하고 다른 사람이 불러줄 때 생기는 음파를 인식하고, 그 음파대로 의식 세계에 전달하면서 성격을 만들어간다. 그래서 이름이 성격을 형성하고, 그 이름대로 살아가는 것이다.

다시 말하면 이름을 부르는 사람의 생각이 공기의 파장을 일으키는 음파가 되어 상대방의 무의식 세계에 전달되는 것이다. 그래서 이름은 부르는 사람의 생각이 가장 중요하다. 부르기 쉽고 밝은 이름은 좋은 음파를 만들어 이름 주인공 성격도 밝게 만들어 줄 것이다.

물도 생각을 안다

에모토 마사루라는 일본 한학자가 2002년에 쓴 『물은 답을 알고 있다』(물이 전하는 놀라운 메시지)라는 책을 소개하는 글이 있는데, 이 물이 글자나 사람의 소리에 반응하는 것을 알면 이름은 불러야 이름임을 알 수 있다. 그래서 그 일부를 인용해 본다. 그래야 작명가한테 속지 않을 것이다.

"이 책은 물에 말을 들려주고, 글씨를 보여주고, 음악을 들려줬을 때 물이 보여주는 신비하고 놀라운 결과를 담았다. 오랫동안 물과 소리 연구를 해온 저자는 어느 날 '눈(雪) 결정은 하나하나가 모두 다르다'는 데서 물의 결정 연구 아이디어를 떠올렸다고 한다. 그렇게 5년간 연구 끝에 물 결정 사진을 얻었는데, 그 결과는 정말 놀라웠다. '사랑·감사'라는 글을 보여준 물에서는 완전한 아름다운 육각형 결정이 나타났고, '악마'라는 글을 보여준 물에서는 중앙이 검은 형상이 나타났다.

여기서 우리가 알아야 할 게 있다. 그것은 바로 물은 글자를 읽지 못한다는 것이다. 그러면 어떻게 해서 물이 사랑이나 악마라는 글을 인식했을까 하는 문제다. 글을 읽을 줄 모르는 물이 글자 의미를 알게 된다는 것은 과학적으로는 설명이 안 된다.

그렇지만 그 글자를 쓴 종이를 든 사람은 그 글자의 의미를 안다. 그래서 그 글자가 쓰여있는 종이를 든 사람의 생각이 음파가 되어 물에 전달되니 물이 그 음파로 감정을 느껴 물의 결정이 달라진 것이다.

이것을 갖고 한글 획수가 물의 결정체를 만든다고 주장하는 이들도 있다. 이건 절대 아니다. 한자나 한글 획수는 전문으로 배운 사람도 잘 모른다. 전문가가 한자나 한글 획수를 잘 모르는데 일반인들은 더 그럴 것이다. 그런데 어떻게 글자의 획수가 음파로 변환한다는 것인지 이해가 가지 않는다. 모든 학문은 상식선에서 판단하는 게 가장 정확하다고 생각한다.

'고맙습니다'라고 했을 때는 단아하고 깨끗한 결정을 보여줬지만,

'멍청한 놈' '바보' '짜증나, 죽여버릴 거야' 등과 같이 부정적인 말에는 마치 어린애가 학대를 당하는 듯한 형상이 나왔다. 또 '그렇게 해주세요'라는 말에는 꽃처럼 예쁜 육각형 결정이 나왔지만, '그렇게 해!'라는 명령투 말에는 '악마'라고 할 때의 형상을 보였다. 강제와 명령이 그만큼 나쁘다는 뜻이다.

이러한 현상이 바로 음파의 영향이고, 음파의 작용력인 것이다. 음악 소리도 마찬가지고 음악 소리에 물이 반응하는 것도 당연한 것이다. 물에 아르헨티나 탱고를 들려주자 결정들이 짝을 이뤄 춤을 추는 듯한 형상으로 나타났다. 티베트 경전을 들려주자 만다라 형상이 나타났고, 〈아리랑〉을 들려줬을 때는 가슴이 저미는 듯한 형상이 보였다.

또한 휴대폰, 전자레인지, 텔레비전, 컴퓨터를 곁에 둔 물의 결정은 흐트러졌다. 그만큼 전자파도 음파같이 물에 전달되어 그런 결정체가 된다는 것은 전자파가 인체에 해롭다는 것을 한눈에 알 수 있다.

물도 사랑을 느끼거나 고마움을 기억하는 것이 아니라, 그 순간의 소리(음파)에 반응한다는 것이다. 이러한 작용이 생기는 것이 바로 음파며, 이름을 부를 때 음파가 발생하는 것은 확실하면서 당연하다. 그 음파를 들은 이름 주인공의 무의식이 인지하고, 그 무의식이 의식 세계에 세뇌시키다시피 강요해 그 이름의 음파대로 성격을 형성하게 만드는 것이다. 이것이 바로 이름의 작용력이고, 음파성명학이며, 뇌인식 작명법이다.

생각과 의식이 음파 에너지로 전파되듯이 사랑을 느끼거나 반목하는 것도 음파 진동의 영향이라고 한다. 또 분노와 슬픔, 원한 같은 감정을 치유하는 데도 음파 진동 법칙을 이용할 수 있다. 좋지 않은 감정과 정반대의 음파 진동을 내면 된다는 것이다.

예를 들어 원한이라는 부정적인 감정을 치유하려면 감사하는 마음을 가지라는 것이다. 화에는 다정함을, 공포에는 용기를, 불안에는 안심을, 초조에는 안정을, 압박감에는 평상심을 가지면 된다. 이런 원리로 원한으로 병에 걸린 사람은 감사하는 마음을 되찾으면 병을 고칠 수 있다고 한다.

이처럼 인간의 마음과 의식은 몸에 결정적인 영향을 준다. 즉 의식이 물질을 변화시키는 것이다. 의식이 물질을 변화시키는데 가장 많은 역할을 하는 것이 바로 이름이며, 사람은 살아가면서 타인의 이름을 부르기도 되고 내 이름을 듣고 대답하기도 한다. 그래서 사람은 매 시간마다 이름을 부르는 소리를 들을 수도 있고, 그보다 더 많이 들을 수도 있고 더 적게 들을 수도 있다.

아무튼 이름은 하루 중 가장 많이 듣는 소리일 것이다. 이렇게 많이 듣는 이름이 사주와 조화를 이루지 못하면 내 의식과도 맞지 않는다는 것인데, 나와 코드가 맞지 않는 이름을 온종일 듣는다고 생각하면 소름이 끼칠 것이다. 의식을 가진 나는 아무리 나쁜 음파를 가진 이름이라고 해도 내가 인식하지 못할 수 있지만, 무의식 세계는 그것을 낱낱이 기억하며 그 음파대로 살려고 의식 세계를 강요하게 된다.

원한이라는 부정적인 감정을 치유하려면 감사하는 마음을 가지라는 것이고, 화를 치유하려면 다정함을, 공포를 다스리려면 용기를, 불안을 해소하려면 안심을, 초조한 마음을 다스리려면 안정감을, 압박감을 다스리려면 평상심을 가지면 된다고 했듯이, 이런 원리로 사주와 잘 조화되는 글자를 선택해 이름을 지어야 한다.

사주에서 강한 기(氣)가 흐르면 강한 기(氣)를 감당할 글자를 선택해 이름을 지으면 가장 좋은 이름이 될 것이고, 사주가 신강(身强)하면 강한 음파가 생성되는 글자로 이름을 지으면 최고 이름이 될 것이며, 사주가 신약(身弱)하고 부드러우면 사주에서 원하는 부드러운 음파를 생성하는 글자로 이름을 지으면 최고 이름이 될 것이고, 인기를 업으로 할 수 있는 이름이면 인기를 얻을 수 있는 음파의 글자로 이름을 지으면 최고 이름이 된다.

사람의 체질이 제각각 다르듯 사주도 모두 다르다. 그래서 각각의 사주에 따라 그 사주와 가장 잘 조화를 이루는 음파를 생성하는 글자로 이름을 지어야 사주에서 원하는 성격으로 변해 사주에서 원하는 길을 선택하는 데 큰 도움을 줄 것이다.

앞에서 언급한 『물은 알고 있다』라는 책이 세계적으로 베스트 셀러가 되자, 일부 과학자가 "물은 의식이 없고 생각할 수 없으니 물의 결정체는 사기극에 불과하다"는 부정적인 글을 신문에 발표하기도 했다. 필자가 생각하기에는 이 세상의 모든 물체는 제각각 그들만의 특성이 있다. 그것이 사람들이 말하는 의식이니 생각이니 하는 것과는 다른 무언가가 분명히 있다.

그것을 과학으로만 이해하려 하면 절대 안 된다. 지금 이 순간에도 과학으로는 도저히 풀 수 없는 일들이 세계 도처에서 일어나고 있다. 이러한 사실을 보더라도 과학만 갖고 이 우주의 순환 법칙을 설명할 수는 없다.

필자의 견해로는 긍정적인 말을 할 때는 아무래도 말을 부드럽게 했을 것이고, 부정적인 말을 할 때는 격한 소리를 냈을 테니 그 소리의 진동(음파)을 물이 느꼈을 것이고, 그 느낌이 결정체로 나타난 것이라고 본다. 음악도 마찬가지로 부드럽고 감미로운 음악은 물의 결정체가 매우 아름다웠을 것이고, 시끄러운 헤비메탈 같은 음악은 물의 결정체가 이그러졌을 것이다.

이런 생각을 해보지도 않고 부정적으로 보는 시각은 과학자 자질을 의심하지 않을 수 없다. 세상에 과학으로 풀 수 없는 일이 허다하게 일어나는 것만 봐도 우주의 법칙을 하찮은 인간이 이해하려니 안 될 수밖에 더 있겠는가.

식물도 음파에 반응한다

진화론 창시자 찰스 다윈은 식물에도 귀가 있을 것이라고 생각하고, 잎을 건드리면 몇 초 안에 잎을 접는 식물인 미모사(신경초)에 대고 나팔을 부는 실험을 했다고 한다. 그러나 미모사는 미동도 하지 않았지만 다윈의 상상력은 100여 년이 지난 1930년대에 음악을 들려준 작물의 수확이 좋다는 의견이 나와 한동안 엄청난 히트를 쳤다.

그러나 그 원인을 과학적으로 증명하지 못해 역사 속으로 묻혀버렸다. 이후 1973년 미국의 도로시 리톨렉이라는 과학자가 호박으로 실험해 체계적인 실험을 처음 했다. 도로시 리톨렉이 호박에 고전음악을 들려주자 덩굴이 스피커를 감싸고, 록음악을 틀어주자 덩굴이 벽을 넘어 달아나 버린 실험으로 음악이 식물에 영향을 미친다는 사실을 입증했다.

도로시 리톨렉은 실험한 결과 모차르트, 바하, 하이든 등의 클래식 음악을 듣고 자란 호박덩굴은 녹음기 쪽으로 뻗으면서 감싸기도 했다고 한다. 음악은 사람에게 좋은 영향을 끼치는 것과 마찬가지로, 식물에도 좋은 영향을 끼치는 것을 도로시 리톨렉이 증명한 것이다.

이런 결과를 놓고 볼 때 결론은 음악 소리(음파)의 진동에너지가 생명체에 기쁨을 주고, 에너지를 촉진시키는 것이 확실하다. 그래서인지 근래에 국내에서도 활발하게 연구하는 것으로 알고 있고,이미 여러 곳에서 음악을 이용해 식물이나 동물을 키우는 것으로 알고 있다.

도로시 리톨렉이 실험하면서 사용한 음악은 현악기 위주의 모차르트와 매우 시끄러운 록음악을 사용했다고 한다. 이 실험 결과 현악기를 사용한 음악을 들려줬을 때 성장 상태가 가장 좋았다고 한다. 다음은 현재 우리나라에서 식물에 음악을 들려주는 여러 가지를 알아보겠다.

농촌진흥청 농업과학기술원 잠사곤충부 이완주 박사는 경기도 수원 아주대에서 열린 한국식물학회 춘계학술발표대회 특별강연에서 음파가 어떤 과정을 거쳐 식물의 생육을 촉진하고 해충을 억제하는지 실험한 결과를 발표했다.

그는 "식물은 귀가 없지만 음파가 세포벽에 물리적 자극을 주면 자극이 세포막에 전달되어 내부 세포질이 떨면서 식물 자체에 흐르는 10~50mV의 전압에 변화를 보이는 과정을 통해 반응한다"고 했다.

여기서 또 하나 알게 되는 것은 식물은 음파에 대해서는 전기적 반응을 상당 시간 지속적으로 보이는 반면, 바람에 대해서는 계속 자극을 줘도 일정 시간이 지난 뒤에는 반응하지 않아, 식물은 음파와 바람의 자극을 구별하는 것으로 나타났다. 이런 음파가 주는 전기적 자극은 세포질 유동을 활성화시켜 광합성 같은 기본 대사를 증진하고, 기공을 많이 열게 해 호흡과 양분 흡수를 높이는 것으로 보인다.

이완주 박사는 "실험에 사용한 음악은 2000Hz 미만의 저주파로, 명랑한 동요풍의 음악에 새소리, 물소리, 바람소리를 섞은 창작음악"이며, "식물이 모든 음악에 똑같은 반응을 보이는 것은 아닌 데다, 소음이나 록음악은 오히려 발아율과 발육을 억제하는 것으로 나타나, 정확히 어느 종류의 음악이 어떤 메커니즘으로 이런 결과를 가져오는지는 더 연구해야 한다"고 했다.

그런데 이완주 박사의 발표처럼 식물에 어떤 음악이나 무조건 다 좋은 것은 아니다. 식물도 좋아하는 음악이 있고 싫어하는 음악이 있는데, 호박은 바흐의 음악 같은 고전음악을 좋아하고 록음악은 싫어하며, 콩나물은 헤비메탈을 틀어주면 머리가 다 갈라지고, 무도 뿌리가 썩으며, 미나리 씨를 뿌리고 라디오 주파수를 맞추지 않고 찍찍거리는 소리를 들려주면 싹이 트는 씨는 50%가 안 된다고 하는데, 싹이 나와도 잎이 하얗게 바랬다가 말라죽는다고 한다.

더욱더 놀라운 사실은 완두콩에는 현악기 소리보다 강한 비트의 헤비메탈을 들려줬을 때 성장률이 더 좋아 수확도 많이 했다는 것이다. 이는 식물도 제각각 특성을 갖고 있다는 것이다.

사람들이 좋아하는 음악이 제각각 다르듯이, 식물들도 좋아하는 음악이 모두 다르다는 것을 알 수 있는 것이다. 그러니 식물도 생각이 있다는 결론을 내릴 수 있다. 말을 하거나 건드리면 움츠려야만 생각이 있는 것이 아니라 무언가를 만든다는 자체가 벌써 생각을 갖고 있다는 것이다.

그것을 과학자들은 본능적으로 움직임을 가진다고 하는데, 그 본능 자체가 생각이라는 것이다. 생각이 있으니 본능적으로 움직이는 것이지, 생각이 없는데 어떻게 본능적으로 움직이겠는가.

식물이 음악 종류에 따라 반응하는 것도 음파를 감지해서다. 부드러운 클래식을 들려주면 부드러운 음파가 발생하니 식물이 순수한 감정을 일으킬 수밖에 없고, 헤비메탈 같은 시끄러운 음악을 들려주면 아주 시끄러운 음파가 발생할 테니 시끄러운 음파를 좋아하는 식물을 제외한 식물들은 거부 반응을 보일 것은 분명하다.

이름도 마찬가지로 강한 음파의 이름을 좋아하는 사주가 있을 테고, 부드러운 음파의 이름을 좋아하는 사주가 있을 것이다. 또 인기몰이를 할 수 있는 음파를 좋아하는 사주가 분명히 있을 테니 사주에 맞는 음파가 생성되는 글자로 이름을 지어야 최고 이름이라고 할 수 있을 것이다.

사람의 뇌는 컴퓨터와 같다

필자는 재미있는 드라마나 영화를 볼 때 가끔 느끼는 게 있다. 만약 드라마나 영화에 음악이나 효과음이 없다면 사랑 감정이나 스릴, 공포감을 느낄 수 있을까. 그렇다면 드라마나 영화 산업이 발달하지도 않았겠지만 재미나 스릴, 공포감은 거의 느끼지 못할 것이다. 이렇게 소리는 사람한테 많은 영향을 미친다.

특히 소리의 진동(음파)이 귀를 통해 뇌에서 그 이미지를 육감으로 느끼고, 그 느낌이 몸속의 세포들에 전달한다. 소리는 인체생리학적으로 반응해서 이미지화하고 머리에 저장된다. 좋은 소리나 좋은 말을 들으면 좋은 호르몬인 엔도르핀이 생겨 세포가 회복되고 빠르게 재생되어 건강하고 행복해진다 그러나 좋지 않은 소리나 좋지 않은 말을 들으면 나쁜 호르몬이 생성되어 일부 세포에 악영향을 미쳐 몸이 망가지게 된다.

소리가 인체에 미치는 영향은 말로 다 할 수 없다. 슬픈 음악을 들으면 눈물이 나고, 기쁜 음악을 들으면 자신도 모르게 덩실덩실 춤을 춘다. 가요계에서는 한때 슬픈 노래를 부르면 죽는다는 속설도 있었다. 왜냐하면 슬픈 노래를 부른 가수들이 그 노래 제목 같은 삶으로 이 세상과 헤어지는 것을 보았기 때문이다.

불멸의 가수 배호는 〈마지막 잎새〉라는 노래를 마지막으로 남겼고, 차중락은 〈낙엽따라 가버린 사랑〉을 부르고 그해 늦은 가을에 낙엽따라 떠나갔고, 김정호는 〈님〉이라는 노래를 부르고 요절했다. 이렇게 소리는 사람에게 엄청난 영향을 준다.

이름을 부르는 사람이 그 이름을 부를 때 그 이름이 갖고 있는 음파가 이름을 부르는 인체의 변화와 함께 이름 주인공에게 전달되어 그 이름 주인공에게 작용한다는 사실이다. 그냥 작용하는 것이 아니라 그 사람의 성격을 좌우하게 된다는 것이다.

말이 씨가 된다는 속담이 있듯이, 성격을 좌우하는 씨가 되는 나를 부르는 이름의 소리는 사람의 성격에 분명히 영향을 미치니 그 성격이 내가 가는 길을 선택하는데 한몫하고 그 성격 때문에 대인관계에 문제가 생길 수도 있는 것이다. 이름 때문에 인체가 반응한다면 아마 웃어넘길 사람도 있을 것이다. 그러나 그런 예는 많다.

『물은 답을 알고 있다』에서 소리에 따라 물 분자 구조가 변하는 것은 부르는 소리에 따라 감정이 달라질 수 있다는 것을 알아보았고, 캘리포니아 대학 교수들이 이름이 사람의 생명에 어떤 영향을 미치는가를 조사해서 낸 통계를 보면 이름이 운명에 미치는 영향을 더 잘 알게 될 것이다. 다음은 캘리포니아 대학 교수들이 이름에 대해 조사한 내용과 결과다.

이들은 이름이 수명을 좌우할까를 생각하던 차에 1969~95년 사이에 의사가 발급한 3,500여 명의 사망진단서를 토대로 이름과 수명의 관계를 조사했다. 그 결과 좋은 뜻의 성명 약칭(이름, 중간이름, 성)을 가진 사람이 나쁜 의미의 이름을 가진 사람보다 평균 7.28년이나 더 오래 살았다는 이색적인 결과가 나왔다. 심리학자 니콜라스 크리스텐 펠드가 이끄는 연구팀은 여자보다 남자가 이름의 영향을 더 많이 받음을 확인했다.

예를 들어 성명 첫 글자 조합이 'ACE', 'VIP', 'WIN'인 남자는 중립

적이거나 아무 뜻이 없는 이름 약칭을 가진 남자보다 평균 4.48년 오래 산 반면 'PIG(돼지)', 'RAT(쥐)', 'BUM(부랑자)', 'ASS(엉덩이)' 등 나쁜 어감의 남자는 보통 이름 사람들보다 2.8년 일찍 죽었다는 결론이 나왔다. 이것은 이름이 운에만 작용하는 것이 아니라 생명에까지 작용함을 단적으로 보여준 것이다.

여자는 남자보다 편차가 약간 작았다. 긍정적인 뜻의 이름을 가진 여자는 가치 중립적 이름의 여자보다 3.36년 오래 살았으나, 남자처럼 이름이 나쁘다고 해서 보통 사람보다 수명이 짧다는 것은 규명하지 못했다.

이것은 미국 여자들도 사회활동이 적다는 것을 의미하지 않을까. 사회활동이 적으니 이름을 부르는 횟수가 적어 이름 작용력이 적어지는 것을 우리는 알 수 있다. 이러한 결과만 보아도 이름은 부르지 않으면 그 작용력이 없음을 알 수 있다.

크리스텐 펠드 박사는 이 같은 현상에 대해 근본적인 원인은 규명되지 않았지만 수명이 짧은 사람 대부분이 자살이나 사고, 정신적 문제와 관련된 이유로 사망했다는 것은 얘기할 수 있다고 밝혔다. 말하자면 나쁜 이름을 가진 사람은 친구나 소속 집단에서 평생 이름 때문에 놀림감이 되고, 이로써 스트레스가 축적돼 일찍 사망했으리라는 추정을 할 수 밖에 없었다.

그리스텐 펠드 박사는 "부모들이 자녀 이름에 관심을 갖고 있지만 이니셜(약칭)에는 무신경한 경우가 많다"며, "자녀를 절대로 '돼지'로 불리게 하지 말라"고 당부하기도 했다. 이 연구 결과는 27일 뉴올리언스의 행동의학협회에 정식으로 보고했다. 이 자료를 보더라도 이름이 운명에 미치는 영향이 매우 큼을 알 수 있다. 이런 작용력들을 필자의 저서인 『한글 이미지 성명학』을 읽어보면 충분히 알 것이다.

미국인도 사람이라는 것은 틀림없는 사실이다. 'PIG(돼지)' 'RAT(쥐)', 'BUM(부랑자)', 'ASS(엉덩이)' 같은 좋지 않은 느낌의 이름을 가진 사람이 일찍 사망한다는 것은, 그들도 사람이기 때문에 이런 이름을 들으면 기분이 나빠질 것이고, 수시로 자기 이름을 들을 때마다 스트레스가 쌓이니 당연히 일찍 사망하는 것이다.

사람은 소리를 몸이나 두개골로도 감지하지만, 대부분은 귀를 통해 인지한다. 우리의 귀는 좌우에 두 개가 있고, 또 귀 모습도 앞쪽으로 모아져 있어 소리의 양에 따라 왼쪽과 오른쪽, 앞과 뒤 위치를 알게 해주고, 이렇게 소리 방향성까지도 알게 해준다.

이러한 원리로 소리를 들으면 사람은 그 소리에 즉각 반응하게 되어있다. 기분 좋은 소리를 들으면 미소를 띠고, 온갖 신경과 세포가 평온해지니 소위 말하는 엔도르핀이 팍팍 생기는 반면, 기분 나쁜 소리를 들으면 얼굴 근육은 일그러지고 화가 나기 시작하면서 온갖 신경과 세포가 흥분해 움츠리거나 충격으로 망가지게 된다.

따라서 귀를 통해 들어오는 소리는 각각의 이미지를 갖고 있는데 그 이미지에 따라 인체가 반응하고, 그 반응으로 생체 리듬에 변화를 주는 것이다.

명품 이름을 지으려면

명품 이름을 지으려면 먼저 사주를 분석할 능력이 있어야 하고, 그 다음은 사주를 구성하는 음양오행(陰陽五行)이 우리나라에서 처음으로 시작했다는 것을 알아야 하고, 한자가 우리 글이라는 것도 알아야 한다. 사주가 우리나라에서 처음으로 시작되었다고 하면 중국을 좋아하는 사람들은 욕을 할지도 모른다. 그러나 우리나라에서 시작한 것은 확실하다.

하나의 예만 들겠다. 사주에 상관(傷官)이 있어야 언변이 뛰어나다고 한다. 식신(食神)이 있어도 언변이 좋은 사람이 가끔은 있다. 그래서 식상(食傷)이 없으면 언변이 약하다 하고, 말을 많이 하면 목이 아프고 말을 하기 싫어진다.

그런데 이 식상(食傷)이 없어도 언변이 좋은 오행(五行)이 있다. 그 오행(五行)이 바로 오화(午火)다. 오화(午火)가 지지(地支)에 있는데 말을 못하는 사람은 없다. 오화(午火)는 동물로는 말이다. 사람이 타고다니는 말과 우리가 입으로 하는 말을 동일시한다는 이야기다. 그래서 말(午)이 지지(地支)에 있는 사람은 식상(食傷)이 없어도 말이 청산유수다.

그리고 식상(食傷)이 하나라도 더 있으면 말로는 따라갈 수 없을 정도로 말을 잘 한다. 사주에서 보면 이러한 현상이 생기는 오행(五行)이 많지는 않지만 더러 있다. 이러한 예는 더 들 수 있지만 나쁜 이미지가 있어 그 일간(日干)으로 태어난 이들한테 피해를 줄지도 몰라 더는 예를 들지 않겠다.

상기의 예인 오화(午火)가 있는 사람이 식상(食傷)이 없어도 말을 잘하는 것만 보아도 알 수 있을 것이다. 이런 현상을 보고도 사주가 중국에서 온 것이라고 하면 안 된다. 거리를 다니다보면 중국철학관이라고 써놓은 간판이 간혹 보인다. 그러면 사대주의에 젖은 생각이 이런 간판을 걸게 한 것이 아닌가 생각하면서 그냥 웃고 만다.

한자가 우리나라 글이니 당연히 사주라는 학문이 우리나라에서 생겨 발전했는데, 왜 자꾸만 중국을 들먹이는지 모르겠다. 필자가 사주라는 학문을 접하지 않았다면 필자도 아마 한자는 중국 문자라고 생각하면서 살지도 모른다. 그러나 다행히도 사주학을 접하면서 한자가 우리 글임을 알게 되었고, 증명도 확실하게 할 수 있다.

여기서 길게 쓸 수는 없어 간단하게 쓴다면, 우리나라 사람 중에 글자를 전혀 모르는 문맹이라 하더라도 한자의 뜻을 모르는 사람이 없다는 사실 하나만으로도 입증할 수 있다. 만약 한자가 중국 글이라면 그들도 알아야 할 텐데 그들은 알 방법이 없다. 왜냐하면 그들은 우리가 발음하는 한자와는 달리 우리가 읽는 같은 한자를 그들은 제각기 다르게 읽는다.

그것이 확실한 것은 돈을 벌려고 중국에서 온 조선족들이 신생아 이름을 지으러 오면 한국식으로 지어주는데, 문제는 중국식 한자 발음으로는 맞지 않는다. 예를 들어 '승'이라는 한자[升(4 오를 승), 丞(6 도울 승), 承(8 이을 승), 昇(8 오를 승), 乘(10 탈 승), 勝(12 이길 승), 陞(15 오를 승), 繩(19 줄 승)]는 우리나라에서는 모두 똑같이 '승'으로 발음하는데, 중국식으로는 한자마다 발음이 다르다. 그래서 조선족 아이들 이름을 짓는 데 상당한 애로가 있다. 이 한 예만 봐도 알 수 있을 것이다. 그런데도 한자가 중국 글이라고 하면 미친 사람 취급을 당할 날이 멀지 않았다.

필자가 영(靈) 공부한다고 청도군 매전면에서 생활할 때 지나가던 사람들이 가끔 상담하려고 들르기도 했다. 어느 날 차 한잔하려고 들른 사람이 있었는데, 그와 대화하다 보니 대학에서 한문을 가르치는 교수였다.

필자가 "교수님은 한자가 어느 나라 글이라고 생각합니까?" 하고 물으니, 망설이지 않고 "중국 글이지요" 한다. 그래서 "한자를 가르치는 사람들이 그렇게 말하니 자꾸만 한자를 중국 글이라고 하지요" 하면서 한자를 우리 글이라고 할 수 있는 얘기를 20여 분 하니 그때서야 "아하! 한자가 우리 글이네요" 한다.

필자가 한마디 더 했다. "그래도 교수님은 어디 가서 한자가 우리 글이라고 하지 못할 거예요. 왜냐하면 한자가 중국 글이라고 우기는 기득권자들한테 밀리면 직장을 잃을 수도 있기 때문이죠" 하니, "맞습니다" 한다. 그런데 한자가 우리 글이라고 과감하게 주장하는 책이 있어 소개한다.

책이름 :『한자는 우리 글이다』
지은이 : 박문기
자료 출처 : 예스24

수천 년 전부터 우리 민족의 주된 식량이었던 '콩'에 관한 이야기에서 시작해 '인본사상과 생명농업'이라는 맺음말에 이르기까지 인간의 삶과 생명, 문화의 유기적 관계를 작가 특유의 입담과 재치로 풀어내고 있다. 우리 글을 중국 글이라 생각하고, 우리 종자는 남에게 모두 빼앗긴 채 이제는 그들에게 종자를 수입해 쓰고, 남의 농법을 우리 농법인 양 착각하며 사는 현실, 저자는 『한자는 우리 글이다』를 통해 단지 문자의 기원에 대한 역사적 고찰에만 역점을 두지 않고, 우리 민족 고유의 삶을 송두리째 저당잡힌 채 의식 없이 살아가는 현실을 비판적으로 꼬집고 있다. 우리는 지금까지 원칙 아닌 원칙으로 가르치고 배워왔다.

원칙으로 배우고 익혀야 우리 역사를 바로 알게 되고, 우리 역사를 바로 알아야 뜻이 바로 서게 되고, 뜻이 바로 서야 행실이 바르게 되는데 말이다. 지금 내가 이 책을 쓰는 이유는 원칙을 바로 세우기 위함이다.

한자는 왜 우리 글인가. 한자가 중국에서 만들어지고 사용된 중국 글자라는 생각은 오늘날 의심의 여지가 없는 사실로 받아들여지고 있다. 이러한 상황에서, 재야 사학자이자 생명농업 실천가인 저자 박문기는 '한자는 우리의 글'이라는 경천동지할 주장을 펼친다. 저자는 도대체 무슨 근거로 이러한 주장을 할까.

'한자'는 일본인들이 만들어낸 명칭이다. 저자는 먼저 '한자(漢子)'라는 명칭에 대해 이의를 제기한다. 오늘날 우리는 '한자'를 한나라 때 만들어진 것으로 여기고 있지만, '한자'니 '한문'이니 하는 말은 일본인들이 이 땅을 무단통치하면서 만들어낸 말이라는 것이 저자의 지적이다.

조선시대에는 이를 '참글'이라는 뜻에서 진서(眞書)라 일컬었고, 조선시대에 한문이라는 말이 간혹 있는 것은 한나라 선비들이 지은 문장을 가리키는 말이었지 결코 이 문자 자체를 한문이라고 부른 것이 아니라는 설명이다.

한자에는 우리 민족의 문화가 들어있다. 예컨대 집 가(家) 자는 집을 뜻하는 면 자와 돼지 시(豕) 자가 합쳐진 글자다. 다시 말해 집 안에 돼지가 있다는 말인데, 이는 중국 풍습과는 전혀 관련이 없다는 것이 저자의 날카로운 지적이다. 즉 오늘날에도 전라도나 제주도에서 심심찮게 볼 수 있듯이 집 안에서 돼지를 키우는 것은 우리 민족 고유의 풍습에서 유래한 것이라는 설명이다.

또한 우리가 쓰고 있는 논 답(畓) 자가 중국에는 없다는 사실은 이 문자가 중국인들이 만든 것이 아니라, 논농사를 생업으로 삼은 우리 민족이 만든 것임을 증명해준다는 것이 저자의 주장이다.

저자는 이러한 주장이 한나라보다 천수백 년 앞선 은나라 때 이미 이 문자의 원형인 갑골문(甲骨文)이 있었고, 이 은나라가 바로 우리 동이족의 왕조였음을 각종 사서가 증명해주고 있다는 사실로 뒷받침된다고 말한다.

한자를 단음(單音)으로 발음하는 민족은 우리뿐이다. 저자의 글자 탐구는 글자가 만들어진 원리에 머무르지 않는다. 글자의 소리를 보아도 한자가 우리 글임을 명명백백하게 알 수 있다는 것이다.

예컨대 날숨을 뜻하는 호(呼) 자와 들숨을 뜻하는 흡(吸) 자를 중국 발음으로는 '후' '시'하고 발음하기 때문에 소리가 다 밖으로 나가버리지만, 우리 식으로 '호흡'하고 발음하면 소리가 나가고 들어오는 느낌이 분명하다는 것이다. 원래 자기 나라 글자라면 어느 글자나 단음으로 발음할 수 있어야 하지만, 중국과 일본에서는 거의 복음으로 발음하고, 오직 우리만이 어떤 글자든 단음으로 발음할 수 있다는 것이 저자의 설명이다.

이어서 저자는 음운학에 입각해 보더라도 이 문자가 우리 글일 수밖에 없다는 논지를 펼치고 있다. 예컨대 사람의 입이 하나가 되는 소리를 형상화한 '합(合)'이라는 글자를 우리 발음으로 하면 입이 닫혀 하나가 되는데, 중국 발음으로 하면 '허'가 되어 오히려 입이 열려버리며, 우리의 '출입(出入)' 발음은 소리의 나가고 들어옴이 분명한데, 중국인들은 '츄루' 하고 발음하기 때문에 소리가 다 밖으로 나가버린다는 것이다.

한자에는 우리 민족의 역사가 배어있다. 저자의 문자 탐구는 우리 민족의 역사까지 파고든다. 예컨대 오를 등(登) 자에 콩 두(豆) 자가 들어있는 이유는 옛날에 우리 조상들이 제사상에 콩을 올렸기 때문이며, 그래서 지금까지도 제사상에 콩나물이 빠지지 않고 올라간다는 것이다.

또한 짧을 단(短) 자는 '콩[豆]은 화살[矢]로 길이를 잴 수 없을 정도로 짧다'는 뜻을 표현한 글자이고, 장(葬) 자는 사체를 풀로 묶어놓은 모습을 그린 것이며, 조(弔) 자는 옛날에 한 효자가 활[弓]에 살[l]을 먹이고 부모의 시신을 지킨 데서 유래했다는 등등, 수많은 글자의 유래와 우리 민족의 삶을 연결지어 흥미진진한 이야기를 펼쳐내고 있다.

이어서 저자는 고대 중국에서 임금이 정사를 살피는 곳을 '조정(朝廷)'이라 일컬은 이유와 옛 조선(朝鮮)의 관계를 논리정연하게 설명한 다음, '조공(朝貢)'은 천자가 계신 조선(朝鮮)에 바치는 공물을 뜻하는 말이었으며, 사당 묘(廟) 자에 조(朝) 자가 들어있는 것은 제후국의 군주가 집을 짓고 조선[朝]을 향해 제사를 지낸 데서 유래했다는 설명을 덧붙인다.

결론적으로 이 '한자'라는 이름의 문자는 기실 우리 문화와 우리말에 뿌리를 두고 있으며, 중국 문화나 중국 말 어디에서도 이 글자가 만들어지게 된 연유를 찾아내기가 어렵다는 사실, 즉 '한자'라 이를 만한 근거가 전혀 없다는 것이 이 책의 요지다.

이 『한자는 우리 글이다』를 소개한 내용을 읽어보면 한자가 우리나라 글이라는 것을 확실하게 알 수 있다. 이 한자가 우리 글이고, 사주가 우리나라에서 시작했다면 같은 맥락에서 접근하고 활용해야한다. 다시 말하면 우리가 '유'라고 하면 닭(酉)과 연관성이 있고, 유(酉) 오행(五行)이 생성된다. '신'이라고 하면 원숭이(申)와 연관성이 있고, 신(申) 오행(五行)이 생성된다고 보아야 한다. 이렇게 생성되는 오행(五行)들을 작명할 때 참고해 이름을 지어야 명품 이름이 된다.

필자는 실제로 그런 글자를 사용해 득을 본 사람들도 보았다. 사주마다 이런 행운이 따르는 게 아니라, 가끔 그런 글자를 사용해야 최고 이름이 되는 사주도 있다는 것이다. 이런 원리를 모르면 결코 가장 좋은 명품 이름을 지을 수 없다.

이러한 원리를 모르고 한자 획수나 한글 획수에 의존해 작명하는 곳에서 이름을 지었다가는 사주와 전혀 연관이 없는 이름을 짓게된다. 이름을 다시 지어줄 때 본명을 보면 신기하게도 사주에서 가장 안 좋은 이름으로 지었다는 것이다.

다시 말하면 이름이 성격을 형성한다는 것을 몰라서인지, 사주와는 다른 성격으로 형성되어 사주에서 원하는 길로 가지 못하는 사람이 되어있더라는 말이다. 그래서 개명하는 사람이 대부분이다. 그런데 한자나 한글 획수에 의존하는 곳에서 작명이나 개명한 사람들이 필자를 만나면 다시 개명하는 경우가 많다. 그 이유는 바로 한자의 뜻이나 획수에 의존해서 작명하다 보니 좋은 이름이 나오지 않아서다.

그리고 한자나 한글 획수에 의존하는 사람들은 아직도 글자 자체가 지닌 이미지를 모른다. 이름을 부를 때 나타나는 음파의 의미를 모르고 그냥 글자로만 작명해 그런 오류를 범하는 것이다. 필자를 만나 세 번째 개명 허가를 받은 사람도 있다.

필자가 쓴 『음파메시지 (氣)성명학』에서 성명학을 다양하게 분석해 그 이론들의 모순을 밝혔고, 특히 수리획수 성명학 모순을 지적했다. 이 책에 이름을 부를 때 생성되는 음파를 상세하게 설명했으니 참고하시라.

어떤 작명가들은 사주가 강하면 성격도 강해지니 부드러운 이름을 사용해야 한다면서 부드러운 이름을 지어주는데, 이것은 이름의 개념을 몰라서 하는 말이다. 사주를 자동차에 비유하면 이름은 엔진에 해당한다고 볼 수 있다. 자동차 외부가 많은 짐을 실을 수 있는 차체로 이루어져 있다면, 그 차체를 움직이는 엔진도 마력이 엄청 높아야 할 것이다.

그래야 차체와 엔진이 조화를 이뤄 완벽한 하나의 자동차로 탄생

할 수 있다. 그래야만 사주라는 자동차가 성능을 제대로 발휘할 수 있다. 만약 차체는 튼튼하고 큰데 엔진 마력이 아주 약하다면 그 차는 굴러가는 것은 고사하고 움직일 수조차 없는 무용지물이 되고 말 것이다. 최고 명품 이름을 짓는 것은 사주를 제대로 분석해야 한다. 즉 사주를 100% 분석해야만 가능하다.

의식은 일간(日干)이고 그 나머지는 무의식이다

프로이트의 정신분석학에서 무의식은 아주 중요한 부분이다. 프로이트의 견해로 보면 정신에는 인간이 인식하고 들여다볼 수 있는 의식 외에도 겉으로 드러나지 않고 확인하기 어려운 무의식이 있다. 프로이트는 무의식이 인간의 정신활동에 없어서는 안 될 부분이며, 의식 못지않게 중요한 역할을 한다고 보았다.

무의식은 의식에 비해 정확하게 파악하기 힘들고 인간이 인식하지 못하지만, 실제로 원하거나 추구하는 내용을 담고 있기 때문에 이러한 무의식이 의식으로 넘어가는 것을 억지로 막으면 말 실수나 정신질환 같은 문제가 일어난다. 따라서 프로이트는 무의식의 흐름과 의식에 미치는 영향을 거부하거나 억압해서는 안 된다고 주장했다.

[필자 주 : 프로이트가 주장하는 정신질환은 귀문관살(鬼門關殺) 작용을 말하는 것으로, 정신적 충격이나 스트레스를 많이 받으면 신경쇠약이나 정신질환에 시달리는 것을 말한다.

사주에 기(氣)가 강한 사람이 부드러운 이름을 사용하면 성격이 부드러워져 주변 사람들은 좋을지 모르지만, 진작 본인의 무의식(세포) 세계는 밖에서 들어오는 작은 일에도 스트레스를 받고, 그 횟수가 많아지면 감당하지 못하고 무의식(세포)이 변질된다. 그것이 바로 암으로 악화되는 것을 상담하면서 많이 본다.

프로이트가 말하는 의식 세계는 사주에서 일간(日干)을 말하고, 무의식 세계는 일간(日干)을 제외한 나머지 음양오행(陰陽五行)을 말한다. 일간(日干)인 내가 주인공으로 사는 것 같지만, 일간(日干)을 제외한 나머지 음양오행(陰陽五行)도 내 사주며 내 무의식 세계이니 함께 공존하면서 살아가는 것이다. 사람의 몸은 세포로 이루어져 있고, 그 세포 중에서 정신적인 것을 다루는 세포가 의식과 무의식 세계다.]

프로이트는 '최면 후 암시(post-hypnotic-suggestion)'라는 실험에서 이렇게 혁명적인 주장을 뒷받침했다. 이 실험에서 실험자는 최면에 빠진 피실험자에게 최면에서 깨어나면 특정한 시간에 특정한 행동을 하라고 지시한 후, 피실험자의 행동을 관찰했다. 최면에서 깬 피실험자는 최면 중에 지시를 받았지만, 그 사실조차 기억하지 못하는 상태에서 특정한 시간에 특정 행동을 하게 된다(주성호, 2007).

이를 통해 무의식 속에는 특정 행동을 하려는 경향이 분명히 있지만, 인간이 인식할 수 있는 의식 속에는 그것이 어떤 내용인지, 그리고 어떠한 내용이 존재한다는 사실조차 모를 수 있다는 것을 증명한다. 즉 인간의 정신에는 인간이 인식하고 들여다볼 수 있는 의식 외에도 겉으로 드러나지 않고 확인하기 어려운 무의식이 있다는 것이다.

프로이트는 의식과 함께 무의식이 정신의 한 부분이라고 말하는 것에서 멈추지 않고, 무의식이 의식에 못지않게 중요한 역할을 한다고 말한다(이창재, 2004). 먼저, 무의식은 자유로운 정신 에너지원이기 때문에 인간의 정신활동에 없어서는 안 될 부분이다. 그리고 이 에너지원은 무의식에서 나와 의식에까지 영향을 미치기 때문에 '의식활동'은 무의식에 기반하는 것이 된다(주성호, 2007). 이렇게 의식에까지 영향을 미치는 무의식은 의식에 비해 그 내용을 정확히 파악하기 힘들고, 인간이 인식하지 못하지만 실제로 원하거나 추구하는 내용을 담고 있다.

[필자 주 : 의식에 영향을 미치는 무의식은 의식에 비해 그 내용을 정확하게 파악하기 힘들고 인간이 인식하지 못하지만, 실제로 원하거나 추구하는 내용을 담고 있다고 했는데 우리는 사주라는 음양오행(陰陽五行)을 통해 무의식 세계를 알 수 있으며, 무의식이 원하는 바를 미리 알고 무의식이 원하는 길을 가면 무의식은 기분이 업되어 의식 세계를 간섭하지 않고 일생을 편안하게 살 수 있으며 무의식이 원하는 것을 선택하면 오히려 무의식 세계의 도움을 받을 수 있는 것이 확실하다. 사주에서 적성을 파악할 때 의식 세계인 일간(日干)만 보고 분석하는 것이 아니라, 무의식 세계인 다른 음양오행(陰陽五行)도 함께 보고 서로 조화관계를 확실하게 분석하고 파악해야 적성을 제대로 분석할 수 있다.]

이렇게 무의식은 타인과 마찰없이 살려면 참아야 하고, 현실에서는 용납되지 않는 정신 에너지들이 항상 꿈틀대면서 무의식이 원하는 생각이나 행동을 전의식을 통해 의식으로 보내려고 한다. 그리고 보내진 내용들이 전의식에서 까다로운 검사를 통과해 조금 변형된 사회적인 모습으로 의식에 도달하면서 정신 작용이 일어나기 때문에 무의식이 특히 역동적일 수밖에 없다. 나아가 무의식에서 원하는 바를 전달하려는 욕구나 과정이 없다면 정신활동이 활발하고 지속적으로 일어나지 않기 때문에 무의식은 정신에서 에너지원이 된다.

그러나 인간이 스스로 무의식에 접근할 수는 없는데, 그 이유는 바로 무의식 속에 방어기제가 있기 때문이다. 무의식 속에 있는 쾌락을 추구하는 모습들을 숨기고 들여다볼 수 없게 하는 이 본능적인 방어 작용 때문에 인간은 자신의 정신인데도 통제할 수 없다.

[필자 주 : 인간이 스스로 무의식에 접근할 수 없는 것은 무의식의 방어기제가 있어서가 아니라, 인간이라는 존재 자체가 하나의 세계가 아니라 여러 개의 정신세계가 모여 하나의 개체를 이루기 때문이다. 그 이유를 우리는 사주를 형성하는 음양오행(陰陽五行)에서 찾을 수 있다. 사주는 년주(태어난 해에 흐르는 氣), 월주(태어난 월에 흐르는 氣)일주(태어난 날에 흐르는 氣)를 말함이다. 그중에서 주(主)가 되는 것은 바로 나(의식 세계)인데, 내가 바로 일간(日干)이고 그 나머지 오행(五行)들이 바로 무의식 세계인데 이 무의식 세계는 다름 아닌 또 다른 내 모습인데 그 모습이 전생의 내 모습일 수도 있고 조상들의 모습이라고도 할 수 있다.

이 무의식의 존재 자체가 어느 누구인가는 창조주이신 신만이 아는 사항이고, 우리 사람은 그 무의식 세계와 함께 살 수밖에 없는데 그 무의식 세계에서 원하는 대로 살아가는 게 가장 현명한 방법이다. 그러면 무의식 세계에서 원하는 것은 과연 무엇일까.

그것은 바로 사주에서 원하는 적성이다. 사주에 나타나는 적성은 내 의식 세계인 일간(日干) 하나만으로는 알 수 없다. 일간(日干)을 제외한 다른 음양오행(陰陽五行)의 구성에 따라 결정되는 것이다. 이러한 원리를 알려면 머리만 아플 뿐이니 그저 사주에서 원하는 길을 선택해줘진 삶에서 행복함과 즐거움을 느끼며 살아가는 방법이 최선의 길이다.]

출처 : 네이버 지식백과

직업 선택에 대해서는 누차 얘기했고, 직업 적성보다 더 중요한 게 이름이라고 필자는 항상 주장한다. 왜냐하면 이름이 성격을 형성해서다. 앞에서 이름은 불러야 이름이라고 했다. 이름을 부를 때 부르는 사람의 생각이 음파가 되어 이름 주인공에게 전달되는데, 의식 세계인 일간(日干)은 이름에서 생성된 음파를 인식하지 못하는데 일간(日干)을 제외한 나머지 음양오행(陰陽五行)의 무의식 세계가 이름을 부를 때 생성되는 음파를 감지하고 인식해 그 음파를 전의식을 통해 의식 세계에 전달하는데, 이름을 부를 때마다 반복적으로 의식 세계에 전달하니 의식 세계에서는 무의식 세계에서 보낸 음파대로 성격이 형성하게 되는 것이다.

과학적으로 증명할 수는 없지만 틀림없는 사실이다. 왜냐하면 이름대로 살아가는 사람이 너무 많아서다. 실존하는 사람들의 이름이라 여기서 공개할 수는 없다. 그렇지만 욕먹을 각오를 하고 한 가지 예만 들어보겠다.

필자가 알고 지내는 스님 세 분의 본명이 'O재열'이다. 우연이라고 생각할 수도 있지만 아니다. 앞에서 밝혔듯이 신생아 이름을 전문가가 아닌 사람이 지으면 사주에서 가장 좋지 않는 이름으로 작명한다고 했다. 이 세 스님의 사주를 보면 모두 재물복이 없다. 이는 자기 재능이나 능력으로 살아야 한다는 말인데, 그렇게 살 수 없으니 염불하는 스님이 된 것이다.

봉건시대 사주 이론에 재관(財官)이 불여(不如)하면 승려 팔자라는 말이 있다. 재물복이 없는데 관록복도 없으면 승려 팔자라는 것이다. 봉건시대 벼슬이라 하면 공무원이 되는 것이고, 재물복이 없으면 머슴밖에 할 게 없다. 남의 집 머슴살이가 어디 쉽겠는가. 그러니 머리 깎고 승려가 되면 탁발이라도 해서 연명할 수 있지 않았겠는가. 그런데 지금도 마찬가지다. 재물복도 없고 직장운도 없으면 승려가 되는 경우가 많다. 그러나 현 시대는 본인의 노력 여하에 따라 살아갈 길은 얼마든지 있다.

UCF 이론은 무의식이 의식을 지배하는 것

UCF(unconscious Consciousness Forward by force)는 인간의 정신에서 무의식이 90% 이상이고, 의식은 10%가 안 되며, 무의식이 의식 세계를 지배한다는 프로이트의 이론이다. 앞서 이야기한 바와 같이 일간(日干)인 내가 아무리 조심해도 생각지 않은 사고가 일어나거나, 열심히 노력했는데도 그 성과가 없는 경우 등이 있는데 이러한 일이 생기는 원인을 제공하는 음양오행(陰陽五行)이 바로 무의식 세계다. 그 무의식 세계가 의식 세계를 지배하고 움직이게 만든다는 이론이다.

내가 죽도록 사랑하는 사람과 결혼했는데 어느 날부턴가 싫어지고 미워지는 것도 역시 무의식 세계에서 일어나는 현상이다. 내가 이성적으로 판단하고 행동에 옮긴다고 생각하지만, 어쩌면 그 판단도 무의식 세계가 원하는 대로 판단하고 행동하는 것인지도 모른다.

아무튼 이 무의식 세계를 철저하게 연구해서 더 행복한 인생을 만들어 가야 할 것이다. 그렇게 하려면 우리는 사주를 제대로 분석해서 사주에서 원하는 적성대로 살아야만 한평생 걱정없이 편안하게 살 수 있다. 이 UCF 이론을 근거로 만든 이론이 TDY이론이다.

TDY 이론은 무의식이 음파를 인식하는 것

TDY(The thought is delivered your) 이론이란 이름을 부르는 사람의 음파가 이름 당사자 무의식에 전달되어 그 무의식이 음파를 인식하는 과정을 말한다.

『물은 알고 있다』에서 물이 '사랑'이라는 글자를 보고 분자 구조가 아름답게 변했다고 했는데, 이는 물이 '사랑'을 읽어서가 아니라 그 글자를 보여주는 사람의 생각이 음파가 되어 물에 전달되어 물의 분자구조가 아름답게 변한 것이다. 과학적으로 생각하지 않고 상식선에서 생각해도 글자를 읽지 못하는 물이 그 글자에 담긴 메시지(氣)를 인식할 수 없다. 물이 글자를 읽을 줄 안다고 생각하는 바보는 없을 것이다.

즐거운 음악을 들려주면 식물이 잘 자라는 것은 당연하고, 식물들도 제각각 개성이 있어 싫어하는 음악을 들려주면 성장이 멈추거나 다른 곳으로 도망간다. 필자가 시골에 있으면서 산책을 할 때 어느 우사를 지날 때면 잔잔한 음악이 들린다.

그래서 주인한테 물어보니 소에게 음악을 들려주면 좋다는 말을 듣고 시작했는데 소가 병에 잘 걸리지 않고 아주 건강하게 잘 자란다고 한다. 이렇게 소가 건강하게 자라게 해주는 힘이 바로 음악이고, 그 음악이 음파가 되어 소의 뇌를 편안하게 해주기 때문이다.

사람도 마찬가지다. 듣기 좋거나 아름다운 소리를 들으면 기분이 좋아지고, 시끄럽거나 듣기 싫은 소리를 들으면 기분이 나빠진다. 이름도 마찬가지다. 의식 세계인 나(日干)는 이성적으로 이름을 들으므로 이름에 대한 반응이 약하지만, 나(日干)를 제외한 무의식 세계인 다른 음양오행(陰陽五行)들은 자신과 코드가 맞지 않는 이름을 들으면 스트레스를 받는다. 특히 사주에 강한 기(氣)가 흐르는 사람이 연약한 이미지를 음파로 들으면 스트레스를 더 받고, 그 작용이 쌓이다보면 나(日干)를 제외한 다른 음양오행(陰陽五行)이 변질된다.

음양오행(陰陽五行)이 변질이 된다는 것은 바로 세포가 변형된다는 것이고, 세포가 충격으로 변하는 것이 암세포라는 게 의학계의 이론이니, 음양오행(陰陽五行)의 세포가 변한다는 것은 세포가 변해 암이 될 수도 있다는 것이다. 실제로 암에 걸린 사람들을 보면 대부분 이름이 연약하다. 인체는 세포로 형성되어 있고, 사주를 구성하는 음양오행(陰陽五行)도 모두 세포이기 때문이다.

사람의 뇌는 컴퓨터와 같다. 컴퓨터나 뇌나 들어오는 정보대로 인식하고 움직인다. 컴퓨터는 키보드나 마우스가 움직이는 대로 작동하고, 사람의 뇌는 눈으로 인식하는 정보와 귀로 인식하는 정보대로 결정하고 행동한다.

눈으로 보는 정보는 글자와 컴퓨터, 스마트폰 등인데 눈을 피곤하게 만들어 요즘 사람들은 잘 보지 않는다. 컴퓨터나 스마트폰은 일부러 들여다 봐야 하지만, 소리는 가만히 있어도 들린다. 눈으로 보는 정보와 귀로 듣는 정보 중에서 사람이 더 많이 접하는 게 소리다. 우리 삶은 소리로 이루어진다고 할 수 있다.

그러니 눈으로 보는 정보보다 소리로 듣는 정보가 더 많고, 그 소리들이 사람의 운명을 좌우한다. 눈으로 보는 것은 기억 장치에 기록이 잘 되지 않지만, 귀로 듣는 소리는 고막이나 이소골을 통해 달팽이관으로 전달되며 달팽이관에서 뇌가 인식할 수 있는 전기에너지로 바꿔어 대뇌로 전달되면 대뇌는 그 정보를 뇌에 기록함과 동시에 신체 회로인 세포(무의식)에 전달해 그 세포들이 그 소리대로 활동하게 만든다.

소리는 공기를 통해 모든 생명체가 주고받는 정보 매개체로, 그 소리를 듣는 생명체에 영향을 준다. 식물이나 동물한테 좋은 말이나 아름다운 음악을 들려주면 튼튼하게 잘 자란다.

필자는 소리가 사람의 운명도 바꾼다고 생각한다. 왜냐하면 배가 고파 밥을 달라는 말도 소리요, 어려울 때 도움을 청하는 말도 소리요, 기도하는 말도 소리요, 조상이나 영들에게 고하는 염불도 소리다. 그러니 소리가 바로 우리의 삶이라는 생각까지 든다.

사람이 날마다 반복해서 듣는 게 이름이며, 그 이름의 메시지가 뇌에 전달되는 것은 당연한 것이고, 그 과정이 TDY 이론이다.

NBR 이론

NBR(The name that the brain recognizes) 이론이란 뇌인식 작명법을 말한다. TDY이론으로 무의식이 각인한 음파를 의식 세계에 반복적으로 보내 의식을 변화시켜 이름이 가진 음파대로 성격을 형성하게 만들고, 이름의 음파 작용대로 성격이 형성되고, 그 성격대로 행동하고 실천하게 되는 것을 말한다.

다시 말하면 TDY 이론으로 이름을 부르는 사람의 음파가 이름 당사자 무의식에 전달되어 그 무의식이 음파를 인식하게 되는데, 그렇게 인식한 음파들을 의식 세계에 다시 전달하고, 일간(日干)인 의식 세계가 무의식 세계가 인식한 음파대로 성격이 형성되도록 강요하는 과정을 말한다.

이름을 부르는 사람이 생각한 음파를 무의식이 인식하고, 그렇게 인식한 이름의 음파를 그대로 무의식이 의식 세계인 일간(日干)에게 전달하며 이름의 음파대로 하라고 강요 아닌 강요를 하면, 일간(日干)인 나는 내가 인식한 이름대로 가려고 하지만 무의식 세계에서 반복적으로 보내는 음파를 이기지 못하고 외부에서 들어오는 정보(음파)대로 성격이 형성된다. 이러한 작용이 생기는 게 바로 NBR 이론이며 사람이든 동·식물이든 외부에서 받아들이는 음파 작용력에서 벗어날 수 없는 것이다.

필자가 이름을 연구하기 시작하면서 택시를 타면 앞에 보이는 기사의 이름을 많이 풀어보았다. 그 기사의 사주도 모르고 일면식도 없었지만 본인의 이름 풀이를 듣고는 신기해 하는 사람이 많았고, 택시비를 받지 않는 이들도 있었다. 왜 그러냐고 물으면 이름대로 살아온 것 같은 생각이 들고, 덕분에 자신의 인생을 알게 되어서라고 한다.

이것이 바로 이름의 작용력이며, 앞에서 말한 것처럼 작명을 전문으로 하는 사람이 지은 이름이기 때문에 사주에서 가장 좋지 않은 이름으로 지어졌고, 그 이름대로 살아온 것이다. 이름의 중요함은 수천 번을 강조해도 좋다.

필자는 사주보다 이름이 더 중요하다고 생각하는 사람이다. 이름, 정말 중요하고도 중요하다. 이렇게 중요한 이름을 한자나 한글 획수에만 매달리는 작명소에서 짓는 게 현실이다.

자동차에 비유하면 사주는 차체고 이름은 엔진인데, 내 사주가 25톤이면 엔진도 25톤에 맞는 이름이어야 앞으로 나갈 수 있다. 소형차 엔진에 해당하는 이름으로는 25톤 차가 앞으로 나가지 못하고, 차가 앞으로 나가려고 있는 힘을 다 쓰면 고장이날 수밖에 없다.

남자가 여자 이름을 쓰면 성격이 여성화가 되어 아주 작은 스트레스도 감당하지 못하고 암에 걸리는 사람을 많이 보았다. 여자가 남자 이름을 사용하면 대개 남자복이 없고, 가족을 먹여살리는 것을 많이 보았다.

사주를 100% 분석할 수 있어야 제대로 된 이름을 지을 수 있다.

사람마다 체질이 다르듯이 각자의 사주에 맞는 음파의 이름이 따로 있고, 사주에 맞는 이미지의 음파 이름을 지어야 일생을 아름답고 행복하게 살 수 있다. 불용문자란 과거에 그런 글자를 쓴 사람들이 잘 풀리지 않아 성명학자들이 기피하는 글자다. 그런데 지금도 그 의미를 모르고 예쁜 이름을 짓는다고 불용문자로 이름을 짓는 작명원이 있으니 안타깝다.

사람은 누구나 자기를 지칭하는 이름에 관심이 있을 것이다. 더구나 하는 일마다 장애가 따른다면 더 그럴 것이다. 성명학 종류가 많다 보니 어디에 기준을 두고 작명해야 할지 갈피를 잡을 수 없기도 하다. 그래서인지 지금 이름이 좋은데도 감언이설이나 협박성 감명을 앞세우는 사람에게 현혹되어 바꾸기도 하는데, 개명한 이름이 더 나빠질 수도 있다.

이러한 사람들 특징은 자녀 이름을 감명할 때는 자녀 이름 때문에 부모가 하는 일에 장애가 생기고, 형제가 풀리지 않으며, 자녀도 그 이름으로는 성공하지 못한다고 한다. 또 부모 이름을 감명할 때는 부모 이름 때문에 자녀가 성공하기가 어렵고, 부모도 잘 풀리지 않는다고 한다. 이러니 가족 전체가 이름을 바꾸게 된다. 어느 강심장 부모가 이런 말을 듣고 이름을 바꾸지 않고 버티겠는가.

이렇게 감명하는 말들은 부모들에게 강박관념을 일으키게 하는 일종의 협박이며, 이러한 협박성 감명으로 이익을 추구하는 것은 사기다. 이름의 작용력이 부모나 형제에게까지 미친다면 이름은 절대로 부르면 안 되며, 그냥 숫자를 정해 부르든지 다른 방법을 찾아봐야 할 것이다.

그러므로 유명하다고 소문난 작명원이라고 해서 맹신을 해서도 안 된다. 어떤 작명법으로 하는지를 물어보고, 한자나 한글 획수를 중심으로 한다고 하면 바로 일어나 나오는 게 가장 현명하다. 그런 작명원에 의뢰할 바에는 차라리 그냥 집에서 불용문자를 제외한 좋은 이미지를 가진 글자를 선택해 짓는 게 훨씬 좋다.

필자가 이름 이미지만 갖고 풀이해 주면 대개 잘 믿지 않고, 수리 성명학에서 제시한 내용을 읽어주면 잘 맞다고 한다. 그만큼 사람들 뇌리 속에 수리성명학 인식이 뿌리 깊이 각인되어 있는 것도 한 몫하지만 수리성명학에서 제시하는 이름 풀이가 교묘해서다.

왜 그런 현상이 생기냐면 이름이 좋지 않은 사람이 이름 감명을 하면 딱맞아 떨어지도록 되어있다. 필자도 속을 정도니 얼마나 교묘하게 되어있는지를 알 것이다.

그래서 작명할 때는 맨 마지막에는 수리성명학의 획수는 맞춰야 한다. 만약 그러지 않으면 이를 핑계 삼아 여자들에게 남편복이 없다느니, 남편 하는 일이 잘 풀리지 않느니 하고, 때로는 이 이름을 사용하면 돈이 되지 않는다는 등 별별 말을 다한다.

그래서 한자 획수를 맞춰줄 수밖에 없다. 최고 명품 이름인데도 잘못 작명했다는 말에 현혹될 수 있어서다. 상식적으로 생각해봐도 이름 획수가 그 사람의 운명에 작용한다고 하면 유치원생도 웃을 일이다. 절대 아니라는 것을 이 글을 읽는 분들은 알아야 할 것이다.

수리 획수에서 가장 나쁜 수리를 가졌음에도 성공한 사람이 많다. 여기서 일일이 거론하지 않아도 알아야 할 것이다. 획수란 의도적으로 그 글자의 획수를 세어봐야 알 수 있고, 성명학에서 사용하는 한자는 과거 변화하지 않는 한자를 사용하기 때문에 그냥 일반적인 옥편 획수와는 다르다.

그런데 어떻게 이름에 사용한 한자나 한글 획수로 사람의 운명이 작용한다고 믿는지 아무리 생각해도 이해하기 어렵다. 심지어는 주민등록 번호, 차량 번호, 휴대폰 번호가 그 사람의 운명에 작용한다며 바꿔주면서 돈을 요구하는 사람도 있다. 주민등록이나 차량 번호는 마음대로 바꿀 수 없고, 휴대폰 번호는 한번 들어 기억하기 좋은 게 가장 좋은 번호다. 이사 관련 회사(2424-2424) 전화번호가 프리미엄이 많다는 것만 봐도 글자가 지닌 이미지가 얼마나 중요한가를 알 수 있다.

불용문자는 악운만 부른다

불용문자란 그동안 그 글자를 사용했는데 잘 풀리지 않아 작명가들이 따로 분류한 문자다. 불용문자로 분류한 글자가 많지만 추리고 추리고 추린 게 다음 글자들이니 이름에 사용하지 않기를 적극적으로 권한다.

청풍도사가 만난 신의 세계

우연히 사주를 접하고 빠져 내가 가장 잘하는 일을 하지 못했습니다. 신기하게도 과거에 하던 일을 하려 하면 마가 끼었는지 방해만 일어나 결국은 하지 못하고 사주! 사주! 사주 타령만 하면서 벗어나지 못하고 아직도 사주를 보고 있습니다.

물론 다른 일도 해봤지만 모두 실패로 끝났습니다. 내 사주는 조직 사회에서 활동해야 하는 사주라는 것을 아는 내가 이래서는 안 되겠다 싶어 주택관리사(보) 자격증을 취득해 일자리를 찾으러 다니다 한 여자의 사주를 봐주게 되었습니다.

그 여자 사주를 보니 철학적인 생각을 하는 정신 세계에 있는 남자를 만나는 사주였고, 나중에는 승려가 되거나 승려와 결혼할 사주여서 필자와 친한 스님 명함을 건네주었는데, 이 두 사람이 연인 사이가 되었는데 어느 날 소식이 끊겼습니다.

그후 필자는 취직을 포기하고 다시 철학관을 하다 이 스님한테 연락을 하니 연결이 되었습니다. 뭐 하느냐고 물으니 기도하고 있다고 합니다. 궁금하던 차에 마침 그를 만나고 싶다는 사람이 필자에게 부탁을 하기에 스님한테 연락하고 가서 얘기를 들어보니 내가 상담하고 명함을 건네준 그 여자가 신을 받으려고 신굿(신굿해서 신이 절대로 오지 않는 사주임)을 여섯 번 정도 했는데도 신이 내리지 않아 죽어라고 1년쯤 기도하니 신이 강림했다고 합니다.

그런데 내가 1년 동안 서울 신림동 무속인 집에 다니면서 많은 무속인을 만나 대화도 하고 사주를 가르쳐주기도 했는데 제대로 신이 온 무속인을 본 적이 없었는데, 이 여자(이후 도인님으로 칭함)는 확실하게 내렸다는 생각이 들었습니다.

그후 워낙 풀리지 않아 답답한 마음에 내 생일에 천도제를 지내게 되었는데, 이 도인님을 통해 할아버지가 오셨습니다. "제가 원하면 언제든지 오실 수 있습니까" 물으니 그렇다고 대답을 하십니다. 그래서 "그러면 같이 있으십시다" 하니 좋다고 하시면서 서쪽으로 가서 집을 구하라고 하십니다. 서쪽으로 집을 구해 간 곳이 경북 청도군 매전면이라는 작은 시골이었습니다. 이렇게 조상님과 인연이 되어 영(靈) 공부를 시작하게 되었지요.

한번 생각해보세요. 사주는 놔지지 않고 목구멍은 포도청이라 돈은 있어야 하고, 정말 절박한 심정으로 조상님들의 도움을 받아 소위 무속인들이 말하는 말문이 터지기를 바라는 마음에서 조상님을 청해서 시골로 간 것이지요.

그런데 터지라는 말문은 터지지 않고 영(靈)적인 감각만 자꾸 생겼습니다. 제일 먼저 내가 사는 터줏대감부터 청하니 몸에 실립니다. 그 다음에는 산신령이든 살아있는 사람의 영(靈)이든 청하면 모두 몸에 실리기는 하는데, 말문은 여전히 터지지 않고 할아버지는 나를 보고 네가 사주를 잘 보니 사주로 상담하라고 하십니다. 그래서 아직도 사주로만 상담하고 있습니다.

그후 먼 곳에 있는 수맥을 감지하는 능력과 수맥을 글자로 막는 능력도 생겼지만, 돈이 들어오지 않는 것은 마찬가지였습니다. 다시 말하면 할아버지를 모시고 영(靈)적인 능력은 생겼지만 달라진 것은 하나도 없다는 것이지요. 내 사주에서 벗어나지 못했다는 말이지요. 이때 깨달은 게 아무리 기도하고 도(道)가 터도 자기 사주에서 벗어날 수 없다는 것을요.

물론 그런 능력으로 돈벌이를 할 수는 있지만 나는 그렇게 하지

가	결	경	구	귀	곤	낙
남	대	도	동	병	복	봉
빈	성	소	숙	순	애	열
오	우	욱	운	웅	정	종
천	철	춘	하	한	형	해

않습니다. 그런 방법으로 돈을 벌려고 했다면 상담할 때 기분 좋은 말만 했을 것이고, 벌써 부자가 되었을 것입니다. 그런데 사주를 제대로 알면 절대로 남의 인생을 담보로 돈을 벌지는 않습니다.

1년이 지나면서부터 그곳에서 나오려고 했지만 되지 않았는데, 역시 운이 오니까 나와지더라구요. 그것도 만 5년 만에 말이지요. 5년 동안 공부한 능력으로 도움을 주기도 하지만 거기에 매달려 상담하지는 않습니다. 이런 말을 하는 것은 나를 도와줄 존재는 오직 조상밖에 없다는 것을 알리려는 것입니다. 왜 신이 존재하는지를 먼저 알아야겠지요.

아침 저녁으로 기도할 때 할아버지가 몸에 실립니다. 그래서 대화를 나누지요. 어느 날 상담하러 온 사람이 작명을 부탁하면서 10만 원짜리 수표를 두 장 올려놓고 갔습니다. 그날 돈벌었다고 할아버지에게 보고하니 할아버지가 "야~ 이놈아 돈이 어딨냐?" 하십니다. 내가 "여기에 있지 않습니까?" 하니 "아니! 이놈아 여기 돈이 어디 있냐, 이건 종이지 돈이 아니지 않느냐?" 하십니다.

깜짝 놀랐습니다. 내 몸에 신들이 실리고 대화를 나눠도 사실 믿기 어려워 긴가민가했는데, 이날 확실하게 할아버지가 함께 계신다는 것을 느꼈습니다. 그런데 5만 원권은 알아보시는데 수표는 몰라보십니다. 아직까지도 수표는 돈으로 인정하지 않으십니다.

나는 온갖 신과의 대화로 저 세상을 어느 정도 알게 되었고, 무속인들에게 들어온 신들이 돈만 벌라고 하는 이유를 알게 되었습니다. 신들이 사는 저 세상에도 돈이 필요하다는 것이지요. 아마도 저 세상에도 돈이 없으면 안 되는 이유가 반드시 있을 것입니다.

죽으면 아무것도 갖고 갈 수 없는데 돈이 뭐가 필요하냐고 말하지요. 천만의 말씀입니다. 죽을 때 돈을 가져가는 것이 아니라 그 돈의 기(氣)를 가져가는 것입니다.

무속인이나 승려가 천도제를 지낼 때 보면 맨 마지막에 가짜 돈을 태우고, 죽은 사람을 묻을 때 노잣돈이라면서 무덤에 돈을 넣는 풍속도 있었습니다. 죽음의 세상도 이 세상과 같다는 사실을 다음의 실화로 알 수 있을 것입니다.

앞에서 말한 스님의 동생도 스님입니다. 그런데 어느 날 형수인 도인님을 통해 고인이 된 아버지가 와서 동생 스님을 일주일 안에 저 세상으로 데려간다고 합니다.

　그래서 형 스님이 동생 스님에게 말하니, 욕을 하면서 쓸데없는 말 하지 말라고 하면서 천도제 같은 것을 거절을 했는데, 그후 3~4일쯤 되었을 때 화장실에서 대변을 보다가 정수리에 구멍이 생기면서 사망했다고 합니다. 이때 이 동생 스님은 50대 초반이며 미혼이고, 아주 건강했다고 합니다.

　어쨌든 사람이 죽었으니 장례를 치르고 한 달이 다 되어갈 때 도인님한테 이 동생 스님이 실려 형 스님에게 부탁을 합니다. "형님아! 니 와 사망신고 안 하노? 빨리 사망신고 해주라. 지금 나는 신고도 못하고 허공에 떠있다" 하더니, "형님아! 내 수첩을 보면 한 보살의 연락처가 있는데 내가 그 보살한테 빌린 돈이 있는데 그 돈 형님이 좀 갚아주라" 라고 부탁합니다. 깜짝 놀란 형 스님이 사망신고를 하지 않은 것을 우찌 아는고 했다고 합니다. 사망신고를 하지 않은 이유는 죽은 동생 스님이 본인의 공인중개사 자격증을 어느 부동산에 빌려줬는데, 그 부동산에서 한 달만 기다려 달라 해서 사망신고를 미루고 있었다고 합니다.

　그후 수첩을 찾아 보살에게 돈을 갚으려 하니 그 보살이 갚지 않아도 된다 해서 해결하고, 공인중개사 자격증을 빌려간 부동산에 가서 사실을 이야기하고 부랴부랴 사망신고를 마치고 동생에게 부탁받은 일을 다 했다고 생각하고 절에 있는데, 어느 날 또 도인님을 통해 동생 스님이 나타났습니다.

　"형님아! 고맙데이~ 니 덕분에 신고 잘 마쳤다. 그런데 신고하고 나니 내가 갈 곳이 없다. 그러니 형님아! 승복 좀 보내주라~" 합니다.

형 스님이 승복을 한 벌 사갖고 와 그날 바로 태워주니 도인님을 통해 그 동생 스님이 또 나타나 "형님아! 니는 우짜든지 염불 열심히 하고 절을 하나 꼭 갖고 있어야 한데이~ 나는 집도 절도 없어 내가 먼저 있던 절로 간다. 기도 열심히 해라~"하고는 나타나지 않는 것으로 알고 있습니다.

이 동생 스님은 사법고시 공부를 하다가 결혼 시기도 놓치고 승려가 되었습니다. 배운 학문이 있어 부산 어느 사찰에서 재무스님으로 근무한 적이 있어 아마도 그 절로 갔을 것이라고 형 스님이 내게 말한 적이 있습니다.

이 이야기를 내가 지어낸 것이라고 생각할 수도 있겠지만, 동생 스님 외에는 지금도 모두 살아있는 사람들입니다. 궁금하면 만나서 얘기를 들을 수도 있습니다. 사주라는 것이 얼마나 정확하냐면 탄핵사건만 봐도 알 수 있습니다. 노무현 대통령과 박근혜 대통령은 일간(日干)이 같습니다. 그래서 같은 원숭이(申) 해에 탄핵에 시달린 것입니다. 2004년 갑신(甲申)년에는 노무현이 대통령이, 2016년 병신(丙申)년에는 박근혜 대통령이 탄핵에 시달렸습니다. 신기하고 묘한 일이지만 사람이라면 지위 고하를 막론하고 가만히 있으면 사주에서 오는 운에 그대로 당한다는 것을 명심해야 합니다.

이 세상과 저 세상이 같다는 얘기가 많지만 지면상 생략합니다. 잘 풀리면 잘 풀리는 대로 조상들에게 최선을 다해야 하고, 안 풀리면 안 풀리는 대로 최선을 다해야 합니다. 그리고 분명한 것은 죽어서도 돈과 집은 반드시 필요하니 꼭 장만하기 바랍니다. 수표는 돈으로 인정받지 못한다는 것도 잊지말기를 바랍니다.

지금 이 순간이 가장 행복하다

누워서 장기 입원한 환자들이 가장 바라는 소원은 병실 바깥에서 걸어다니는 사람처럼 단 한번만이라도 걷고 싶은 욕망일 것이다. 그들도 아프기 전에는 일반인들처럼 걸어다녔고, 그렇게 걸어다닐 때는 자신이 행복한지를 몰랐던 것이다. 사람이란 참으로 묘한 동물이라 지나고 나면 그때 그랬으면 좋았을 걸 한다는 것이다. 그러니까 실제로 지나가는 그 순간에는 그 소중함을 못 느낀다는 것이다.

가장 사랑하는 사람이 곁에 있을 때는 그 소중함을 모르다가 그가 떠나고 나면 그리워 눈물을 흘리는 것이 바로 사람이듯이, 지금 이 순간의 소중함을 모르고 지나친 먼 훗날에 그 순간의 아쉬움에 괴로워하는 것도 사람이다. 우리가 100년을 살았다고 해도 그 100년은 순간순간이 모여 이뤄진 100년이지, 어느 한순간에 지나가 버린 100년이 아니다. 이 말은 순간 순간이 즐거우면 내 인생 100년도 즐겁게 살았다는 것이다.

지금의 고통이나 슬픔도 언젠가는 과거 속에 묻힐 한순간 추억일 뿐이다. 언젠가는 지나갈 아픔을 참지 못하고 극단적인 선택을 하는 사람도 있을 것이다. 그 마음을 헤아릴 수는 있지만 내 생명은 내 것이 아니다. 누군가에게 부여받은 것인데 그 생명을 마치 내 것인 양 내 마음대로 했다가는 나한테 생명을 준 존재에게 반드시 벌을 받을 것이다. 생명을 준 존재의 입장에서 생각하면 괘씸할 수밖에 없으니 그냥 두고 보지만은 않을 것이다.

순간이 영원하지는 않다. 언젠가는 강물처럼 흘러갈 테니 참을 수는 있을 것이다. 터널 입구가 있으면 반드시 출구가 있기 마련이다. 신은 그 사람이 잘못 선택한 만큼만 고통을 줄 것이라고 본다. 그런데 그 고통을 참지 못하고 죽음을 택한다면 수천 수만 배의 고통이 기다린다는 것을 명심해야 한다.

우리나라가 세계에서 1위를 하는 것이 자살이라고 한다. 무슨 이유인지는 잘 모르지만 자살만큼은 절대 아니라는 것을 알았으면 한다. 가슴이 터지도록 행복한 것도 내 삶이고, 뼈가 끊어지는 아픔도 내 삶의 일부분이다. 내 삶의 어느 순간을 견디지 못하면 행복은 영원히 오지 않을 것이다. 지금 이 순간이 고통스러워도 소중한 시간이며 내 것이고, 내 결정에 따라 내 내일이 결정된다. 필자는 항상 생각한다. 지금 이 순간이 가장 행복하다고.

박재현·최지윤

쉽게 푼 역학(개정판)
쉽게 배워 적용할 수 있는 생활역학서 !
이 책에서는 좀더 많은 사람들이 역학의 근본인 우주의 오묘한 진리와 법칙을 깨달아 보다 나은 삶을 영위하는데 도움이 될 수 있도록 가장 쉬운 언어와 가장 쉬운 방법으로 풀이했다. 역학계의 대가 김봉준 선생의 역작이다.
신비한 동양철학 71 | 백우 김봉준 저 | 568면 | 30,000원 | 신국판

사주명리학 핵심
맥을 잡아야 모든 것이 보인다
이 책은 잡다한 설명을 배제하고 명리학자에게 도움이 될 비법들만을 모아 엮었기 때문에 초심자가 이해하기에는 다소 어려운 부분도 있겠지만 기초를 튼튼히 한 다음 정독한다면 충분히 이해할 것이다. 신살만 늘어놓으며 감정하는 사이비가 되지말기를 바란다.
신비한 동양철학 19 | 도관 박홍식 저 | 502면 | 20,000원 | 신국판

물상활용비법
물상을 활용하여 오행의 흐름을 파악한다
이 책은 물상을 통하여 오행의 흐름을 파악하고 운명을 감정하는 방법을 연구한 책이다. 추명학의 해법을 연구하고 운명을 추리하여 오행에서 분류되는 물질의 운명 줄거리를 물상의 기물로 나들이 하는 활용법을 주제로 했다. 팔자풀이 및 운명해설에 관한 명리감정법의 체계를 세우는데 목적을 두고 초점을 맞추었다.
신비한 동양철학 31 | 해주 이학성 저 | 446면 | 34,000원 | 신국판

신수대전
흥함을 피하고 길함을 부르는 방법
신수는 대부분 주역과 사주추명학에 근거한다. 수많은 학설 중 몇 가지를 보면 사주명리, 자미두수, 관상, 점성학, 구성학, 육효, 토정비결, 매화역수, 대정수, 초씨역림, 황극책수, 하락리수, 범위수, 월영도, 현무발서, 철판신수, 육임신과, 기문둔갑, 태을신수 등이다. 역학에 정통한 고사가 아니면 추단하기 어려우므로 누구나 신수를 볼 수 있도록 몇 가지를 정리했다.
신비한 동양철학 62 | 도관 박홍식 편저 | 528면 | 36,000원 | 신국판 양장

정법사주
운명판단의 첩경을 이루는 책
이 책은 사주추명학을 연구하고자 하는 분들에게 심오한 주역의 이해를 돕고자 하는 의도에서 시작되었다. 음양오행의 상생상극에서부터 육친법과 신살법을 기초로 하여 격국과 용신 그리고 유년판단법을 활용하여 운명판단에 첩경이 될 수 있도록 했고 추리응용과 운명감정의 실례를 하나하나 들어가면서 독학과 강의용 겸용으로 엮었다.
신비한 동양철학 49 | 원각 김구현 저 | 424면 | 26,000원 | 신국판 양장

내가 보고 내가 바꾸는 DIY사주
내가 보고 내가 바꾸는 사주비결
기존의 책들과는 달리 한 사람의 사주를 체계적으로 도표화시켜 한 눈에 파악할 수 있고, DIY라는 책 제목에서 말하듯이 개운하는 방법을 제시한다. 초심자는 물론 전문가도 자신의 이론을 새롭게 재조명해 볼 수 있는 케이스 스터디 북이다.
신비한 동양철학 39 | 석오 전광 저 | 338면 | 16,000원 | 신국판

인터뷰 사주학
쉽고 재미있는 인터뷰 사주학
얼마전만 해도 사주학을 취급하면 미신을 다루는 부류로 취급되었다. 그러나 지금은 하루가 다르게 이 학문을 공부하는 사람들이 폭증하고 있는 것으로 보인다. 젊은 층에서 사주카페니 사주방이니 사주동아리니 하는 것들이 만들어지고 그 모임이 활발하게 움직이고 있다는 점이 그것을 증명해준다. 그뿐 아니라 대학원에는 역학교수들이 점차로 증가하고 있다.
신비한 동양철학 70 | 글갈 정대엽 편저 | 426면 | 16,000원 | 신국판

사주특강
자평진전과 적천수의 재해석
이 책은 『자평진전』과 『적천수』를 근간으로 명리학의 폭넓은 가치를 인식하고, 실전에서 유용한 기반을 다지는데 중점을 두고 썼다. 일찍이 『자평진전』을 교과서로 삼고, 『적천수』로 보완하라는 서낙오의 말에 깊이 공감한다.
신비한 동양철학 68 | 청월 박상의 편저 | 440면 | 25,000원 | 신국판

참역학은 이렇게 쉬운 것이다
음양오행의 이론으로 이루어진 참역학서
수학공식이 아무리 어렵다고 해도 1, 2, 3, 4, 5, 6, 7, 8, 9, 0의 10개의 숫자로 이루어졌듯이 사주도 음양과 오행으로 이루어졌을 뿐이다. 그러니 용신과 격국이라는 무거운 짐을 벗어버리고 음양오행의 법칙과 진리만 정확하게 파악하면 된다. 사주는 음양오행의 변화일 뿐이고 용신과 격국은 사주를 감정하는 한 가지 방법에 지나지 않는다.
신비한 동양철학 24 | 청암 박재현 저 | 328면 | 16,000원 | 신국판

사주에 모든 길이 있다
사주를 알면 운명이 보인다!
사주를 간명하는데 조금이라도 도움이 됐으면 하는 바람에서 이 책을 썼다. 간명의 근간인 오행의 왕쇠강약을 세분하고, 대운과 세운, 세운과 월운의 연관성과, 십신과 여러 살이 미치는 암시와, 십이운성으로 세운을 판단하는 법을 설명했다.
신비한 동양철학 65 | 정담 선사 편저 | 294면 | 26,000원 | 신국판 양장

왕초보 내 사주
초보 입문용 역학서
이 책은 역학을 너무 어렵게 생각하는 초보자들에게 조금이나마 도움을 주고자 쉽게 엮으려고 노력했다. 이 책을 숙지한 후 역학(易學)의 5대 원서인 『적천수(滴天髓)』, 『궁통보감(窮通寶鑑)』, 『명리정종(命理正宗)』, 『연해자평(淵海子平)』, 『삼명통회(三命通會)』에 접근한다면 훨씬 쉽게 터득할 수 있을 것이다. 이 책들은 저자가 이미 편역하여 삼한출판사에서 출간한 것도 있고, 앞으로 모두 갖출 것이니 많이 활용하기 바란다.
신비한 동양철학 84 | 역산 김찬동 편저 | 278면 | 19,000원 | 신국판

명리학연구
체계적인 명확한 이론
이 책은 명리학 연구에 핵심적인 내용만을 모아 하나의 독립된 장을 만들었다. 명리학은 분야가 넓어 공부를 하다보면 주변에 머무르는 경우가 많아, 주요 내용을 잃고 헤매는 경우가 많다. 그러므로 뼈대를 잡는 것이 중요한데, 여기서는 「17장. 명리대요」에 핵심 내용만을 모아 학문의 체계를 잡는데 용이하게 하였다.
신비한 동양철학 59 | 권중주 저 | 562면 | 29,000원 | 신국판 양장

말하는 역학
신수를 묻는 사람 앞에서 술술 말문이 열린다
그토록 어렵다는 사주통변술을 쉽고 흥미롭게 고담과 덕담을 곁들여 사실적으로 생동감 있게 통변했다. 길흉을 어떻게 표현하느냐에 따라 상담자의 정곡을 찔러 핵심을 끌어내 정답을 내리는 것이 통변술이다.역학계의 대가 김봉준 선생의 역작.
신비한 동양철학 11 | 백우 김봉준 저 | 576면 | 26,000원 | 신국판 양장

통변술해법
가닥가닥 풀어내는 역학의 비법
이 책은 역학과 상대에 대해 머리로는 다 알면서도 밖으로 표출되지 않아 어려움을 겪는 사람들을 위한 실습서다. 특히 실명감정과 이론강의로 나누어 역학의 진리를 설명하여 초보자도 쉽게 이해할 수 있다. 역학계의 대가 김봉준 선생의 역서인 「알기쉬운 해설·말하는 역학」이 나온 후 후편을 써달라는 열화같은 요구에 못이겨 내놓은 바로 그 책이다.
신비한 동양철학 21 | 백우 김봉준 저 | 392면 | 36,000원 | 신국판

술술 읽다보면 통달하는 사주학
술술 읽다보면 나도 어느새 도사
당신은 당신 마음대로 모든 일이 이루어지던가. 지금까지 누구의 명령을 받지 않고 내 맘대로 살아왔다고, 운명 따위는 믿지 않는다고, 운명에 매달리지 않는다고 말하는 사람들이 많다. 그러나 우주법칙을 모르기 때문에 하는 소리다.
신비한 동양철학 28 │ 조철현 저 │ 368면 │ 16,000원 │ 신국판

사주학
5대 원서의 핵심과 실용
이 책은 사주학을 체계적으로 공부하려는 학도들을 위해서 꼭 알아두어야 할 내용들과 용어들을 수록하는데 중점을 두었다. 이 학문을 공부하려고 많은 사람들이 필자를 찾아왔을 깨 여러 가지 질문을 던져보면 거의 기초지식이 시원치 않음을 보았다. 따라서 용어를 포함한 제반지식을 골고루 습득해야 빠른 시일 내에 소기의 목적을 달성할 수 있을 것이다.
신비한 동양철학 66 │ 글갈 정대엽 저 │ 778면 │ 46,000원 │ 신국판 양장

명인재
신기한 사주판단 비법
이 책은 오행보다는 주로 살을 이용하는 비법을 담았다. 시중에 나온 책들을 보면 살에 대해 설명은 많이 하면서도 실제 응용에서는 무시하고 있다. 이것은 살을 알면서도 응용할 줄 모르기 때문이다. 그러나 이 책에서는 살의 활용방법을 완전히 터득해, 어떤 살과 어떤 살이 합하면 어떻게 작용하는지를 자세하게 설명하였다.
신비한 동양철학 43 │ 원공선사 저 │ 332면 │ 19,000원 │ 신국판 양장

명리학 │ 재미있는 우리사주
사주 세우는 방법부터 용어해설 까지!!
몇 년 전 『사주에 모든 길이 있다』가 나온 후 선배 제현들께서 알찬 내용의 책다운 책을 접했다는 찬사를 받았다. 그러나 사주의 작성법을 설명하지 않아 독자들에게 많은 질타를 받고 뒤늦게 이 책 을 출판하기로 결심했다. 이 책은 한글만 알면 누구나 역학과 가까워질 수 있도록 사주 세우는 방법부터 실제간명, 용어해설에 이르기까지 분야별로 엮었다.
신비한 동양철학 74 │ 정담 선사 편저 │ 368면 │ 19,000원 │ 신국판

사주비기
역학으로 보는 역대 대통령들이 나오는 이치!!
이 책에서는 고서의 이론을 근간으로 하여 근대의 사주들을 임상하여, 적중도에 의구심이 가는 이론들은 과감하게 탈피하고 통용될 수 있는 이론만을 수용했다. 따라서 기존 역학서의 아쉬운 부분들을 충족시키며 일반인도 열정만 있으면 누구나 자신의 운명을 감정하고 피흉취길할 수 있는 생활지침서로 활용할 수 있을 것이다.
신비한 동양철학 79 │ 청월 박상의 편저 │ 456면 │ 19,000원 │ 신국판

사주학의 활용법
가장 실질적인 역학서
우리가 생소한 지방을 여행할 때 제대로 된 지도가 있다면 편리하고 큰 도움이 되듯이 역학이란 이와같은 인생의 길잡이다. 예측불허의 인생을 살아가는데 올바른 안내자나 그 무엇이 있다면 그 이상 마음 든든하고 큰 재산은 없을 것이다.
신비한 동양철학 17 │ 학선 류래웅 저 │ 358면 │ 15,000원 │ 신국판

명리실무
명리학의 총 정리서
명리학(命理學)은 오랜 세월 많은 철인(哲人)들에 의하여 전승 발전되어 왔고, 지금도 수많은 사람이 임상과 연구에 임하고 있으며, 몇몇 대학에 학과도 개설되어 체계적인 교육을 하고 있다. 그러나 아직도 실무에서 활용할 수 있는 책이 부족한 상황이기 때문에 나름대로 현장에서 필요한 이론들을 정리해 보았다. 초학자는 물론 역학계에 종사하는 사람들에게 큰 도움이 될 것이라고 믿는다.
신비한 동양철학 94 │ 박흥식 편저 │ 920면 │ 39,000원 │ 신국판

사주 속으로
역학서의 고전들로 입증하며 쉽고 자세하게 푼 책

십 년 동안 역학계에 종사하면서 나름대로는 실전과 이론에서 최선을 다했다고 자부한다. 역학원의 비좁은 공간에서도 항상 후학을 생각하는 마음으로 역학에 대한 배움의 장을 마련하고자 노력한 것도 사실이다. 이 책을 역학으로 이름을 알리고 역학으로 생활하면서 조금이나마 역학계에 이바지할 것이 없을까라는 고민의 산물이라 생각해주기 바란다.

신비한 동양철학 95 | 김상회 편저 | 429면 | 15,000원 | 신국판

사주학의 방정식
알기 쉽게 풀어놓은 가장 실질적인 역서

이 책은 종전의 어려웠던 사주풀이의 응용과 한문을 쉬운 방법으로 터득하는데 목적을 두었고, 역학이 무엇인가를 알리고자 하는데 있다. 세인들은 역학자를 남의 운명이나 풀이하는 점쟁이로 알지만 잘못된 생각이다. 역학은 우주의 근본이며 기의 학문이기 때문에 역학을 이해하지 못하고서는 우리 인생살이 또한 정확하게 해석할 수 없는 고차원의 학문이다.

신비한 동양철학 18 | 김용오 저 | 192면 | 16,000원 | 신국판

오행상극설과 진화론
인간과 인생을 떠난 천리란 있을 수 없다

과학이 현대를 설정하여 설명하고 있으나 원리는 동양철학에도 있기에 그 양면을 밝히고자 노력했다. 우주에서 일어나는 모든 일을 과학으로 설명될 수는 없다. 비과학적이라고 하기보다는 과학이 따라오지 못한다고 설명하는 것이 더 솔직하고 옳은 표현일 것이다. 특히 과학분야에 종사하는 신의사가 저술했다는데 더 큰 화제가 되고 있다.

신비한 동양철학 5 | 김태진 저 | 222면 | 15,000원 | 신국판

스스로 공부하게 하는 방법과 천부적 적성
내 아이를 성공시키고 싶은 부모들에게

자녀를 성공시키고 싶은 마음은 누구나 같겠지만 가난한 집 아이가 좋은 성적을 내기는 매우 어렵고, 원하는 학교에 들어가기도 어렵다. 그러나 실망하기에는 아직 이르다. 내 아이가 훌륭하게 성장해 아름답고 멋진 삶을 살아가는 방법을 소개한다.

신비한 동양철학 85 | 청암 박재현 지음 | 176면 | 14,000원 | 신국판

진짜부적 가짜부적
부적의 실체와 정확한 제작방법

인쇄부적에서 가짜부적에 이르기까지 많게는 몇백만원에 팔리고 있다는 보도를 종종 듣는다. 그러나 부적은 정확한 제작방법에 따라 자신의 용도에 맞게 스스로 만들어 사용하면 훨씬 더 좋은 효과를 얻을 수 있다. 이 책은 중국에서 정통부적을 연구한 국내유일의 동양오술학자가 밝힌 부적의 실체와 정확한 제작방법을 소개하고 있다.

신비한 동양철학 7 | 오상익 저 | 322면 | 20,000원 | 신국판

수명비결
주민등록번호 13자로 숙명의 정체를 밝힌다

우리는 지금 무수히 많은 숫자의 거미줄에 매달려 허우적거리며 살아가고 있다. 1분 ·1초가 생사를 가름하고, 1등·2등이 인생을 좌우하며, 1급·2급이 신분을 구분하는 세상이다. 이 책은 수명리학으로 13자의 주민등록번호로 명예, 재산, 건강, 수명, 애정, 자녀운 등을 미리 읽어본다.

신비한 동양철학 14 | 장충한 저 | 308면 | 15,000원 | 신국판

진짜궁합 가짜궁합
남녀궁합의 새로운 충격

중국에서 연구한 국내유일의 동양오술학자가 우리나라 역술가들의 궁합법이 잘못되었다는 것을 학술적으로 분석·비평하고, 전적과 사례연구를 통하여 궁합의 실체와 타당성을 분석했다. 합리적인 「자미두수궁합법」과 「남녀궁합」 및 출생시간을 몰라 궁합을 못보는 사람들을 위하여 「지문으로 보는 궁합법」 등을 공개하고 있다.

신비한 동양철학 8 | 오상익 저 | 414면 | 15,000원 | 신국판

주역육효 해설방법(상·하)
한 번만 읽으면 주역을 활용할 수 있는 책
이 책은 주역을 해설한 것으로, 될 수 있는 한 여러 가지 사설을 덧붙이지 않고, 주역을 공부하고 활용하는데 필요한 요건만을 기록했다. 따라서 주역의 근원이나 하도낙서, 음양오행에 대해서도 많은 설명을 자제했다. 다만 누구나 이 책을 한 번 읽어서 주역을 이해하고 활용할 수 있도록 하는데 중점을 두었다.
신비한 동양철학 38 | 원공선사 저 | 상 810면·하 798면 | 각 29,000원 | 신국판

쉽게 푼 주역
귀신도 탄복한다는 주역을 쉽고 재미있게 풀어놓은 책
주역이라는 말 한마디면 귀신도 기겁을 하고 놀라 자빠진다는데, 운수와 일진이 문제가 될까. 8×8=64괘라는 주역을 한 괘에 23개씩의 회답으로 해설하여 1472괘의 신비한 해답을 수록했다. 당신이 당면한 문제라면 무엇이든 해결할 수 있는 열쇠가 이 한 권의 책 속에 있다.
신비한 동양철학 10 | 정도명 저 | 284면 | 16,000원 | 신국판

나침반 │ 어디로 갈까요
주역의 기본원리를 통달할 수 있는 책
이 책에서는 기본괘와 변화와 기본괘가 어떤 괘로 변했을 경우 일어날 수 있는 내용들을 설명하여 주역의 변화에 대한 이해를 돕는데 주력하였다. 그러나 그런 내용을 구분할 수 있는 방법을 전부 다 설명할 수는 없기에 뒷장에 간단하게설명하였고, 다른 책들과 설명의 차이점도 기록하였으니 참작하여 본다면 조금이나마 도움이 될 것이다.
신비한 동양철학 67 | 원공선사 편저 | 800면 | 39,000원 | 신국판

완성 주역비결 │ 주역 토정비결
반쪽으로 전해오는 토정비결을 완전하게 해설
지금 시중에 나와 있는 토정비결에 대한 책들은 옛날부터 내려오는 완전한 비결이 아니라 반쪽의 책이다. 그러나 반쪽이라고 말하는 사람은 없다. 그것은 주역의 원리를 모르기 때문이다. 그래서 늦은 감이 없지 않으나 앞으로 수많은 세월을 생각해서 완전한 해설판을 내놓기로 했다.
신비한 동양철학 92 | 원공선사 편저 | 396면 | 16,000원 | 신국판

육효대전
정확한 해설과 다양한 활용법
동양고전 중에서도 가장 대표적인 것이 주역이다. 주역은 옛사람들이 자연을 거울삼아 생활을 영위해 나가는 처세에 관한 지혜를 무한히 내포하고, 피흉추길하는 얼과 슬기가 함축된 점서인 동시에 수양·과학서요 철학·종교서라고 할 수 있다.
신비한 동양철학 37 | 도관 박흥식 편저 | 608면 | 26,000원 | 신국판

육효점 정론
육효학의 정수
이 책은 주역의 원전소개와 상수역법의 꽃으로 발전한 경방학을 같이 실어 독자들의 호기심을 충족시키는데 중점을 두었습니다. 주역의 원전으로 인화의 처세술을 터득하고, 어떤 사안의 답은 육효법을 탐독하여 찾으시기 바랍니다.
신비한 동양철학 80 | 효명 최인영 편역 | 396면 | 29,000원 | 신국판

육효학 총론
육효학의 핵심만을 정확하고 알기 쉽게 정리
육효는 갑자기 문제가 생겨 난감한 경우에 명쾌한 답을 찾을 수 있는 학문이다. 그러나 시중에 나와 있는 책들이 대부분 원서를 그대로 번역해 놓은 것이라 전문가인 필자가 보기에도 지루하며 어렵다는 느낌이 들었다. 그래서 보다 쉽게 공부할 수 있도록 이 책을 출간하게 되었다.
신비한 동양철학 89 | 김도희 편저 | 174쪽 | 26,000원 | 신국판

기문둔갑 비급대성
기문의 정수
기문둔갑은 천문지리·인사명리·법술병법 등에 영험한 술수로 예로부터 은밀하게 특권층에만 전승되었다. 그러나 아쉽게도 기문을 공부하려는 이들에게 도움이 될만한 책이 거의 없다. 필자는 이 점이 안타까워 천견박식함을 돌아보지 않고 감히 책을 내게 되었다. 한 권에 기문학을 다 표현할 수는 없지만 이 책을 사다리 삼아 저 높은 경지로 올라간다면 제갈공명과 같은 지혜를 발휘할 수 있을 것이다.
신비한 동양철학 86 | 도관 박흥식 편저 | 725면 | 39,000원 | 신국판

기문둔갑옥경
가장 권위있고 우수한 학문
우리나라의 기문역사는 장구하나 상세한 문헌은 전무한 상태라 이 책을 발간하였다. 기문둔갑은 천문지리는 물론 인사명리 등 제반사에 관한 길흉을 판단함에 있어서 가장 우수한 학문이며 병법과 법술방면으로도 특징과 장점이 있다. 초학자는 포국편을 열심히 익혀 설국을 자유자재로 할 수 있도록 하고, 개인의 이익보다는 보국안민에 일조하기 바란다.
신비한 동양철학 32 | 도관 박흥식 저 | 674면 | 46,000원 | 사륙배판

오늘의 토정비결
일년 신수와 죽느냐 사느냐를 알려주는 예언서
역산비결은 일년신수를 보는 역학서이다. 당년의 신수만 본다는 것은 토정비결과 비슷하나 토정비결은 토정 선생께서 사람들에게 용기와 희망을 주기 위함이 목적이어서 다소 허황되고 과장된 부분이 많다. 그러나 역산비결은 재미로 보는 신수가 아니라, 죽느냐 사느냐를 알려주는 예언서이니 재미로 보는 토정비결과는 차원이 다르다.
신비한 동양철학 72 | 역산 김찬동 편저 | 304면 | 16,000원 | 신국판

國運 | 나라의 운세
역으로 풀어본 우리나라의 운명과 방향
아무리 서구사상의 파고가 높다하기로 오천 년을 한결같이 가꾸며 살아온 백두의 혼이 와르르 무너지는 지경에 왔어도 누구 하나 입을 열어 말하는 사람이 없으니 답답하다. 불확실한 내일에 대한 해답을 이 책은 명쾌하게 제시하고 있다.
신비한 동양철학 22 | 백우 김봉준 저 | 290면 | 16,000원 | 신국판

남사고의 마지막 예언
이 책으로 격암유록에 대한 논란이 끝나기 바란다
감히 이 책을 21세기의 성경이라고 말한다. 〈격암유록〉은 섭리가 우리민족에게 준 위대한 복음서이며, 선물이며, 꿈이며, 인류의 희망이다. 이 책에서는 〈격암유록〉이 전하고자 하는 바를 주제별로 정리하여 문답식으로 풀어갔다. 이 책으로 〈격암유록〉에 대한 논란은 끝나기 바란다.
신비한 동양철학 29 | 석정 박순용 저 | 276면 | 19,000원 | 신국판

원토정비결
반쪽으로만 전해오는 토정비결의 완전한 해설판
지금 시중에 나와 있는 토정비결에 대한 책들을 보면 옛날부터 내려오는 완전한 비결이 아니라 반면의 책이다. 그러나 반면이라고 말하는 사람이 없다. 그것은 주역의 원리를 모르기 때문이다. 따라서 늦은 감이 없지 않으나 앞으로의 수많은 세월을 생각하면서 완전한 해설본을 내놓았다.
신비한 동양철학 53 | 원공선사 저 | 396면 | 24,000원 | 신국판 양장

나의 천운 | 운세찾기
몽골정통 토정비결
이 책은 역학계의 대가 김봉준 선생이 몽공토정비결을 우리의 인습과 체질에 맞게 엮은 것이다. 운의 흐름을 알리고자 호운과 쇠운을 강조하고, 현재의 나를 조명하고 판단할 수 있도록 했다. 모쪼록 생활서나 안내서로 활용하기 바란다.
신비한 동양철학 12 | 백우 김봉준 저 | 308면 | 11,000원 | 신국판

역점 | 우리나라 전통 행운찾기
쉽게 쓴 64괘 역점 보는 법
주역이 점치는 책에만 불과했다면 벌써 그 존재가 없어졌을 것이다. 그러나 오랫동안 많은 학자가 연구를 계속해왔고, 그 속에서 자연과학과 형이상학적인 우주론과 인생론을 밝혀, 정치·경제·사회 등 여러 방면에서 인간의 생활에 응용해왔고, 삶의 지침서로써 그 역할을 했다. 이 책은 한 번만 읽으면 누구나 역점가가 될 수 있으니 생활에 도움이 되길 바란다.
신비한 동양철학 57 | 문명상 편저 | 382면 | 26,000원 | 신국판 양장

이렇게 하면 좋은 운이 온다
한 가정에 한 권씩 놓아두고 볼만한 책
좋은 운을 부르는 방법은 방위·색상·수리·년운·월운·날짜·시간·궁합·이름·직업·물건·보석·맛·과일·기운·마을·가축·성격 등을 정확하게 파악하여 자신에게 길한 것은 취하고 흉한 것은 피하면 된다. 이 책의 저자는 신학대학을 졸업하고 역학계에 입문했다는 특별한 이력을 갖고 있기 때문에 더 많은 화제가 되고 있다.
신비한 동양철학 27 | 역산 김찬동 저 | 434면 | 16,000원 | 신국판

운을 잡으세요 | 改運秘法
염력강화로 삶의 문제를 해결한다!
행복과 불행은 누가 주는 것이 아니라 자기 자신이 만든다고 할 수 있다. 한 마디로 말해 의지의 힘, 즉 염력이 운명을 바꾸는 것이다. 이 책에서는 이러한 염력을 강화시켜 삶에서 일어나는 문제를 해결하는 방법을 알려준다. 누구나 가벼운 마음으로 읽고 실천한다면 반드시 목적을 이룰 수 있을 것이다.
신비한 동양철학 76 | 역산 김찬동 편저 | 272면 | 10,000원 | 신국판

복을 부르는방법
나쁜 운을 좋은 운으로 바꾸는 비결
개운하는 방법은 여러 가지가 있으나, 이 책의 비법은 축원문을 독송하는 것이다. 독송이란 소리내 읽는다는 뜻이다. 사람의 말에는 기운이 있는데, 이 기운은 자신에게 돌아온다. 좋은 말을 하면 좋은 기운이 돌아오고, 나쁜 말을 하면 나쁜 기운이 돌아온다. 이 책은 누구나 어디서나 쉽게 비용을 들이지 않고 좋은 운을 부를 수 있는 방법을 실었다.
신비한 동양철학 69 | 역산 김찬동 편저 | 194면 | 11,000원 | 신국판

천직 | 사주팔자로 찾은 나의 직업
천직을 찾으면 역경없이 탄탄하게 성공할 수 있다
잘 되겠지 하는 막연한 생각으로 의욕만 갖고 도전하는 것과 나에게 맞는 직종은 무엇이고 때는 언제인가를 알고 도전하는 것은 근본적으로 다르고, 결과도 다르다. 만일 의욕만으로 팔자에도 없는 사업을 시작했다고 하자. 결과는 불을 보듯 뻔하다. 그러므로 이런 때일수록 침착과 냉정을 찾아 내 그릇부터 알고, 생활에 대처하는 지혜로움을 발휘해야 한다.
신비한 동양철학 34 | 백우 김봉준 저 | 376면 | 19,000원 | 신국판

운세십진법 | 本大路
운명을 알고 대처하는 것은 현대인의 지혜다
타고난 운명은 분명히 있다. 그러니 자신의 운명을 알고 대처한다면 비록 운명을 바꿀 수는 없지만 향상시킬 수 있다. 이것이 사주학을 알아야 하는 이유다. 이 책에서는 자신이 타고난 숙명과 앞으로 펼쳐질 운명행로를 찾을 수 있도록 운명의 기초를 초연하게 설명하고 있다.
신비한 동양철학 1 | 백우 김봉준 저 | 364면 | 16,000원 | 신국판

성명학 | 바로 이 이름
사주의 운기와 조화를 고려한 이름짓기
사람은 누구나 타고난 운명이 있다. 숙명인 사주팔자는 선천운이고, 성명은 후천운이 되는 것으로 이름을 지을 때는 타고난 운기와의 조화를 고려해야 한다. 따라서 역학에 대한 깊은 이해가 선행함은 지극히 당연하다. 부연하면 작명의 근본은 타고난 사주에 운기를 종합적으로 분석하여 부족한 점을 보강하고 결점을 개선한다는 큰 뜻이 있다고 할 수 있다.
신비한 동양철학 75 | 정담 선사 편저 | 488면 | 24,000원 | 신국판

작명 백과사전
36가지 이름짓는 방법과 선후천 역상법 수록
이름은 나를 대표하는 생명체이므로 몸은 세상을 떠날지라도 영원히 남는다. 성명운의 유도력은 후천적으로 가공 인수되는 후존적 수기로써 조성 운화되는 작용력이 있다. 선천수기의 운기력이 50%이면 후천수기도의 운기력도50%이다. 이와 같이 성명운의 작용은 운로에 불가결한조건일 뿐 아니라, 선천명운의 범위에서 기능을 충분히 할 수 있다.
신비한 동양철학 81 ┃ 임삼업 편저 ┃ 송충석 감수 ┃ 730면 ┃ 36,000원 ┃ 사륙배판

작명해명
누구나 쉽게 활용할 수 있는 체계적인 작명법
일반적인 성명학으로는 알 수 없는 한자이름, 한글이름, 영문이름, 예명, 회사명, 상호, 상품명 등의 작명방법을 여러 사례를 들어 체계적으로 분석하여 누구나 쉽게 배워서 활용할 수 있도록 서술했다.
신비한 동양철학 26 ┃ 도관 박흥식 저 ┃ 518면 ┃ 19,000원 ┃ 신국판

역산성명학
이름은 제2의 자신이다
이름에는 각각 고유의 뜻과 기운이 있어 그 기운이 성격을 만들고 그 성격이 운명을 만든다. 나쁜 이름은 부르면 부를수록 불행을 부르고 좋은 이름은 부르면 부를수록 행복을 부른다. 만일 이름이 거지같다면 아무리 운세를 잘 만나도 밥을 좀더 많이 얻어 먹을 수 있을 뿐이다. 저자는 신학대학을 졸업하고 역학계에 입문한 특별한 이력으로 많은 화제가 된다.
신비한 동양철학 25 ┃ 역산 김찬동 저 ┃ 456면 ┃ 26,000원 ┃ 신국판

작명정론
이름으로 보는 역대 대통령이 나오는 이치
사주팔자가 네 기둥으로 세워진 집이라면 이름은 그 집을 대표하는 문패라고 할 수 있다. 따라서 이름을 지을 때는 사주의 격에 맞추어야 한다. 사주 그릇이 작은 사람이 원대한 뜻의 이름을 쓰면 감당하지 못할 시련을 자초하게 되고 오히려 이름값을 못할 수 있다. 즉 분수에 맞는 이름으로 작명해야 하기 때문에 사주의 올바른 분석이 필요하다.
신비한 동양철학 77 ┃ 청월 박상의 편저 ┃ 430면 ┃ 19,000원 ┃ 신국판

음파메세지 (氣)성명학
새로운 시대에 맞는 새로운 성명학
지금까지의 모든 성명학은 모순의 극치를 이룬다. 그러나 이제 새 시대에 맞는 음파메세지(氣) 성명학이 나왔으니 복을 계속 부르는 이름을 지어 사랑하는 자녀가 행복하고 아름다운 삶을 살아갈 수 있도록 하는데 도움이 되었으면 한다.
신비한 동양철학 51 ┃ 청암 박재현 저 ┃ 626면 ┃ 39,000원 ┃ 신국판 양장

아호연구
여러 가지 작호법과 실제 예 모음
필자는 오래 전부터 작명을 연구했다. 그러나 시중에 나와 있는 책에는 대부분 아호에 관해서는 전혀 언급하지 않았다. 그래서 아호에 관심이 있어도 자료를 구하지 못하는 분들을 위해 이 책을 내게 되었다. 아호를 짓는 것은 그리 대단하거나 복잡하지 않으니 이 책을 처음부터 끝까지 착실히 공부한다면 누구나 좋은 아호를 지어 쓸 수 있을 것이라고 생각한다.
신비한 동양철학 87 ┃ 임삼업 편저 ┃ 308면 ┃ 26,000원 ┃ 신국판

한글이미지 성명학
이름감정서
이 책은 본인의 이름은 물론 사랑하는 가족 그리고 가까운 친척이나 친구들의 이름까지도 좋은지 나쁜지 알아볼 수 있도록 지금까지 나와 있는 모든 성명학을 토대로 하여 썼다. 감언이설이나 협박성 감명에 흔들리지 않고 확실한 이름풀이를 볼 수 있을 것이다. 그리고 아름답고 멋진 삶을 살아갈 수 있는 이름을 짓는 방법도 상세하게 제시하였다.
신비한 동양철학 93 ┃ 청암 박재현 지음 ┃ 287면 ┃ 10,000원 ┃ 신국판

비법 작명기술
복과 성공을 함께 하려면
이 책은 성명의 발음오행이나 이름의 획수를 근간으로 하는 실제 이용이 가장 많은 기본 작명법을 서술하고, 주역의 괘상으로 풀어 길흉을 판단하는 역상법 5가지와 그외 중요한 작명법 5가지를 합하여 「보배로운 10가지 이름 짓는 방법」을 실었다. 특히 작명비법인 선후천역상법은 성명의 원획에 의존하는 작명법과 달리 정획과 곡획을 사용해 주역 상수학을 대표하는 하락이수를 쓰고, 육효가 들어가 응험률을 높였다.
신비한 동양철학 96 | 임삼업 편저 | 370면 | 30,000원 | 사륙배판

올바른 작명법
소중한 이름, 알고 짓자!
세상 부모들에게 가장 소중한 것이 뭐냐고 물으면 자녀라고 할 것이다. 그런데 왜 평생을 좌우할 이름을 함부로 짓는가. 이름이 얼마나 소중한지, 이름의 오행작용이 일생을 어떻게 좌우하는지 모르기 때문이다.
신비한 동양철학 61 | 이정재 저 | 352면 | 19,000원 | 신국판

호(雅號)책
아호 짓는 방법과 역대 유명인사의 아호, 인명용 한자 수록
필자는 오래 전부터 작명연구에 열중했으나 대부분의 작명책에는 아호에 관해서는 전혀 언급하지 않고, 간혹 거론했어도 몇 줄 정도의 뜻풀이에 불과하거나 일반작명법에 준한다는 암시만 풍기며 끝을 맺었다. 따라서 필자가 참고한 문헌도 적었음을 인정한다. 아호에 관심이 있어도 자료를 구하지 못하는 현실에 착안하여 필자 나름대로 각고 끝에 본서를 펴냈다.
신비한 동양철학 97 | 임삼업 편저 | 390면 | 20,000원 | 신국판

관상오행
한국인의 특성에 맞는 관상법
좋은 관상인 것 같으나 실제로는 나쁘거나 좋은 관상이 아닌데도 잘 사는 사람이 왕왕있어 관상법 연구에 흥미를 잃는 경우가 있다. 이것은 중국의 관상법만을 익히고 우리의 독특한 환경적인 특징을 소홀히 다루었기 때문이다. 이에 우리 한국인에게 알맞은 관상법을 연구하여 누구나 관상을 쉽게 알아보고 해석할 수 있도록 자세하게 풀어놓았다.
신비한 동양철학 20 | 송파 정상기 저 | 284면 | 12,000원 | 신국판

정본 관상과 손금
바로 알고 사람을 사귑시다
이 책은 관상과 손금은 인생을 행복하게 만든다는 관점에서 다루었다. 그야말로 관상과 손금의 혁명이라고 할 수 있다. 여러분도 관상과 손금을 통한 예지력으로 인생의 참주인이 되기 바란다. 용기를 불어넣어 주고 행복을 찾게 하는 것이 참다운 관상과 손금술이다. 이 책이 일상사에 고민하는 분들에게 해결방법을 제시해 줄 것이다.
신비한 동양철학 42 | 지창룡 감수 | 332면 | 16,000원 | 신국판

이런 사원이 좋습니다
사원선발 면접지침
사회가 다양해지면서 인력관리의 전문화와 인력수급이 기업주의 애로사항이 되었다. 필자는 그동안 많은 기업의 사원선발 면접시험에 참여했는데 기업주들이 모두 면접지침에 관한 책이 있으면 좋겠다는 것이다. 그래서 경험한 사례를 참작해 이 책을 내니 좋은 사원을 선발하는데 많은 도움이 될 것이라고 믿는다.
신비한 동양철학 90 | 정도명 지음 | 274면 | 19,000원 | 신국판

핵심 관상과 손금
사람을 볼 줄 아는 안목과 지혜를 알려주는 책
오늘과 내일을 예측할 수 없을만큼 복잡하게 펼쳐지는 현실에서 살아남기 위해서는 사람을 볼줄 아는 안목과 지혜가 필요하다. 시중에 관상학에 대한 책들이 많이 나와있지만 너무 형이상학적이라 전문가도 이해하기 어렵다. 이 책에서는 누구라도 쉽게 보고 이해할 수 있도록 핵심만을 파악해서 설명했다.
신비한 동양철학 54 | 백우 김봉준 저 | 188면 | 14,000원 | 사륙판 양장

완벽 사주와 관상
우리의 삶과 관계 있는 사실적 관계로만 설명한 책
이 책은 우리의 삶과 관계 있는 사실적 관계로만 역을 설명하고, 역에 대한 관심과 흥미를 갖게 하고자 관상학을 추록했다. 여기에 추록된 관상학은 시중에서 흔하게 볼 수 있는 상법이 아니라 생활상법, 즉 삶의 지식과 상식을 드리고자 했다.
신비한 동양철학 55 | 김봉준·유오준 공저 | 530면 | 36,000원 | 신국판 양장

사람을 보는 지혜
관상학의 초보에서 실용까지
현자는 하늘이 준 명을 알고 있기에 부귀에 연연하지 않는다. 사람은 마음을 다스리는 심명이 있다. 마음의 명은 자신만이 소통하는 유일한 우주의 무형의 에너지이기 때문에 잠시도 잊으면 안된다. 관상학은 사람의 상으로 이런 마음을 살피는 학문이니 잘 이해하여 보다 나은 삶을 삶을 영위할 수 있도록 노력해야 한다.
신비한 동양철학 73 | 이부길 편저 | 510면 | 20,000원 | 신국판

한눈에 보는 손금
논리정연하며 바로미터적인 지침서
이 책은 수상학의 연원을 초월해서 동서합일의 이론으로 집필했다. 그야말로 논리정연한 수상학을 정리하였다. 그래서 운명적, 철학적, 동양적, 심리학적인 면을 예증과 방편에 이르기까지 상세하게 기술했다. 이 책은 수상학이라기 보다 바로미터적인 지침서 역할을 해줄 것이다. 독자 여러분의 꾸준한 연구와 더불어 인생성공의 지침서가 될 수 있을 것이다.
신비한 동양철학 52 | 정도명 저 | 432면 | 24,000원 | 신국판 양장

이런 집에 살아야 잘 풀린다
운이 트이는 좋은 집 알아보는 비결
한마디로 운이 트이는 집을 갖고 싶은 것은 모두의 꿈일 것이다. 50평이니 60평이니 하며 평수에 구애받지 않고 가족이 평온하게 생활할 수 있고 나날이 발전할 수 있는 그런 집이 있다면 얼마나 좋을까? 그런 소망에 한 걸음이라도 가까워지려면 막연하게 운만 기대하고 있어서는 안 된다. 좋은 집을 가지려면 그만한 노력이 있어야 한다.
신비한 동양철학 64 | 강현술·박흥식 감수 | 270면 | 16,000원 | 신국판

점포, 이렇게 하면 부자됩니다
부자되는 점포, 보는 방법과 만드는 방법
사업의 성공과 실패는 어떤 사업장에서 어떤 품목으로 어떤 사람들과 거래하느냐에 따라 판가름난다. 그리고 사업을 성공시키려면 반드시 몇 가지 문제를 살펴야 하는데 무작정 사업을 시작하여 실패하는 사람들이 많다. 그래서 이 책에서는 이러한 문제와 방법들을 조목조목 기술하여 누구나 성공하도록 도움을 주는데 주력하였다.
신비한 동양철학 88 | 김도희 편저 | 177면 | 26,000원 | 신국판

쉽게 푼 풍수
현장에서 활용하는 풍수지리법
산도는 매우 광범위하고, 현장에서 알아보기 힘들다. 더구나 지금은 수목이 울창해 소조산 정상에 올라가도 나무에 가려 국세를 파악하는데 애를 먹는다. 따라서 사진을 첨부하니 많은 활용하기 바란다. 물론 결록에 있고 산도가 눈에 익은 것은 혈 사진과 함께 소개하였다. 이 책을 열심히 정독하면서 답산하면 혈을 알아보고 용산도 할 수 있을 것이다.
신비한 동양철학 60 | 전항수·주장관 편저 | 378면 | 26,000원 | 신국판

음택양택
현세의 운·내세의 운
이 책에서는 음양택명당의 조건이나 기타 여러 가지를 설명하여 산 자와 죽은 자의 행복한 집을 만들 수 있도록 했다. 특히 죽은 자의 집인 음택명당은 자리를 옳게 잡으면 꾸준히 생기를 발하여 흥하나, 그렇지 않으면 큰 피해를 당하니 돈보다도 행·불행의 근원인 음양택명당에 관심을 기울여야 한다.
신비한 동양철학 63 | 전항수·주장관 지음 | 392면 | 29,000원 | 신국판

용의 혈 | 풍수지리 실기 100선
실전에서 실감나게 적용하는 풍수의 길잡이
이 책은 풍수지리 문헌인 만두산법서, 명산론, 금랑경 등을 이해하기 쉽도록 주제별로 간추려 설명했으며, 풍수지리학을 쉽게
접근하여 공부하고, 실전에 활용하여 실감나게 적용할 수 있도록 하는데 역점을 두었다.
신비한 동양철학 30 | 호산 윤재우 저 | 534면 | 29,000원 | 신국판

현장 지리풍수
현장감을 살린 지리풍수법
풍수를 업으로 삼는 사람들이 진가를 분별할 줄 모르면서 많은 법을 알았다고 자부하며 뽐낸다. 그리고는 재물에 눈이 어두워
불길한 산을 길하다 하고, 선하지 못한 물)을 선한다 한다. 이는 분수 밖의 것을 바라기 때문이다. 마음가짐을 바로 하고 고대
원전에 공력을 바치면서 산간을 실사하며 적공을 쏟으면 정교롭고 세밀한 경지를 얻을 수 있을 것이다.
신비한 동양철학 48 | 전항수·주관장 편저 | 434면 | 36,000원 | 신국판 양장

찾기 쉬운 명당
실전에서 활용할 수 있는 책
가능하면 쉽게 풀어 실전에 도움이 되도록 했다. 특히 풍수지리에서 방향측정에 필수인 패철 사용과 나경 9층을 각 층별로 설
명했다. 그리고 이 책에 수록된 도설, 즉 오성도, 명산도, 명당 형세도 내거수 명당도, 지각형세도, 용의 과협출맥도, 사대혈형
와겸유돌 형세도 등은 국립중앙도서관에 소장된 문헌자료인 만산도단, 만산영도, 이석당 은민산도의 원본을 참조했다.
신비한 동양철학 44 | 호산 윤재우 저 | 386면 | 19,000원 | 신국판 양장

해몽정본
꿈의 모든 것
시중에 꿈해몽에 관한 책은 많지만 막상 내가 꾼 꿈을 해몽을 하려고 하면 어디다 대입시켜야 할지 모르는 경우가 많았을 것
이다. 그러나 최대한으로 많은 예를 들었고, 찾기 쉽고 명료하게 만들었기 때문에 해몽을 하는데 어려움이 없을 것이다. 한집
에 한권씩 두고 보면서 나쁜 꿈은 예방하고 좋은 꿈을 좋은 일로 연결시킨다면 생활에 많은 도움이 될 것이다.
신비한 동양철학 36 | 청암 박재현 저 | 766면 | 19,000원 | 신국판

해몽 | 해몽법
해몽법을 알기 쉽게 설명한 책
인생은 꿈이 예지한 시간적 한계에서 점점 소멸되어 가는 현존물이기 때문에 반드시 꿈의 뜻을 따라야 한다. 이것은 꿈을 먹
고 살아가는 인간 즉 태몽의 끝장면인 죽음을 향해 달려가고 있는 인간이기 때문이다. 꿈은 우리의 삶을 이끌어가는 이정표와
도 같기에 똑바로 가도록 노력해야 한다.
신비한 동양철학 50 | 김종일 저 | 552면 | 26,000원 | 신국판 양장

명리용어와 시결음미
명리학의 어려운 용어와 숙어를 쉽게 풀이한 책
명리학을 연구하는 이들은 기초공부가 끝나면 자연스럽게 훌륭하다고 평가하는 고전의 이론을 접하게 된다. 그러나 시결과
용어와 숙어는 어려운 한자로만 되어 있어 대다수가 선뜻 탐독과 음미에 취미를 잃는다. 그래서 누구나 어려움 없이 쉽게 읽고
깊이 있게 음미할 수 있도록 원문에 한글로 발음을 달고 어려운 용어와 숙어에 해석을 달아 이 책을 내게 되었다.
신비한 동양철학 103 | 원각 김구현 편저 |300면 | 25,000원 | 신국판

완벽 만세력
착각하기 쉬운 서머타임 2도 인쇄
시중에 많은 종류의 만세력이 나와있지만 이 책은 단순한 만세력이 아니라 완벽한 만세경전으로 만세력 보는 법 등을 실었기
때문에 처음 대하는 사람이라도 쉽게 볼 수 있도록 편집되었다. 또한 부록편에는 사주명리학, 신살종합해설, 결혼과 이사택일
및 이사방향, 길흉보는 법, 우주천기와 한국의 역사 등을 수록했다.
신비한 동양철학 99 | 백우 김봉준 저 | 316면 | 24,000원 | 사륙배판

정본 | 완벽 만세력
착각하기 쉬운 서머타임 2도인쇄
시중에 많은 종류의 만세력이 있지만 이 책은 단순한 만세력이 아니라 완벽한 만세경전이다. 그리고 만세력 보는 법 등을 실었기 때문에 처음 대하는 사람이라도 쉽게 볼 수 있다. 또 부록편에는 사주명리학, 신살 종합해설, 결혼과 이사 택일, 이사 방향, 길흉보는 법, 우주의 천기와 우리나라 역사 등을 수록하였다.
신비한 동양철학 99 ┃ 김봉준 편저 ┃ 316면 ┃ 20,000원 ┃ 사륙배판

원심수기 통증예방 관리비법
쉽게 배워 적용할 수 있는 통증관리법
『원심수기 통증예방 관리비법』은 4차원의 건강관리법으로 질병이 악화되는 것을 예방하여 건강한 몸을 유지하는데 그 목적이 있다. 시중의 수기요법과 비슷하나 특장점은 힘이 들지 않아 어린아이부터 노인까지 누구나 시술할 수 있고, 배우고 적용하는 과정이 쉽고 간단하며, 시술 장소나 도구가 필요 없으니 언제 어디서나 시술할 수 있다.
신비한 동양철학 78 ┃ 원공 선사 저 ┃ 288면 ┃ 16,000원 ┃ 신국판

운명으로 본 나의 질병과 건강
타고난 건강상태와 질병에 대한 대비책
이 책은 국내 유일의 동양오술학자가 사주학과 정통명리학의 양대산맥을 이루는 자미두수 이론으로 임상실험을 거쳐 작성한 자료다. 따라서 명리학을 응용한 최초의 완벽한 의학서로 질병을 예방하고 치료하는데 활용하면 최고의 의사가 될 것이다. 또한 예방의학적인 차원에서 건강을 유지하는데 훌륭한 지침서로 현대의학의 새로운 장을 여는 계기가 될 것이다.
신비한 동양철학 9 ┃ 오상익 저 ┃ 474면 ┃ 26,000원 ┃ 신국판

서체자전
해서를 기본으로 전서, 예서, 행서, 초서를 연습할 수 있는 책
한자는 오랜 옛날부터 우리 생활과 뗄 수 없음에도 잘 몰라 불편을 겪는 사람들이 많아 이 책을 내게 되었다. 이 책에서는 해서를 기본으로 각 글자마다 전서, 예서, 행서, 초서 순으로 배열하여 독자가 필요한 것을 찾아 연습하기 쉽도록 하였다.
신비한 동양철학 98 ┃ 편집부 편 ┃ 273면 ┃ 16,000원 ┃ 사륙배판

모든 질병에서 해방을 1·2
건강실용서
우리나라는 아주 오랜 옛날부터 건강과 관련한 약재들이 산천에 널려 있었고, 우리 민족은 그 약재들을 슬기롭게 이용하며 나름대로 건강하게 살아왔다. 그러나 오늘날 현대의학에 밀려 외면당하며 사라지게 되었다. 이에 옛날부터 내려오는 의학서적인 『기사회생』과 『단방심편』을 바탕으로 민가에서 활용했던 민간요법들을 정리하고, 현대에 개발된 약재들이나 시술방법들을 정리했다.
신비한 동양철학 102 ┃ 원공 선사 편저 ┃ 1권 448면·2권 416면 ┃ 각 29,000원 ┃ 신국판

참역학은 이렇게 쉬운 것이다② － 완결편
역학을 활용하는 방법을 정리한 책
『참역학은 이렇게 쉬운 것이다』에서 미처 쓰지 못한 사주를 활용하는 방법을 정리한다는 의미에서 다시 이 책을 내게 되었다. 전문가든 비전문가든 이 책이 사주라는 학문을 이해하는 데 도움이 되고, 사주에 있는 가장 좋은 길을 찾아 행복하게 살았으면 합니다. 특히 사주상담을 업으로 하는 분들도 참고해서 상담자들이 행복하게 살도록 도와주었으면 한다.
신비한 동양철학 104 ┃ 청암 박재현 편저 ┃ 330면 ┃ 23,000원 ┃ 신국판

인명용 한자사전
한권으로 작명까지 OK
이 책은 인명용 한자의 사전적 쓰임이 본분이지만 일반적으로 통용되는 기본적인 것 외에 7가지를 간추려 여러 권의 작명책을 대신했기에 이 한 권만으로 작명에 관한 모든 것을 충족하고도 남을 것이다. 그리고 작명하는데 한자에 관해서는 다양하게 활용할 수 있도록 하였고, 일반적인 한자자전의 용도까지 충분히 겸비하도록 하였다.
신비한 동양철학 105 ┃ 임삼업 편저 ┃ 336면 ┃ 24,000원 ┃ 신국판

바로 내 사주
행복한 인생을 만들어 갈 수 있는 방법을 소개하는 책
역학이란 본래 어려운 학문이다. 수십 년을 공부해도 터득하기 어려운 학문이라 많은 사람이 중간에 포기하는 일이 많다. 기존의 당사주 책도 수백 년 동안 그 명맥을 유지해왔으나 적중률이 매우 낮아 일반인들에게 신뢰를 많이 받지 못했다. 그래서 지금까지 30여 년 동안 공부하며 터득한 비법을 토대로 이 책을 내게 되었다. 물론 어느 역학책도 백 퍼센트 정확하다고 장담할 수는 없다. 이 책도 백 퍼센트 적중률을 목표로 했으나 적어도 80% 이상은 적중할 것이라고 자부한다.
신비한 동양철학 106 | 김찬동 편저 | 242면 | 20,000원 | 신국판

주역타로64
인간사 주역괘 풀이
타로카드는 서양 상류사회의 생활상을 담은 그림으로 되어 있다. 그 속에는 자연과 인간이 겪을 수 있는 경험과 역사가 압축되어 있다. 이러한 타로카드를 점(占) 목적으로 사용하는 것인데, 주역타로64점은 주역의 64괘를 64매의 타로카드에 담아 점 도구로 사용한다. 64괘는 우주의 모든 형상과 형태의 끊임없는 변화의 원리로 나타난 것이다. 그리고 주역타로는 일반 타로의 공통적인 스토리와는 다른 점이 많으나 그 기본 이론은 같다. 주역타로의 추상적이며 미진한 정보에 더해 인간사에 대한 주역 괘풀이를 보탰으니 주역타로64를 점 도구로 활용하는 데 도움이 되었으면 한다.
신비한 동양철학 107 | 임삼업 편저 | 387면 | 39,000원 | 사륙배판

주역 평생운 비록
상수역의 하락이수를 활용한 비결
하락이수의 평생운, 대상운, 유년운, 월운은 주역의 표상인 괘효의 숫자로 기록했고, 그 해석 설명은 원문에 50,000여 한자 사언시구로 구성되어 간혹 어려운 글자, 흔히 쓰지 않는 낯선 글자, 주역의 괘효사를 인용한 것도 있어 한문 문장의 해석은 녹녹치 않은 것이어서 원문 한자 부분은 제외시키고 한글 해석만을 수록했다.
신비한 동양철학 109 | 경의제 임삼업 편저 | 872면 | 49,000원 | 사륙배판

사주 감정요결
세운을 판단하는 방법
사주를 간명하는 데 조금이라도 도움이 되었으면 하는 마음에서 『정법사주』에 이어 이 책을 내게 되었다. 여기서는 사주를 간명하는 데 근간이 되는 오행의 왕쇠강약을 세분해서 설명하고, 대운과 세운, 세운과 월운의 연관성과 십신과 여러 살이 운명에 미치는 암시와 십이운성을 세운을 판단하는 방법을 설명했다.
신비한 동양철학 110 | 원각 김구현 편저 | 338면 | 36,000원 | 신국판

명리정종 정설(1·2)
명리정종의 완결판
이 책의 원서인 명리정종(命理正宗)은 중국 명대의 신봉(神峰) 장남(張楠) 선생이 저술한 명리서(命理書)다. 명리학(命理學)의 5대 원서는 어느 것 하나 귀하지 않은 것이 없지만 명리정종(命理正宗)은 연해자평(淵海子平)을 깊이 분석하며 비판한 것이 특징이다. 따라서 초학자는 연해자평(淵海子平)을 공부한 후 이 책을 공부하는 것이 좋다.
신비한 동양철학 108 | 역산 김찬동 편역 | 648/400면 | 49,000/39,000원 | 신국판

팔자소관
역학의 대조인 하락(河洛)에서 우주와 사람의 운명이 변하는 원리를 정리한 책
이 책은 역학의 대조인 하락(河洛)에서 우주가 변화는 원리를 정리한 것으로, 이는 만물의 근본과 인간의 운명은 한 치의 오차도 없이 맞물려 돌아간다는 내용을 담았다. 이는 즉 우리가 생활 속에서 흔하게 쓰는 "팔자 못 고친다", "팔자소관이다", "팔자 탓이다" 등등 많은 말로 팔자를 뛰어넘을 수 없다고 하는데, 이는 마지막 체념의 말인가 하여 이 책의 제목도 『팔자소관』으로 했으며, 이를 증명하는 데 주력했다. 운(運)은 시간이요 명(命)은 공간이다. 이를 주제로 누구나 알기 쉽고 이해하기 쉽도록 쓴 글이니 필독을 권하는 바다.
신비한 동양철학 111 | 김봉준·안남걸 공저 | 292면 | 30,000원 | 신국판

실용 인명한자 작명
수준높은 작명과 감명에 손색이 없는 국내 유일의 실용 인명한자 작명

이 책은 이름에 부적당(不適當) 부적정(不適正) 부적절(不適切) 불부합(不符合) 부적격(不適格)한 한자는 한곁에 두고, 작명상 실용적인 한자 4,250자를 인명 한자로 삼았다. 인명 한자마다 구체적인 명세[明細, 음령·천간오행·동속자·한자 부수·세 종류(원획·실획·곡획)의 획수 자원오행]를 붙였다. 인명 한자 외의 한자를 포함한 8,142자는 음별로 작성한 인명용 한자표에 한 자마다 원획(原劃)을 넣어 음가(音價)와 성명에 사용하는 원획을 한눈에 볼 수 있게 하여 성명 한자의 길수리를 구성하는 데 편리하게 하였다.

신비한 동양철학 112 ｜ 임삼업 편저 ｜ 448면 ｜ 49,000원 ｜ 사륙배판

사주는 믿어도 사주쟁이는 믿지마라
최고 적중률 70%를 100%로 끌어올리는 방법

사람이 살아가는 데 가장 필요한 것이 음식이고, 그 음식을 사려면 돈이 필요하고, 그 돈을 벌려면 직업이 있어야 합니다. 그 래서 사람이 살아가는 데 가장 중요한 직업을 아는 것이 바로 사주이고, 그 직업을 하루라도 빨리 알면 그 직업을 선택하는 데 유리할 것이며, 사주에서 원하는 적성대로 직업을 선택해서 그 길로 가면 한평생 어려움이 없습니다.

신비한 동양철학 113 ｜ 박재현·최지윤 공저 ｜ 300면 ｜ 30,000원 ｜ 신국판

청암 박재현

신의 계시로 입산수도 7년만에 명리학 득도
사주를 자연의 법칙인 기(氣)과학으로 정립
음양오행이 공기 속에 있음을 발견
격국과 용신을 시대에 맞게 새롭게 해석
시대의 변화에 맞는 100% 사주해석과 풀이
PSB TV 출연상담
MBC TV 출연
일간지 오늘의 운세 다연간 연재
여성문화대학 생활역학 강사
사회단체 민족정신계승회 고문
이름이 성격을 형성하는 것을 최초로 발견
음파성명학 최초 창안
한글이미지 성명학 최초 창안
뇌파작명, 뇌인식성명학 최초 창안
카카오채널에서 사주박사로 활동 중

저서: 『참역학은 이렇게 쉬운 것이다』
　　　『음파메세지 (氣)성명학』
　　　『해몽정본』
　　　『한글 이미지 성명학』
　　　『스스로 공부하는 방법과 천부적 적성』
　　　『참역학은 이렇게 쉬운 것이다−완결편』

평생번호 0505-516-2626
휴대폰　010-3566-0344

호명 최지윤

관상학 연구 30여년
성형관상의 새로운 발견
관상으로 궁합보는 방법 발견
인생상담연구소 다년간 운영
사회봉사단체 열심히 활동
여성 노조위원장 역임
연예인으로 활동(연주와 노래)
윤아 작명철학원 운영

휴대폰 010-2527-6243

사주는 믿어도 사주쟁이는 믿지마라

초판 인쇄일 ┃ 2017년 8월 6일
초판 발행일 ┃ 2017년 8월 16일

발행처 ┃ 삼한출판사
발행인 ┃ 김충호
지은이 ┃ 박재현·최지윤

신고년월일 ┃ 1975년 10월 18일
신고번호 ┃ 제305-1975-000001호

10354 경기도 고양시 일산서구 고양대로 724-17호
    (304동 2001호)

대표전화 (031) 921-0441
팩시밀리 (031) 925-2647

값 30,000원
ISBN 978-89-7460-178-2   03180